STARK

ABITUR 2013

Prüfungsaufgaben
mit Lösungen

Geschichte

Grundkurs
Gymnasium • Gesamtschule
Nordrhein-Westfalen
2009–2012

STARK

ISBN: 978-3-8490-0025-7

4. ergänzte Auflage
www.stark-verlag.de

Inhalt

Abiturähnliche Übungsaufgaben Grundkurs

Mündliche Prüfungsaufgaben

Original-Prüfungsaufgaben 2009

Original-Prüfungsaufgaben 2010

Original-Prüfungsaufgaben 2011

Original-Prüfungsaufgaben 2012

Jeweils zu Beginn des neuen Schuljahres erscheinen die neuen Ausgaben der Abiturprüfungsaufgaben mit Lösungen.

Lösungen der Aufgaben:
Elisabeth Wagner

Vorwort

Liebe Schülerinnen und Schüler,

Sie bereiten sich gerade intensiv auf Ihre Abiturprüfung 2013 im Grundkurs Geschichte vor. Dieser Band mit den **Original-Prüfungsaufgaben** 2009 bis 2012 hilft Ihnen dabei, sich optimal auf das bevorstehende Abitur vorzubereiten. Die ausführlichen **Lösungsvorschläge** zu allen Prüfungsaufgaben können Ihnen als Orientierung bei Ihrer eigenen Beschäftigung mit den Aufgaben dienen. Vor den Lösungsvorschlägen zu den Teilaufgaben finden Sie wertvolle **Hinweise und Tipps**, die Ihnen bei der Erschließung der einzelnen Arbeitsanweisungen helfen.

Im ersten Abschnitt des Buches finden Sie zudem Informationen zu den **Rahmenbedingungen** der Abiturprüfung, zur Arbeit mit historischen Quellen und Sekundärliteratur und zur Bewertung sowie zur **mündlichen Abiturprüfung**. Sollten nach Erscheinen dieses Bandes noch wichtige Änderungen in der Abitur-Prüfung 2013 vom Kultusministerium bekannt gegeben werden, finden Sie aktuelle Informationen dazu im Internet unter www.stark-verlag.de/ info.asp? zentrale-pruefung-aktuell

Drei Übungsaufgaben im Stil des Zentralabiturs und **drei mündliche Prüfungsaufgaben** mit ausformulierten Lösungsvorschlägen und nützlichen Hinweisen und Tipps zu den einzelnen Arbeitsaufträgen bieten Ihnen zudem zuverlässige Übungsmöglichkeiten im Vorfeld der Abiturprüfung.

Autor und Verlag wünschen Ihnen eine effektive Vorbereitungsphase und eine erfolgreiche Abiturprüfung!

Stichwortverzeichnis

Hinweise zum Zentralabitur in Nordrhein-Westfalen

Das Zentralabitur in NRW: Rahmenbedingungen

Wenn Sie Geschichte als schriftliches Abiturfach gewählt haben, gelten für Sie die folgenden Bestimmungen:

- die Richtlinien und Lehrpläne für die Sekundarstufe II im Fach Geschichte
- die Einheitlichen Prüfungsanforderungen in der Abiturprüfung (EPA) und
- die Vorgaben für die thematischen Schwerpunkte der schriftlichen Abiturprüfung

Beim schriftlichen Zentralabitur erhalten Sie drei Prüfungsaufgaben zur Auswahl, von denen eine zu bearbeiten ist. Als **Zeitrahmen** für Auswahl und Bearbeitung stehen Ihnen im Grundkurs 210 Minuten zur Verfügung. Als **Hilfsmittel** ist generell die Verwendung eines Deutschen Wörterbuches gestattet.

1 Inhalte der schriftlichen Abiturprüfung 2013

Bei der Abiturprüfung 2013 sind für Sie die folgenden **Unterrichtsinhalte** wichtig:

Das „lange" 19. Jahrhundert

- Nationalstaatsgedanke und Nationalismus in Europa
  - Idee und Problematik des Nationsbegriffs
  - Bedeutung der Napoleonischen Kriege für den Nationalstaatsgedanken am Beispiel Deutschlands und eines weiteren Landes
  - „Einheit und Freiheit" in der deutschen Revolution 1848/49
- Reichsgründung von oben: Innen- und außenpolitische Grundlagen des Deutschen Kaiserreichs
- Zweite Industrielle Revolution (technischer Fortschritt und sozioökonomische Veränderungen) und imperialistische Expansion (Deutschland, Großbritannien, USA) 1880–1914

Das „kurze" 20. Jahrhundert

- Der Erste Weltkrieg
  - Kriegsursachen und Kriegsausbruch
  - Der Erste Weltkrieg als „moderner" Krieg
  - Epochenjahr 1917
  - Kriegsende und politischer Umbruch in Deutschland
  - Friedensverträge

- Die nationalsozialistische Diktatur
  - Politische und ideologische Voraussetzungen des Nationalsozialismus: mittel- und längerfristige politische Ursachen, Krisensituation 1930–1933, NS-Ideologie
  - Ende des Rechts- und Verfassungsstaates in Deutschland 1933/34
  - Zweiter Weltkrieg und Völkermord an den europäischen Juden
- Deutschland und Europa nach dem Zweiten Weltkrieg
  - Teilung Europas und Deutschlands (1945–1955)
  - Das Grundgesetz und die Gründung der Bundesrepublik Deutschland
  - Entstehung und gesellschaftspolitische Entwicklung der DDR
- Epochenjahr 1989
  - Der Untergang der Sowjetunion und die Revolutionen in Osteuropa
  - Die Vereinigung der beiden deutsche Staaten 1989/1990

2 Prüfungsrelevante Kenntnisse und Fähigkeiten

Neben den inhaltlichen Schwerpunkten sollen Sie in der Abiturklausur **Kompetenzen und Kenntnisse** unter Beweis stellen, die für das Fach Geschichte grundlegend sind.

2.1 Historische Kompetenzen

Der Geschichtsunterricht hat Ihnen insbesondere während der Qualifikationsphase umfassende historische Kompetenzen vermittelt, die eine Reihe spezieller und untereinander vernetzter Teilkompetenzen umfasst. Inwieweit Sie diese Kompetenzen beherrschen, wird in der Abiturprüfung erfasst.

Sachkompetenz: Sachkompetenz zeigt sich in fundiertem Wissen über Vergangenes, das sowohl in seiner Eigenwirklichkeit als auch unter der Perspektive der Vorgeschichte der Gegenwart wahrgenommen wird. Es umfasst Kenntnisse über historische Ereignisse, Personen, ideengeschichtliche Vorstellungen, Prozesse und Strukturen sowie über das Leben der Menschen in unterschiedlichen Gesellschaften und zu unterschiedlichen Zeiten. Ferner schließt sie Kenntnisse über die unterschiedlichen Dimensionen der historischen Fachwissenschaft ein, wie z. B. die politische Geschichte, die Wirtschafts-, Sozial- und Kulturgeschichte. Dazu gehört auch das Bewusstsein, dass historisches Wissen zeit-, standort- und kulturbedingt ist.

Methodenkompetenz: Um auf der Grundlage sicheren Fachwissens historische Verläufe und Strukturen analysieren und interpretieren zu können, bedarf es der Kompetenz im Umgang mit den Fachmethoden. Es wird erwartet, dass Sie in der Lage sind, **kausale**, **strukturelle bzw. zeitliche Zusammenhänge** zu erfassen und zu erklären und diese Zusammenhänge problembewusst, multiperspektivisch bzw. in ihrer Kontroversität darzustellen. Schwerpunkte der Methodenbeherrschung sind die **Interpretation von Quellen** unterschiedlicher Gattungen, die Analyse und kritische Auseinandersetzung mit **verschiedenen Formen historischer Darstellung** sowie die Entwicklung eigenständiger **historischer Argumentationen**. Als Prüfling sollen Sie über die Fähigkeit verfügen, das Für und Wider von Erklärungsansätzen auf historische Sachverhalte, Strukturen und Prozesse anzuwenden und ihre historische Triftigkeit abzuwägen.

Urteilskompetenz: Ihre Urteilskompetenz stellen Sie dadurch unter Beweis, dass Sie Sach- und Werturteile fällen und durch passende und stimmige Argumente begründen. Das **Sachurteil** beruht auf der Auswahl, Verknüpfung und Deutung historischer Sachverhalte innerhalb eines Bezugsrahmens, die zu einem Urteil führen. Gelungene Sachurteile weisen sich durch sachliche Angemessenheit, innere Stimmigkeit und ausreichende Triftigkeit von Argumenten aus. Darüber hinaus werden beim **Werturteil** ethische, moralische und normative Kategorien auf historische Sachverhalte angewendet und eigene Wertmaßstäbe reflektiert. Dabei sollen auch die Zeitbedingtheit bzw. Dauer und Wandel von Wertmaßstäben berücksichtigt werden.

Diese Teilkompetenzen zeigen sich in der Fähigkeit zur sinnbildenden Darstellung von Geschichte, die dazu befähigt, am öffentlichen Diskurs über Geschichte teilzunehmen.

2.2 Historische Kategorien

Im Rahmen der ausgewählten Themenfelder weisen Sie Fähigkeiten zum historischen Denken und Deuten nach, indem Sie geschichtliche Phänomene mithilfe von Kategorien erklären und beurteilen. Dabei sind folgende Kategorien wichtig:

- Ereignis und Struktur
- Fortschritt und Rückschritt
- Dauer und Wandel
- Evolution und Revolution
- Gewalt und Gewaltfreiheit
- Allgemeines und Singuläres
- Gleichzeitigkeit und Ungleichzeitigkeit
- Integration und Ausgrenzung
- Absicht und Wirkung

Falls Ihnen die Inhalte der Kategorien nicht vertraut sind oder Sie sie wiederholen möchten, können Sie Ihre Lehrkraft bitten, Ihnen die geltenden Lehrpläne und Richtlinien zu geben (Ministerium für Schule und Weiterbildung, Wissenschaft und Forschung des Landes Nordrhein-Westfalen (Hg.): Richtlinien und Lehrpläne für die Sekundarstufe II – Gymnasium/Gesamtschule in Nordrhein-Westfalen, Ritterbach Verlag, Frechen 1999). Dort finden Sie weitere Erläuterungen.
Beispielhaft wird im Folgenden an der Kategorie „Ereignis und Struktur" erläutert, was mit einer historischen Kategorie gemeint ist:

Beispiel „Ereignis und Struktur": Geschichte besteht aus Ereignissen und Ereignisfolgen, die von den Handlungen Einzelner oder von Gruppen getragen und ausgeführt werden. Zugleich vollzieht Geschichte sich innerhalb von Strukturen. Diese bilden etwa als Herrschaftsverhältnisse, als Wirtschaftssysteme oder als gesellschaftliche Gegebenheiten die Rahmenbedingungen für das Verhalten von Individuen oder Gruppen. Aus diesem Doppelcharakter der Geschichte, aus dem Zusammenspiel von Struktur und Ereignis, ergibt sich, dass geschichtliche Verläufe sich in Situationen verdichten, in die die strukturellen Bedingungen ebenso wie die individuell-ereignishaften Umstände eingehen.

2.3 Leitprobleme

Die Arbeit im Fach Geschichte wird geprägt durch die Beschäftigung mit einer Reihe von Leitproblemen. Solche sind:

- Menschenbild und Weltauffassung
- Herrschaft und politische Ordnungsentwürfe
- Freiheitsverständnis und Partizipationsstreben
- Wirtschaftsformen und ihre Auswirkungen
- Arbeit als existenzielle Sicherung
- Gleichheit und Ungleichheit
- das Eigene und das Fremde
- Menschliche Entwicklung und Umwelt
- Konflikte, Kriege und Friedensordnungen
- Geschehen und dessen mediale Vermittlung

Im Folgenden finden Sie ein erläuterndes Beispiel. Für Informationen zu den anderen Leitproblemen können Sie wiederum Ihre Lehrkraft um die offiziellen Vorgaben bitten.

Beispiel „Arbeit": Arbeit ist eine der Grundkonstanten, über die sich der Mensch definiert. Arbeit ist die bewusste und zielgerichtete Tätigkeit zur Befriedigung seiner geistigen und materiellen Grundbedürfnisse. Durch Arbeit erschließt und unterwirft sich der Mensch Natur und Umwelt. In unterschiedlichen historischen Epochen wurden Arbeit, Arbeitsbereiche und Arbeitsformen je unterschiedlich bewertet, über sie definierten und definieren sich Individuen, Gruppen, Schichten oder Klassen bzw. grenzten und grenzen sich voneinander ab.

3 Anforderungsbereiche und Arbeitsaufträge

Die Leistungsanforderungen im Fach Geschichte gliedern sich in **drei Anforderungsbereiche (AFB)**, deren Abfolge dem **zunehmenden Schwierigkeitsgrad** der geforderten Leistung entspricht, die sich aber gleichwohl nicht immer völlig eindeutig voneinander abgrenzen lassen. Die Anforderungsbereiche, die eine wichtige Funktion für die Erfassung und Bewertung von Prüfungsleistungen besitzen, werden nach inhalts- und methodenbezogenen Kenntnissen und Fähigkeiten untergliedert.
Den einzelnen Anforderungsbereichen sind in der Regel **Operatoren** zugeordnet. Operatoren sind Verben, die signalisieren, welche Tätigkeiten beim Lösen von Prüfungsaufgaben erwartet werden.

Einige Operatoren haben integrierenden Charakter, d. h. sie beinhalten ohne weitere Differenzierung **alle drei Anforderungsbereiche** und formulieren übergeordnete Aufgaben, die durch untergeordnete Teilaufgaben ergänzt werden können. Als Prüfling sollten Sie genau wissen, was zu tun ist und welche methodischen Schritte abzuarbeiten sind, wenn Sie einem bestimmten Operator, also einer bestimmten Arbeitsanweisung begegnen. Es ist deshalb ratsam, sich die Operatoren und die dementsprechend von Ihnen erwarteten Leistungen sehr genau einzuprägen. Wie mit den einzelnen Operatoren umzugehen ist, erfahren Sie konkret am Beispiel der Original-Prüfungsaufgaben und der verschiedenen Übungsaufgaben in diesem Buch.

Anforderungsbereich I: Reproduktion

Der Anforderungsbereich I (AFB I) umfasst das Wiedergeben von Sachverhalten aus einem abgegrenzten Gebiet und im gelernten Zusammenhang unter rein reproduktivem Benutzen eingeübter Arbeitstechniken.

Inhaltsbezogene Kenntnisse und Fähigkeiten	Methodenbezogene Kenntnisse und Fähigkeiten
Wiedergabe wesentlicher historischer Sachverhalte, bezogen auf • historische Ereignisse und Grundtatsachen • historische Prozesse • fachwissenschaftliche Begriffe • Ordnungen und Strukturen • Normen und Konventionen • historische Kategorien • Theorien, Klassifikationen und Modelle • Kontroversen der Geschichtswissenschaft	Kennen der • wesentlichen Quellenarten und Formen der Sekundärliteratur • Arbeitstechniken und methodischen Verfahren bei der Bearbeitung von Aufgaben (Gliedern, Auffinden von Schlüsselbegriffen, korrektes Zitieren, Bestimmen der Textart)

Operatoren, die Leistungen im **Anforderungsbereich I** (Reproduktion) verlangen:

Operator	Beschreibung der erwarteten Leistung	Beispielaufgabe
nennen *aufzählen*	zielgerichtet Informationen zusammentragen, ohne diese zu kommentieren	
bezeichnen *schildern* *skizzieren*	historische Sachverhalte, Probleme oder Aussagen erkennen und zutreffend formulieren	
aufzeigen *beschreiben* *zusammenfassen* *wiedergeben*	historische Sachverhalte unter Beibehaltung des Sinnes auf Wesentliches reduzieren	mdl. Ü 3; 2012/3

Beispiel

Geben Sie die zentralen Aussagen des Verfassers wieder.

Bei der Lösung dieser Teilaufgabe sollten Sie in zusammenhängender Form die zentralen Aussagen (z. B. eines vorliegenden Sekundärtextes) in geordneter, nach sinnvollen Gesichtspunkten strukturierter Form wiedergeben. Dies kann unter gelegentlicher Verwendung von Zitaten erfolgen. Bei der strukturierten Wiedergabe müssen Sie in der Regel auf alle untergeordneten oder redundanten Passagen des Textes verzichten und nur die wichtigen Aspekte des Textes möglichst konzentriert und treffend erfassen.

Anforderungsbereich II: Reorganisation und Transfer

Der Anforderungsbereich II (AFB II) umfasst das **selbstständige Erklären, Bearbeiten und Ordnen** bekannter Inhalte sowie das angemessene Anwenden gelernter Inhalte und Methoden auf andere Sachverhalte.

Inhaltsbezogene Kenntnisse und Fähigkeiten	**Methodenbezogene Kenntnisse und Fähigkeiten**
• selbstständiges Erklären, Bearbeiten und Ordnen gelernter Sachverhalte sowie deren Anwendung und Übertragung auf vergleichbare historische Zusammenhänge und Strukturen • Erklären von Sachverhalten (z. B. des Ausbruchs des Ersten Weltkrieges, der Bedeutung der Eisenbahn für die Industrialisierung) • Verarbeiten und Ordnen unter bestimmten thematischen Fragestellungen • Untersuchung bekannter Sachverhalte unter zusätzlichen oder neuen Fragestellungen	• selbstständige Anwendung der dem Sachzusammenhang und dem Thema angemessenen fachwissenschaftlichen Methoden und Arbeitstechniken • bei der Darstellung von Sachverhalten und Zusammenhängen (z. B. Gliedern, Ordnen, Zusammenfassen, Konkretisieren, Abstrahieren, Generalisieren) • bei der Übertragung in andere Darstellungsformen (z. B. Bildquellen in Sprache umsetzen, Textdarstellungen oder Zahlenergebnisse grafisch ausdrücken) • bei der Erschließung von Arbeitsmaterial (z. B. systematische Interpretation von historischen Quellen, Überprüfung von Sekundärliteratur) • bei der Deutung von historischen Zusammenhängen und Prozessen (z. B. Analyse und Interpretation nach Anlass, Ursachen, Interdependenzen, Verlaufsmustern, Folgen) • bei der Auseinandersetzung mit neuen Fragestellungen (z. B. Überprüfung vertrauter Deutungsmuster, Entwicklung interpretatorischer Alternativen)

Operatoren, die Leistungen im **Anforderungsbereich II** (Reorganisation und Transfer) verlangen:

Operator	Beschreibung der erwarteten Leistung	Beispielaufgabe
analysieren *untersuchen*	Materialien oder historische Sachverhalte kriterienorientiert bzw. aspektgeleitet erschließen	Ü 1 bis Ü 3; 2009/1; 2011/1, 3
begründen *nachweisen*	Aussagen (z. B. Urteil, These, Wertung) durch Argumente stützen, die auf historischen Beispielen und anderen Belegen gründen	

charakterisieren	historische Sachverhalte in ihren Eigenarten beschreiben und diese dann unter einem bestimmten Gesichtspunkt zusammenfassen	2010/1; 2011/1
einordnen	einen oder mehrere historische Sachverhalte in einen historischen Zusammenhang stellen	mdl. Ü 2; 2009/1; 2010/1; 2011/2
erklären	historische Sachverhalte durch Wissen und Einsichten in einen Zusammenhang (Theorie, Modell, Regel, Gesetz, Funktionszusammenhang) einordnen und begründen	2009/2; 2011/2
erläutern	wie erklären, aber durch zusätzliche Informationen und Beispiele verdeutlichen	Ü 1, 3; 2009/3; 2011/1, 3; 2012/1
herausarbeiten	aus Materialien bestimmte historische Sachverhalte herausfinden, die nicht explizit genannt werden, und Zusammenhänge zwischen ihnen herstellen	
gegenüberstellen	wie skizzieren, aber zusätzlich argumentierend gewichten	
widerlegen	Argumente dafür anführen, dass eine Behauptung zu Unrecht aufgestellt wird	

Beispiel

Erklären Sie Bismarcks Ausführungen im sogenannten Kissinger Diktat von 1877 vor dem Hintergrund der gegebenen Bündniskonstellation.

Bei der Lösung ist es Ihre Aufgabe, die im Kissinger Diktat formulierten Befürchtungen, Absichten und Ziele Bismarcks unter Bezugnahme auf die seinerzeitigen historischen Zusammenhänge (Bündniskonstellation) zu erklären.

Anforderungsbereich III: Reflexion und Problemlösung

Der Anforderungsbereich III (AFB III) umfasst den **reflexiven Umgang mit neuen Problemstellungen**, den eingesetzten Methoden und gewonnenen Erkenntnissen, um zu **eigenständigen Begründungen**, **Folgerungen**, **Deutungen und Wertungen** zu gelangen.

Inhaltsbezogene Kenntnisse und Fähigkeiten	**Methodenbezogene Kenntnisse und Fähigkeiten**
• problembezogenes Denken, Urteilen und Begründen • Beurteilung der je nach Zeit, Raum und Interessen unterschiedlich gefüllten Begriffe (z. B. westlicher und marxistischer Demokratiebegriff, Nation)	• Beurteilen von Methoden • Erörtern möglicher methodischer Schritte zur Lösung von Aufgaben (z. B. inwieweit eine Hypothese durch Quellenmaterial verifiziert oder falsifiziert werden könnte)

- Erkennen der Bedeutung und der Grenzen des Aussagewertes von Informationen (z. B. ideologiekritische Untersuchung von Lenins Aprilthesen 1917)
- Reflektieren von Normen, Konventionen und Theorien und Aufdecken ihrer Prämissen (z. B. Menschen- und Bürgerrechte 1776/1789, Atlantik-Charta 1941)
- Problematisieren eines Sachverhaltes durch selbstständig entwickelte Fragestellungen
- Begründung eines selbstständigen historischen Sach- oder Werturteils (z. B. zum Versailler Vertrag oder zur Gründung der beiden deutschen Staaten 1949)
- Begründung des eingeschlagenen Lösungsweges (z. B. weshalb beim U-Boot-Krieg 1917 der politische vor dem militärischen Kontext bearbeitet wird)
- kritische Überprüfung von Methoden hinsichtlich ihrer Leistung für die Erschließung oder Darstellung von Sachverhalten sowie hinsichtlich der immanenten Auswahlkriterien und Wertungen (z. B. Ausblenden von Nebenaspekten bei themengeleiteter Interpretation historischer Quellen)

Operatoren, die Leistungen im **Anforderungsbereich III** (Reflexion und Problemlösung) verlangen:

Operator	**Beschreibung der erwarteten Leistung**	**Beispielaufgabe**
beurteilen	den Stellenwert historischer Sachverhalte in einem Zusammenhang bestimmen, um ohne persönlichen Wertebezug zu einem begründeten Sachurteil zu gelangen	2009/1; 2010/1; 2011/2; 2012/2
bewerten *Stellung nehmen*	wie Operator „beurteilen“, aber zusätzlich mit Offenlegen und Begründen eigener Wertmaßstäbe, die Pluralität einschließen und zu einem Werturteil führen, das auf den Wertvorstellungen des Grundgesetzes basiert	Ü 2, 3 2011/1, 3
entwickeln	gewonnene Analyseergebnisse synthetisieren, um zu einer eigenen Deutung zu gelangen	
sich auseinandersetzen *diskutieren*	zu einer historischen Problemstellung oder These eine Argumentation entwickeln, die zu einer begründeten Bewertung führt	Ü 1 bis 3; 2009/2; 2010/3; 2012/1; 2012/3
prüfen *überprüfen*	Aussagen (Hypothesen, Behauptungen, Urteile) an historischen Sachverhalten auf ihre Angemessenheit hin untersuchen	2009/1; 2010/2
vergleichen	auf der Grundlage von Kriterien historische Sachverhalte problembezogen gegenüberstellen, um Gemeinsamkeiten, Unterschiede, Teil-Identitäten, Ähnlichkeiten, Abweichungen oder Gegensätze zu beurteilen	

Beispiel

<u>Prüfen Sie</u> die Lagebeurteilung Adenauers …

In diesem Fall sollten Sie die ggf. anhand einer Quelle erarbeitete Lageanalyse Konrad Adenauers (z. B. zur Situation des geteilten Deutschland) anhand der Ihnen bekannten historischen Sachverhalte und Zusammenhänge überprüfen. Am Ende einer Teilaufgabe mit dem Operator „prüfen" bzw. „überprüfen" können Sie ein abschließendes Resümee formulieren.

Übergeordnete Operatoren, die Leistungen **in allen drei Anforderungsbereichen** verlangen:

Operator	**Beschreibung der erwarteten Leistung**	**Beispielaufgabe**
interpretieren	Sinnzusammenhänge aus Quellen erschließen und eine begründete Stellungnahme abgeben, die auf einer Analyse, Erläuterung und Bewertung beruht	mdl. Ü 1
darstellen	historische Entwicklungszusammenhänge und Zustände mithilfe von Quellenkenntnissen und Deutungen beschreiben, erklären und beurteilen	
erörtern	eine These oder Problemstellung durch eine Kette von Für-und-Wider- bzw. Sowohl-als-Auch-Argumenten auf ihren Wert und ihre Stichhaltigkeit hin abwägend prüfen und auf dieser Grundlage eine eigene Stellungnahme dazu entwickeln	

Beispiel

<u>Interpretieren Sie</u> …

Wenn Ihnen dieser übergeordnete Operator ohne eine weitere Angabe von Teilaufgaben begegnet, sollen Sie in der Regel die üblichen drei Arbeitsschritte der Quelleninterpretation vornehmen: die geordnete Textwiedergabe (nach Vorstellen der Quelle), die Erläuterung historischer Hintergründe oder angesprochener historischer Sachverhalte sowie die Bewertung der Quelle und ihrer Aussagen. Gegebenenfalls kann es sinnvoll sein, Ihr methodisches Vorgehen jeweils kurz zu erläutern, insbesondere wenn Sie bei der Erläuterung oder Bewertung eigenständig Schwerpunkte setzen.

4 Aufgabentypen der schriftlichen Abiturprüfung

Für die schriftliche Abiturprüfung im Fach Geschichte kommen *grundsätzlich* die folgenden Formen der Aufgabenstellung in Frage:

A: Interpretation sprachlicher oder nichtsprachlicher historischer Quellen
Als Ausformungen des Aufgabentyps A werden unterschieden:

- A 1: mit gegliederter Aufgabenstellung
- A 2: mit ungegliederter Aufgabenstellung

B: Analyse von Sekundärliteratur und kritische Auseinandersetzung mit ihr
Als Ausformungen des Aufgabentyps B werden unterschieden:

- B 1: mit gegliederter Aufgabenstellung
- B 2: mit ungegliederter Aufgabenstellung

C: Historische Erörterung (ohne Material)

Wichtig: Für das schriftliche Zentralabitur in NRW sind derzeit die ungegliederten Aufgabenstellungen des Aufgabentyps A und B sowie der Aufgabentyp C **nicht** vorgesehen. Die Aufgabenstellungen, die für Sie **2013 im Abitur relevant** sind, werden Ihnen im Folgenden erläutert.

4.1 Aufgabentyp A: Die Interpretation sprachlicher oder nichtsprachlicher historischer Quellen

Die Interpretation historischer Quellen kann sich auf alle Formen von Nachrichten beziehen, die Menschen absichtlich oder unabsichtlich über ihre Zeit hinterlassen haben. **Dieser Quellenbegriff umfasst also sowohl Dokumente als auch Monumente**.

Dokumente sind Überreste, die im Prozess der Geschichte überliefert sind, ohne der Nachwelt Botschaften übermitteln zu wollen. Zu den **sprachlichen Dokumenten** gehören z. B. Urkunden, Akten, allgemeine Inschriften, Briefe, nicht zur Veröffentlichung bestimmte Tagebücher, Reden, Flugblätter, Plakate, Streit- und Denkschriften, Berichte und Kommentare in zeitspezifischen Massenmedien oder literarische Zeugnisse aus einer Epoche.
Als **nichtsprachliche Dokumente** kommen u. a. Abbildungen von historischen Bauwerken, von Münzen, Emblemen, Symbolen und Werken der darstellenden Kunst in Betracht. Zu dieser Quellengattung gehören ferner historische Karten, Stadtpläne, Grundrisse, Bilddarstellungen auf Flugblättern, Karikaturen und Statistiken.

Monumente wurden dagegen bereits für Betrachter geschaffen, sie sind Botschaften für eine spätere Zeit. Zu den sprachlichen Monumenten gehören z. B. Chroniken, Viten, Gedenkinschriften, Memoiren, zur Veröffentlichung bestimmte Tagebuchaufzeichnungen, an eine Nachwelt gerichtete Gedenk- oder Rechtfertigungsreden.

Tipp: Den Aufgabentyp A können Sie mit den Original-Prüfungsaufgaben (2009/1 und 3, 2010/1 und 2, 2011/1 und 2, 2012/1 und 2) sowie mit den Übungsaufgaben 1 bis 3 und den mündlichen Übungsaufgaben 1 und 2 in diesem Buch üben.

4.2 Aufgabentyp B: Die Analyse von Sekundärliteratur und die kritische Auseinandersetzung mit ihr

Das charakterisierende Merkmal der historischen **Sekundärliteratur** ist, dass die Autorinnen und Autoren in ihrer Darstellung unter Verarbeitung von Quellen und anderer Fachliteratur eine **historische Wirklichkeit (re-)konstruieren** und historische Ereignisse und Zusammenhänge somit in spezifischer Weise **deuten**. Bei der Bearbeitung müssen unterschiedliche Textarten, deren Intentionen und Ansprüche erkannt, dargestellte Sachverhalte und Problembereiche erfasst sowie die darin enthaltene Deutung historischer Ereignisse oder Zusammenhänge erschlossen werden. Auf dieser Grundlage erfolgt eine **kritische Auseinandersetzung** mit dieser Deutung, zum Beispiel durch Bezug auf einen bekannten Ereignisablauf, eine Gewichtung der Quellenlage oder kritische Überprüfung der vom Autor offen oder verdeckt eingesetzten Prämissen. Denkbar ist bei Aufgabenstellungen des Typs B auch ein Vergleich mit anderen, aus dem Unterricht bekannten Deutungsmustern.

Als **Materialgrundlage** kommen z. B. in Frage: Ausschnitte aus wissenschaftlichen Abhandlungen oder Untersuchungen, aus Rechts- und Verfassungskommentaren, aus Essays, wissenschaftlichen Vorträgen oder historisch-politischen Theorien. Dabei sind nicht nur die Texte zeitgenössischer Autorinnen und Autoren relevant, sondern auch wissenschaftliche Darstellungen aus der Vergangenheit.

Außerdem könnten bei diesem Aufgabentyp beispielsweise in Frage kommen: historische Essays, deutende Darstellungen aus der populärwissenschaftlichen Literatur, Autorentexte aus Schulbüchern oder publizistische Texte. Bei den hier zu untersuchenden Texten liegt jeweils eine (Re-)Konstruktion und Deutung von Ereigniszusammenhängen vor, die aus Sach- und Werturteilen des Autors besteht.

Ziel einer Aufgabenstellung des Typs B kann es beispielsweise sein, sich mit einer einseitigen sachlichen Untermauerung oder gewagten Schlussfolgerung einer historischen Deutung auseinanderzusetzen. Die Analyse eines Textes im Bereich des Aufgabentyps B geht über sein Verständnis und die einfache Inhaltswiedergabe hinaus. Sie erfordert eine vertiefte Auseinandersetzung mit dem Text und die Darstellung der Ergebnisse dieser Auseinandersetzung, die sich an den folgenden **Leitfragen** orientiert:
- Was sind die Hauptaussagen bzw. Argumente des Autors? Was wird nicht gesagt bzw. offenbar verschwiegen?
- Was ist über den Autor und das Medium der Veröffentlichung bekannt? Ergeben sich daraus Folgerungen für Absicht, Form, Adressaten etc.?
- In welcher (sprachlichen) Form werden die Inhalte präsentiert (fachwissenschaftlich-argumentativ, populär-wissenschaftlich darstellend, affirmativ, appellierend, für eine Aussage bzw. Position werbend, sich gegen eine andere abgrenzend)?
- Wie wirken die Ausführungen (überzeugend, Widerspruch erregend, polarisierend)?
- An wen richten sich die Ausführungen?
- Gibt es einen speziellen Anlass für die Ausführungen (regelmäßige Veröffentlichung, aktuelle Krise, politische Lage)?
- Wird eine Absicht deutlich (zum Beispiel Verbreiten eigener Erkenntnisse, einer politischen Position, Versuch, Gegner oder Freunde zu überzeugen oder zu überreden, Abgrenzung gegen eine andere Position, Vermitteln zwischen verschiedenen Positionen)?
- Welche (politischen, wissenschaftlichen) Grundhaltungen sind erkennbar? Woran? Werden sie offen genannt oder bleiben sie verdeckt?
- In welchem historischen bzw. politischen Umfeld werden die Aussagen gemacht?

Tipp: Aufgabentyp B können Sie mit den Original-Prüfungsaufgaben (2009/2, 2010/3, 2011/3 und 2012/3) sowie mit der mündlichen Übungsaufgabe 3 üben.

Zusätzliche Hinweise zur Bearbeitung des Aufgabentyps B

Für die Bearbeitung dieses Aufgabentyps kann es für Sie hilfreich sein, wenn Sie sich an folgenden **Kriterien** orientieren, die der Historiker **Jürgen Kocka** für die **Angemessenheit historischer Argumentationen** aufgestellt hat.

Kocka stellt fest, dass man bei der Auseinandersetzung mit historischen Argumentationen, die die Elemente der **Beschreibung**, der **Erklärung** und der **Deutung** beinhalten, in der Regel versuchen wird, zwischen zutreffenden und weniger zutreffenden, plausibleren und weniger plausiblen, insgesamt mehr oder weniger angemessenen Argumentationen zu unterscheiden. Zugleich ist der Spielraum dessen, was im Sinne der „**Angemessenheit**" über ein und denselben historischen Gegenstand ausgesagt werden kann, durch Grenzen abgesteckt, die „unangemessene", im schlechtesten Sinne „parteiliche" Argumentationen ausschließen. Kocka geht bei seinen Erwägungen von **deri Grundannahmen** aus:

1. Jede historische Aussage oder Argumentation ist **selektiv**, d. h. die Merkmale der Beschreibung, Erklärung und Deutung stellen den zu behandelnden Gegenstand stets in einer Auswahl und nie in einer vollständigen Abbildung dar (Selektivität).
2. Die meisten historischen Argumentationen sind in ihrer Entstehung und im Resultat auch **durch außerwissenschaftliche Gesichtspunkte**, **Faktoren und Wertungen mitgeprägt**. Dies zeigt sich insbesondere bei der Auswahl des Themas, die vom **Erfahrungshintergrund und dem Engagement des Forschenden** mitbestimmt ist; bei der Auswahl der Begriffe und Erklärungsmuster und bei der Entscheidung darüber, welche Aspekte in einer Beschreibung betont werden oder ausgeblendet bleiben; schließlich bei der Entscheidung darüber, was als akzeptable Antwort gilt (Engagement).
3. Historisches Wissen wird legitimerweise immer auch **für verschiedene außerwissenschaftliche Zwecke benutzt** (Praxisbezug).

Vor dem Hintergrund dieser Prämissen (**Selektivität**, **Engagement**, **Praxisbezogenheit**) stellt Kocka **Kriterien** für den **Grad der Angemessenheit** historischer Argumentationen auf. Hierbei geht es um Umfang, Tiefe, Problemorientierung der Argumentation, Einhalten bzw. umfassende Anwendung wissenschaftlicher Methoden, Klärung und kritische Reflexion der Entstehungsbedingungen und des eigenen Standortes sowie der Korrelation der eigenen Aussagen zu bestimmten Wertesystemen oder Erkenntniszielen. Zur Verdeutlichung dieser Kriterien dient das **Schaubild** auf der folgenden Seite.

Tipp: Für Sie kann es bei der Beantwortung der Aufgaben sinnvoll sein, wenn Sie sich für Ihre eigene Argumentation immer wieder diese Kriterien der Angemessenheit vor Augen führen.

Angemessenheitskriterien historischer Argumente

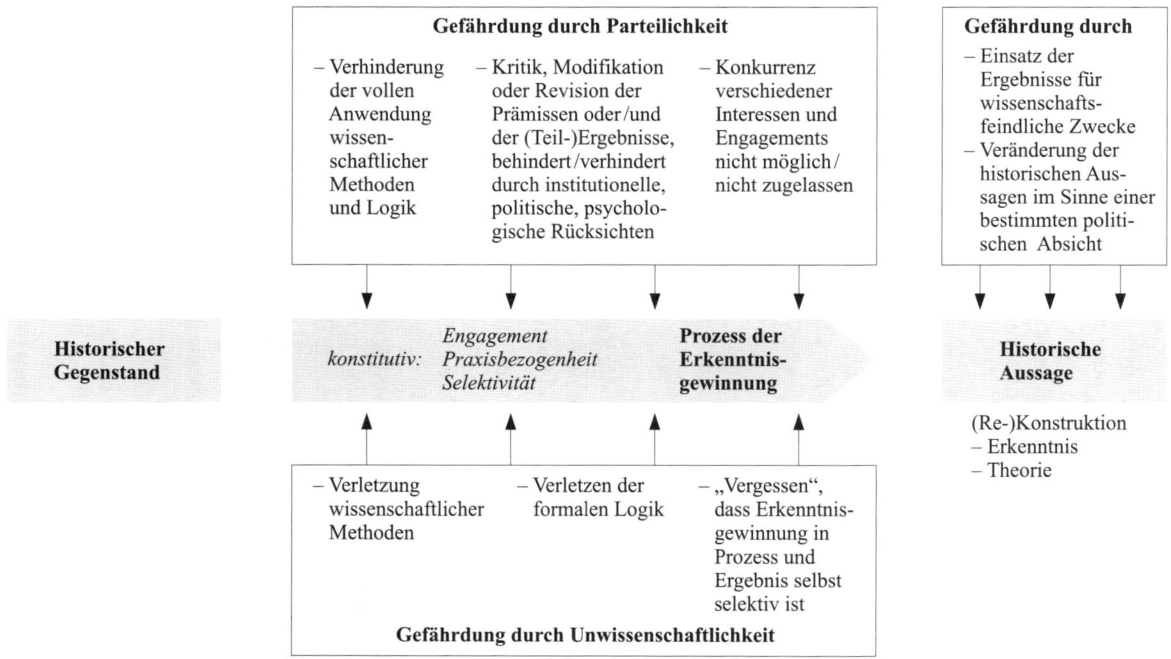

Zur Arbeit mit historischen Quellen und Sekundärliteratur

Nach den Vorgaben der oben beschriebenen Aufgabentypen A und B können Ihnen also in der Abiturprüfung **sprachliche oder nichtsprachliche Quellen** sowie Texte aus der **Sekundärliteratur** vorgelegt werden. Sie können sich die offiziellen Aufgabenbeispiele und Probeklausuren über folgende Internetseite aufrufen:
http://www.standardsicherung.schulministerium.nrw.de/abitur/abitur-gymnasiale-oberstufe/

Neben **Textquellen** können Ihnen in der Prüfung auch **Bildquellen** begegnen, also historische Bilder (Übungsaufgabe 3), Karikaturen (mündliche Übungsaufgabe 1, Original-Prüfungsaufgaben 2010/3; 2011/2), Fotos (Übungsaufgabe 3) oder Plakate. Außerdem kann eine Aufgabe als Materialgrundlage **Statistiken und Tabellen**, **Grafiken und Diagramme** oder **Karten** enthalten.

1 Erschließung von Texten

Texte bilden eine wesentliche Arbeitsgrundlage für Historiker, deshalb erhalten Sie hier wichtige Tipps zur Texterschließung.

1. Arbeitsschritt: Lesestrategien
Beim Lesen oder direkt danach können die Reaktionen, Assoziationen und spontanen Gedanken zum Text stichpunktartig notiert werden, z. B. in Form einer Mindmap (siehe dazu die Übungsaufgabe 3 zur mündlichen Prüfung in diesem Band).

In Verbindung mit den mehrfachen Lese-Durchgängen, die unerlässlich sind, kann der **Text optisch aufbereitet** werden:

- **Unverstandene Fremdwörter**, Fachbegriffe, Sachverhalte, die das Verstehen (zunächst) behindern, kennzeichnen, z. B. durch gestricheltes Unterstreichen.
- **Zentrale Begriffe und Leitwörter**, von denen ausgehend sich der Sinn und geistige Zusammenhang des Textes aufschlüsseln lässt, durch Umrahmung, Einkreisung und verschiedene Arten des Unterstreichens (z. B. einfach, doppelt, farblich) markieren.
- **Kerninformationen** und semantische Einheiten hervorheben und die Art ihrer inhaltlichen und formalen Beziehung (Verbindung, Gegensätzlichkeit usw.) durch Linien, Pfeile u. ä. im Text oder am Blattrand notieren.
- Die Arbeit wird erleichtert durch sinnvolle Techniken der **Textbearbeitung:**
  - Unter- und Überstreichungen (sehr sparsam verwenden, möglicherweise erst beim zweiten Lesen)
  - Einkreisen von Schlüsselbegriffen und/oder Kernstellen
  - Verknüpfung von Begriffen und Stellen durch Linien im Text (zum Beispiel durch einen Doppelpfeil, um Gegensatz zu markieren)
  - Visualisierung der Textaussage: Arbeiten mit farbigen Textmarkern; Gegenüberstellung in tabellarischer Form (z. B. Pro-/Contra-Argumente); Flussschema (z. B. bei Entwicklungsverläufen, bei logischen Schlussfolgerungen); Umsetzung von Informationen in eine Kartenskizze (z. B. bei geopolitischen Fragen durch eine Faustskizze); chronologische Abfolge (z. B. Datenabfolge)

– Randmarkierungen: Zwischenüberschriften, optische Markierung wichtiger Stellen durch Symbole oder Abkürzungen wie:

Zeichen/ Abkürzung	**Bedeutung**
/	wichtig
//	sehr wichtig
!	erstaunlich
?	fragwürdig
+	positiv; gut
–	negativ; schlecht
*	Erläuterung
∫	Absatz
Q	Quelle
Hyp	Hypothese

Zeichen/ Abkürzung	**Bedeutung**
T/Th	These
B/Bsp	Beispiel
Arg	Argument
Z	Zitat
Def	Definition
Beg	Begriff
Log?	Logik?
W	Widerspruch
An/Ad	Anrede/Adressat
vgl. oben/ unten/Z. xx	vergleiche oben/ unten/Zeile xx

2. Arbeitsschritt: Bestimmung des Charakters des Textes, seines Aufbaus und seiner Hauptaussagen

Der Text soll zunächst auf seinen **Charakter**, seine **logische Struktur** und seine **Hauptaussagen** hin untersucht werden:

- **Art des Textes:** Urkunde, Verfassungstext, Aufruf, Rede, Presseartikel, Aktenstück, Plakat, Memoiren usw.
- **Adressatenbezug:** öffentlich/nicht öffentlich/geheim/(nicht) für die Veröffentlichung bestimmt
- **Verfasser/in:** Persönlichkeit, Bildung, Beruf, Wirkungsmöglichkeiten, sein/ihr Bezug zum Berichteten (z. B. Augenzeuge, Zeitgenosse, vom Hörensagen usw.), Bezug zum Adressaten
- **Anlass und Intention** der Quelle
- **Wirkung** (falls diese bekannt ist)
- Zeithintergrund, Situation (historischer und situativer **Kontext**)

Argumentation und Aussagearten:

- Hypothesen, Behauptungen/Annahmen, Vermutungen, These/n
- Belege, Beweise, Schlussfolgerungen, Beispiele, Verallgemeinerung, Widerlegung, Hinweis
- Widersprüche, Zitieren von „Autoritäten", Aufzeigen von kausalen Zusammenhängen (Ursache – Wirkung; Bedingung – Folge etc.)
- Sachaussagen/Sachurteile/Werturteile unterscheiden
  - Sachaussage: Benennung einer historischen Tatsache oder mehrerer Fakten ohne kausale Beziehung untereinander
  - Sachurteil: Feststellung einer Kausalbeziehung, eines Zusammenhangs, der Rolle von Personen, des Zufalls, der Bedeutsamkeit usw.

– Werturteil: wertende Aussage nach einem oder mehreren Wertmaßstäben (z. B. religiös, humanitär, ästhetisch, politisch); als Mittel dienen z. B. die Wortwahl, Anspielungen, Metaphern, wertende Vergleiche, Allegorien, positive oder negative Charakterisierung usw.

- Argumentationsketten erkennen (logische Struktur, z. B. antithetisch, deduktiv)
- Schlüsselbegriffe, Kernaussagen kennzeichnen

3. Arbeitsschritt: Formulierung von Arbeitshypothesen

- **Thema**, **Fragestellung**, **zentrale Aussage** und vermutliche **Intention** des Textes herausarbeiten und eine vorläufige **Hypothese** (oder versuchsweise auch mehrere) formulieren.
- Durch die **Arbeitshypothese** erhält die weitere Textuntersuchung eine klare Ausrichtung. Sie ermöglicht es später, die zu beschreibenden und zu deutenden Einzelaspekte und Elemente inhaltlicher und formaler Art in einen tieferen bedeutungsmäßigen Zusammenhang zu stellen. Erste Vermutungen lassen sich darüber äußern, was der Autor mit seinem Text beim Leser erreichen möchte (z. B. informieren, Stimmung machen für/gegen etwas, das Denken ändern, Handlungen auslösen usw.). Da eine genaue Textbeschreibung (Analyse) noch fehlt, erfolgen diese Vermutungen auf der Grundlage von ersten „Eindrücken" beim Lesen und sind noch nicht endgültig. Aber sie können beim nochmaligen Lesen den Blick auf die inhaltlichen und sprachlichen Besonderheiten des Textes lenken.

4. Arbeitsschritt: Geordnete, strukturierte Textwiedergabe

Wichtige Hilfsmaßnahmen:

- Text in **Sinnabschnitte** einteilen.
- **Inhalt der Sinnabschnitte** durch Überschriften zusammenfassen und/oder kurz ausführen. „Sinnabschnitte" markieren gedanklich-inhaltliche, eigenständige Abschnitte, mit denen inhaltlich etwas Neues beginnt (z. B. Gedanken, Ereignisse). Sie können im Text durch ein Absatzzeichen gekennzeichnet werden.
- Anhand der **Überschriftenabfolge** zu den Sinnabschnitten können der gedankliche Aufbau und die inhaltliche Gliederung der Textaussagen sichtbar gemacht werden.

5. Arbeitsschritt: Textbeschreibung (Analyse)

Sie zielt auf die **inhaltliche und formale Erfassung und Charakterisierung des Textes mit eigenen Worten** (Inhalt, gedanklicher Aufbau, Struktur, Form, Textsorte, eventuell auch relevante sprachlich-stilistische Mittel) und schafft die Grundlage für die folgende Textdeutung. In diesem Schritt ist zu zeigen, auf welche Weise der Autor seine Argumentation aufbaut, entwickelt und entfaltet und wie er dabei die ausgewählten Elemente der „Beweisführung" anordnet und verbindet, damit der Leser möglichst überzeugt wird.

Durch die **Kennzeichnung von Textteilen** mithilfe der unten stehenden Begriffe (Aufbauelemente, Argumentationselemente) lassen sich einzelne Aussagen oder ganze Sinnabschnitte in ihrer Funktion und inhaltlichen Bedeutung für das Textganze und die argumentative Entfaltung des Themas bestimmen. Hier ist das gedankliche Verhältnis der Aussagen zueinander zu verdeutlichen, der innere gedankliche Zusammenhang aufzuzeigen. Diese Begriffe bezeichnen Bausteine des gedanklichen Aufbaus, mit denen die Eigenart der Argumentation als Verfahren der „Beweisführung“ gekennzeichnet werden kann. Der gedankliche Weg („Gedankengang“) und das gedankliche Verhältnis der Aussagen zueinander können so in Einzelschritten verdeutlicht und überprüft werden.

Mit dem Begriff „**Struktur**“ ist die Beziehung gemeint, die den **inneren Zusammenhang der einzelnen Bestandteile der Beweisführung** herstellt. Zu verdeutlichen ist also, wie der Autor vorgeht, wenn er diese Argumentationselemente zu einem Gedankengebäude aus Behauptungen, Begründungen und Beispielen aufbaut, und wie er insgesamt die gedanklich-logischen Schritte als Gedankenbewegung entfaltet.

Möglichkeiten zur Verdeutlichung der Argumentationsweise:
- Kennzeichnung und Funktion der **Aufbauelemente:** Einleitung, Überleitung, Hauptteil, Höhepunkt, Schlussteil, Einschub, Fragestellung, Zusammenfassung, Auswertung, Lösung usw.
- Eigenart und Funktion der **Argumentationselemente:** These (Behauptung), Gegenbehauptung, Beispiel, Beleg, Schlussfolgerung, Definition, Begriffserklärung, Erläuterung, Voraussetzung, Konsequenzen, Einschränkungen, Bedingungen usw.; zusammenfassende Kennzeichnung der Argumentationsstruktur.
- **Sprachliche Gestaltungsmittel:** Im Fach Geschichte ist es sinnvoll, nur eine Auswahl wichtiger Stilmittel als „Bedeutungsträger mit besonderer Funktion“ (z. B. für die Erkenntnis der Intention) zu untersuchen. Stilmittel sind wichtig, wenn sie quantitativ und/oder qualitativ auffallen, das heißt öfter vorkommen (Wiederholung von Wörtern, Bildern, Satzbau) und/oder einen auffallenden sprachlichen Charakter aufweisen (ungewöhnlicher Sprachgebrauch, Wortschöpfungen und Kombinationen).

6. Arbeitsschritt: Textdeutung (Interpretation)
Sie will auf der Grundlage der Textbeschreibung den **Sinn des Textganzen** erschließen und die Aussage- und Wirkungsabsicht (**Intention**) begründet feststellen.

Dazu ist ein mehrfaches intensives Lesen zum Ende und wieder zum Anfang des Textes hin erforderlich mit einer genauen Überprüfung, inwieweit der Text die aufgestellte Arbeitshypothese abdeckt. Ausgegangen wird von den beschriebenen zentralen Worten und Satzaussagen, wobei die Textteile aufeinander bezogen werden. Das Vorgehen erfolgt detailliert entweder in einem linearen Textdurchgang (zeilenweises Vorgehen vom Textanfang bis zum Ende) oder aspektgeleitet.

Die Deutung stützt sich in der Hauptsache auf textimmanente Faktoren, greift aber auch auf textexterne Zusammenhänge zurück: z. B. Einordnung des Textes in den geschichtlichen Kontext der Entstehungszeit, Stellenwert des Textes im Denken und Handeln des Autors, (beabsichtigte) Wirkung des Textes auf die (zeitgenössischen) Adressaten u. a. (z. B. informieren? – Stimmung machen für/gegen etwas? – die Einstellung ändern? – Handlungen auslösen?)

7. Arbeitsschritt: Textbewertung (Erörterung)
Bei dieser persönlichen Sicht und Stellungnahme zu den Textaussagen geht es um eine **begründete Auseinandersetzung** mit den im Text vertretenen Argumenten und verwendeten Beispielen, den Auffassungen, Urteilen und Wertungen.
Leitfragen sind dabei z. B.:

- Welche Argumente überzeugen mich? Welche erscheinen anfechtbar?
- Wie schätze ich die Zahl, Eigenart und Wirkung der Beispiele ein?
- Wo denke ich anders?
- Wie beurteile ich die Art der Darstellung? die Vorgehensweise? die Angemessenheit zur Erreichung der Absichten?

2 Die Interpretation von Karikaturen

Karikaturen gehören zur Gruppe der historischen Bildquellen. Sie werden zu den nichtsprachlichen Quellen gerechnet, auch wenn Karikaturen Textelemente enthalten können. Das Wesen der Karikatur ist die Übertreibung und Zuspitzung. Hierauf weist schon der Ursprung des Begriffes hin: „caricare“ bedeutet im Italienischen „überladen, übertreiben“. Gegenstand von Karikaturen sind beispielsweise gesellschaftliche Strukturen, Prozesse oder Ereignisse, Gruppen oder Personen. Der Karikaturist verfolgt in der Regel nicht die Absicht, eine Person, einen Sachverhalt oder ein Problem in ausgewogener Weise darzustellen. Vielmehr geht es ihm um eine pointierte, oft einseitige und manchmal polemische Art der Meinungsäußerung. Karikaturen sind im Grunde gezeichnete Kommentare, die komplexe Situationen und vielschichtige Prozesse in einer bewusst einseitigen, zugespitzten Sichtweise vermitteln wollen. Die komplexe historische Wirklichkeit wird dabei u. U. vereinfacht, Zusammenhänge werden reduziert. Das Spektrum reicht bis zur propagandistischen Verzerrung und ideologisch bedingten Verfälschung.

Der Arbeitsprozess der Interpretation einer Karikatur beginnt zunächst mit einer genauen Betrachtung der Bildquelle. Hierbei kann es von Nutzen sein, bestimmte Bildelemente zu markieren, Wesentliches in Randnotizen festzuhalten oder Beobachtungen in einer Stichwortliste zu notieren. (Ein Beispiel hierfür finden Sie in der Übungsaufgabe 1 für die mündliche Abiturprüfung auf S. 25 ff.).

Die Interpretation von Karikaturen erfolgt in der Regel auf mehreren Ebenen, die zum Teil auch ineinander übergehen. Grundsätzlich zu unterscheiden sind die Ebenen der Beschreibung, Deutung und Beurteilung. Bei der schriftlichen Darstellung Ihrer Ergebnisse sollten folgende Punkte Berücksichtigung finden:

- Angaben zum Karikaturisten, zum Erscheinungsort und Erscheinungszeitpunkt der Karikatur; Bestimmen der Zielgruppe bzw. Adressaten der Karikatur;
- Beschreibung der dargestellten Details, Personen usw.; Bestimmung des Themas (**Inhaltsebene**);
- Erfassen der Aussage der Karikatur und der Intention des Zeichners (**Deutungsebene**)
- Erklärung und Erläuterung des Inhalts und dessen Zusammenhang durch Einordnung in den historischen Entstehungszusammenhang (**Kontextualisierung**);

- Formulierung eines begründeten Werturteils, das über den unmittelbaren „inneren" Bildzusammenhang der Karikatur hinausgeht und zu einer Auseinandersetzung mit der Aussage und Intention der Bildquelle führt (**Beurteilungsebene**).

Für die einzelnen Teilschritte der Interpretation von Karikaturen können die folgenden Hinweise und Fragen, die nicht alle in jedem Fall abgearbeitet werden müssen, hilfreich sein:

- Wer ist der Karikaturist?
- Wo wurde die Karikatur veröffentlicht? (Erscheinungsort; Publikation in einer bestimmten Zeitung mit einem bestimmten politischen Standort? In welchem Land?)
- In welcher Form wurde die Karikatur veröffentlicht bzw. verbreitet? (als Teil eines allgemein zugänglichen Presseerzeugnisses; als Flugblatt etc.)
- Wann ist die Karikatur angefertigt worden bzw. erschienen? Lässt sich ein konkreter Anlass für die Karikatur erkennen? (möglichst genaue Datierung, soweit angegeben, um die Karikatur in den historischen Kontext einordnen zu können)
- An wen richtet sich die Karikatur?
- Wie lautet das Thema der Karikatur?
- Welche Situation wird dargestellt, welches Problem wird visualisiert?
- Welche Personen, welche Gegenstände werden dargestellt, auf welche Sachverhalte wird verwiesen?
- Wie ist das Bild aufgebaut? (ein- oder mehrteilig; Bildebenen: Vordergrund, Hintergrund; Perspektive)
- Worauf verweisen einzelne zeichnerische Elemente? (Personifikationen, Vergleiche, Symbole, politische Metaphern)
- Welche sonstigen Gestaltungsmittel fallen auf? (ggf. Farbgebung, Schattierungen, Verzerrungen von Größenverhältnissen usw.) – Interessant sind alle künstlerischen Gestaltungsmittel, die wichtig für die Erschließung der Bildquelle sind, z. B. die Bildkomposition, die besondere Gewichtung von Einzelheiten, der künstlerische Stil der Karikatur).
- Besitzt die Karikatur eine Überschrift bzw. einen Titel?
- Ist eine Bildunterschrift vorhanden? Was besagt diese?
- In welchem Verhältnis stehen die Text- und die Bildteile der Karikatur? (z. B. Spannungsverhältnis, Kontrast, ironische Brechung, pointierte Zuspitzung einer Aussage)
- Welche Gesamtaussage lässt sich der Karikatur abgewinnen?

Erläuterung des historischen Kontextes und historischer Zusammenhänge, die für das Verständnis der Karikatur als historische Bildquelle konstitutiv sind. Alle wesentlichen Bild- und Textelemente der Karikatur sollten erläutert werden, so z. B. die Rolle der abgebildeten Personen, die in der Karikatur „angesprochenen" Sachverhalte etc.

- Auf welchen historischen Hintergrund beziehen sich die Details?
- Um welche historische Situation handelt es sich? Zu welchem Aspekt bezieht die Karikatur Stellung?

Für eine Beurteilung, Bewertung oder Auseinandersetzung mit der Karikatur können folgende Frage hilfreich sein:

- Verweist die Karikatur auf ein zentrales Problem oder einen bedeutsamen historischen Prozess?
- Trifft die Karikatur den Kern einer wesentlichen Problematik?
- Bezeichnet die Quelle eine für ihre Zeit besonders wichtige Position?
- In welcher Weise geschieht dies? (beschreibend, kommentierend, analytisch oder agitatorisch?)
- Welche Wirkung hatte die Karikatur (vermutlich) auf den zeitgenössischen Betrachter? Welche Wirkung war vom Zeichner (offenkundig) intendiert?
- In welchem Verhältnis stehen Bildaussage bzw. Intention des Karikaturisten und historische Realität?
- Wird der thematisierte Sachverhalt bzw. die Problematik in „angemessener" Weise dargestellt bzw. kommentiert? Handelt es sich um eine vergröbernde, einseitige, polemische, verzerrende oder gar verfälschende Darstellung?
- Welche Position nehmen Sie selbst als heutiger (und eben nicht als zeitgenössischer) Betrachter der Karikatur vor dem Hintergrund Ihres heutigen historischen Wissens und Ihres eigenen politischen Wertesystems ein?

Tipp: Die Interpretation einer Karikatur können Sie mit den Original-Prüfungsaufgaben 2010/2, 2011/2 und 2012/2 üben.

Bewertung

Die Bewertung der Abiturklausuren setzt sich aus zwei Bestandteilen zusammen: Zum einen wird Ihre Leistung unter inhaltlichen und methodischen Gesichtspunkten bewertet, zum andern erfolgt eine Bewertung der Darstellungsleistung.
Die **inhaltliche Leistung** orientiert sich an den jeweiligen Teilaufgaben des von Ihnen gewählten Themas.

Der **Darstellungsleistung** ist ein gesonderter Bereich zugewiesen. Im Fach Geschichte entfallen darauf 20 Prozent der Gesamtbewertung. Sie sollten demnach

- Ihren Text schlüssig, stringent und gedanklich klar strukturieren;
- sich um eine präzise und differenzierte Sprache bemühen und die Fachterminologie adäquat anwenden;
- sprachlich richtig schreiben sowie syntaktisch und stilistisch korrekt und sicher formulieren;
- die Ebenen der Sachdarstellung, der Analyse und der Bewertung sicher und transparent verbinden;
- die Ergebnisse der Textanalyse mit den Ausführungen über die historischen Zusammenhänge und der kritischen Auseinandersetzung sinnvoll verknüpfen;
- Aussagen durch angemessene und korrekte Nachweise (Zitate u. a.) belegen.

Allgemeine Tipps zur schriftlichen Prüfung

Wenn Sie nun auch noch die folgenden, allgemeinen Tipps beherzigen, sollte einer gelungenen Klausur nichts mehr im Wege stehen.

- Lesen Sie sich die Aufgabenstellung mehrmals gründlich und in Ruhe durch.
- Achten Sie auf Signale und implizite Hilfen in der Aufgabenstellung. Die verwendeten Operatoren sollten Ihnen klare Signale geben, wie Sie im Folgenden vorzugehen haben.
- Fangen Sie nicht sofort an zu schreiben, sondern fertigen Sie sich ein Konzept für Ihre Ausarbeitung an. Notieren Sie sich dazu Ideen und Aspekte in Stichworten. Ein solches Konzept kann den Charakter einer Gliederung für Ihre anschließend zu schreibende Klausur haben.
- Damit Sie Ihre Klausur schnell und flüssig, ohne Wiederholungen schreiben können, lohnt es sich vorab einige Verben zu überlegen, mit deren Hilfe ein Sachverhalt beschrieben oder eine Tatsache ausgesagt, ein Urteil abgegeben oder eine Forderung erhoben, ein Standpunkt betont, eine Meinung befürwortet oder abgelehnt werden soll.
  Möglich sind zum Beispiel: ablehnen, einschränken, einwenden, entgegnen, angreifen, ausschließen, betonen, darlegen, einräumen, entgegnen, erklären, feststellen, folgern, in Frage stellen, kritisieren, problematisieren, urteilen, zur Diskussion stellen, zusammenfassen usw.
- Versehen Sie Zitate mit Anführungszeichen und Zeilenverweis und achten Sie darauf, die zitierte Passage korrekt in den von Ihnen formulierten Satz einzufügen.
- Nutzen Sie den gegebenen Zeitrahmen voll aus. Geben Sie nicht früher ab, sondern lesen Sie Ihre Klausur noch einmal und möglichst in Ruhe durch. Achten Sie hierbei nicht zuletzt auf die sprachliche Gestaltung.
- Fragen Sie sich immer, ob ein „fremder" Leser Ihrem Gedankengang problemlos folgen kann. Achten Sie besonders auf Übergänge und Verknüpfungen.
- Fügen Sie Ergänzungen so ein, dass eine zweifelsfreie Zuordnung gewährleistet ist. Nutzen Sie hierzu den Raum auf der jeweiligen Seite Ihrer Klausur oder am unteren Rand, setzen Sie längere Ergänzungen ans Ende der Klausur.
- Lassen Sie am Ende eines Lösungsteils den Rest der Seite frei, um hier gegebenenfalls später Ergänzungen einzufügen.
- Nehmen Sie eventuelle Streichungen in sauberer Form vor (Lineal benutzen).

Tipps und Hinweise zur mündlichen Abiturprüfung im Fach Geschichte

In welchen Fällen kommt es zu einer mündlichen Abiturprüfung?

Im Rahmen der geltenden Prüfungsordnung für die Abiturprüfung in NRW müssen bzw. können Sie in folgenden Fällen eine mündliche Prüfung absolvieren:

1. Sie haben sich für das Fach Geschichte als **4. Abiturprüfungsfach** entschieden, in dem ausschließlich eine mündliche Prüfung stattfindet.
2. Sie haben das Fach Geschichte als **Leistungskurs** (2. Abiturfach) oder als **Grundkurs** (3. Abiturfach) gewählt und schreiben zu dem entsprechenden Termin Ihre Abiturklausur. Eine **zusätzliche mündliche Prüfung** müssen Sie dann ablegen,
   - wenn das Ergebnis Ihrer Klausur um mehr als eine Notenstufe vom Durchschnitt Ihrer Halbjahresnoten in den Jahrgangsstufen 12 und 13 im Fach Geschichte abweicht („Differenzprüfung") oder
   - wenn Sie nach der regulären Prüfung im 1. bis 4. Abiturfach noch nicht die für den Abiturbereich erforderliche Gesamtpunktzahl erreicht haben („Defizitprüfung").
3. Schließlich ist es auch möglich, sich im Anschluss an die erfolgte schriftliche Prüfung im 1. bis 3. Abiturfach zu einer **freiwilligen mündlichen Prüfung** zu melden, um das Ergebnis im Fach auf diese Weise noch weiter zu verbessern. Es empfiehlt sich, zuvor die Beratung durch die Oberstufenkoordinatorin bzw. den Oberstufenkoordinator und/oder durch die Fachlehrerin bzw. den Fachlehrer in Anspruch zu nehmen.

Bestandteile der mündlichen Prüfung

Während die schriftliche Abiturprüfung in Nordrhein-Westfalen auf der Grundlage zentral gestellter Aufgaben erfolgt, werden die mündlichen Prüfungen dezentral abgehalten. Das bedeutet, dass die Prüfungsthemen von der Fachlehrerin bzw. dem Fachlehrer auf der Grundlage des Unterrichts in der Qualifikationsphase gestellt werden.

Die mündliche Prüfung besteht aus **zwei**, **zeitlich in etwa gleich langen Teilen**, dem **selbstständigen Prüfungsvortrag** und dem sich **anschließenden Prüfungsgespräch**. Im selbstständigen Prüfungsvortrag sollen Sie das Ergebnis der in der Vorbereitungszeit bearbeiteten Aufgabenlösung in der Regel ohne Eingreifen des Prüfers bzw. der

Prüferin darstellen. Das anschließende Prüfungsgespräch bezieht sich – gegebenenfalls an den Vortrag anknüpfend – auf größere fachliche Zusammenhänge und erschließt andere Sachgebiete.

Die mündliche Prüfung bezieht sich insgesamt auf fachliche Inhalte aus mindestens zwei Halbjahren der Qualifikationsphase. Die Aufgabenstellung soll so angelegt sein, dass Leistungen in allen drei Anforderungsbereichen erbracht werden können.

Anforderungen

Die unter 3 beschriebenen Anforderungsbereiche (AFB) I bis III gelten auch für die mündliche Prüfung. Dies erfordert von Ihnen

- sicheres geordnetes Wissen
- Vertrautheit mit der Arbeitsweise des Faches
- Verständnis und Urteilsfähigkeit
- selbstständiges Denken
- Sinn für Zusammenhänge des Fachbereichs
- Darstellungsvermögen.

Dementsprechend stellt die mündliche Prüfung folgende Anforderungen:

- die Fähigkeit, sich klar, differenziert, strukturiert und verständlich unter angemessener Verwendung der Fachsprache und auf der Basis sicherer aufgabenbezogener Kenntnisse auszudrücken,
- die Fähigkeit, eigene sach-, themen- und problemgerechte Beiträge in der mündlichen Prüfung zu formulieren,
- die Fähigkeit zur begründeten eigenen mündlichen Stellungnahme, Beurteilung oder Wertung.

Für den **selbstständigen Prüfungsvortrag** gelten zusätzlich folgende spezifische Anforderungen:

- die Fähigkeit, in der gegebenen Vorbereitungszeit für die gestellte Aufgabe ein Ergebnis zu erarbeiten und in einem Kurzvortrag darzulegen,
- die Fähigkeit, anhand eigener Aufzeichnungen frei, zusammenhängend und argumentativ überzeugend zu sprechen,
- die Fähigkeit, sich eigenständig mit historischen Sachverhalten und Problemen in angemessener mündlicher Form auseinanderzusetzen.

Für das **anschließende Prüfungsgespräch** gelten folgende spezifische Anforderungen:

- die Fähigkeit, ein sach-, themen- und problemgebundenes Gespräch zu führen (richtiges Erfassen der Fachfragen; sach- und adressatengerechtes Antworten),
- die Fähigkeit, in einem solchen Gespräch sicher, sach- und situationsangemessen sowie flexibel auf Fragen, Impulse, Hilfen oder Gegenargumente einzugehen,
- die Fähigkeit zur begründeten Einordnung oder Bewertung eines historischen Sachverhaltes auch in diskursiver Gesprächssituation, das meint in einer möglichst gleichberechtigten Kommunikation.

Hinweise und Tipps zum Ablauf

Im **ersten Teil der mündlichen Prüfung** sollen Sie die gestellte Aufgabe selbstständig und in zusammenhängendem Vortrag lösen. Da der **freie Vortrag**, der sich an Stichworten orientiert, eine für die mündliche Prüfung geforderte Qualifikation ist, ist ein bloßes Ablesen eines während der Vorbereitungszeit aufgezeichneten Textes unzulässig. Es empfiehlt sich daher, während der Vorbereitung ein Konzept zu erstellen, das die wichtigsten Stichpunkte für den eigenen Vortrag und seine Struktur enthält (siehe dazu die Beispiele im folgenden Teil dieses Buches). Es reicht nicht, im Vortrag angelernten Wissensstoff lediglich wiederzugeben, erst recht nicht, wenn dieser sich nicht auf Thema und Aufgabenstellung bezieht.
In einem **zweiten Prüfungsteil**, dem **Prüfungsgespräch**, in dem Ihnen keine zusammenhanglosen Einzelfragen gestellt werden sollten, haben Sie die Aufgabe, Ihre Kenntnis größerer fachlicher Zusammenhänge zu zeigen.

In den folgenden Übungsaufgaben für die mündliche Prüfung sind bewusst **verschiedene Darstellungsformen** gewählt worden, damit Sie selbst entscheiden können, welche Vorgehensweise in der **Vorbereitungszeit** für die mündliche Prüfung für Sie die Richtige ist.

- In **Übungsaufgabe 1**, in der die Aufgabe sich auf die Interpretation einer Bildquelle bezieht, wird angeregt, wichtige **Beobachtungen in Stichworten** so **an den Rand der Karikatur** zu schreiben, dass Sie bei Ihrem freien mündlichen Vortrag auf alle Beobachtungen gut zurückgreifen können. Ähnlich wird bei dem **Begleittext** zur Karikatur verfahren.

- Bei **Übungsaufgabe 2**, einer Textquelle in Form eines Zeitungsartikels von Joseph Goebbels, wird Ihnen die Möglichkeit angeboten, mittels einer **Mindmap** die wesentlichen Analyseschritte zu erfassen und inhaltlich zu füllen. Eine Mindmap hat grundsätzlich den Vorteil, dass Sie strukturiert und zugleich in überschaubarer Form alle wichtigen Punkte erfassen können.

- Bei **Übungsaufgabe 3** handelt es sich um einen Auszug aus einem wissenschaftlichen Text. Im zugehörigen Lösungsvorschlag wird die Form einer **tabellarischen Übersicht** genutzt, um auf diese Weise die im Text vorkommenden Begriffe und Aspekte ebenfalls übersichtlich festzuhalten.

Nordrhein-Westfalen – Grundkurs Geschichte
Übungsaufgabe 1

Aufgabenstellung

Interpretieren Sie die vorliegende Quelle, indem Sie folgende Teilaufgaben bearbeiten:

1. Analysieren Sie die Quelle.
2. Erläutern Sie die vom Verfasser rückblickend angesprochenen historischen Sachverhalte und Entwicklungen.
3. Setzen Sie sich vor dem Hintergrund der weiteren Entwicklungen mit den Zukunftserwartungen des Autors kritisch auseinander.

M 1: An der Schwelle des zwanzigsten Jahrhunderts

Leitartikel (Auszüge) der „Frankfurter Zeitung" vom 31. 12. 1899

Das gegenwärtige Geschlecht genießt den Vorzug, die Menschheitsgeschichte von der Zinne einer Jahrhundertwende herab zu betrachten. Da richtet sich der Blick naturgemäß auf das abgelaufene Jahrhundert, um den Werth seiner Leistungen abzuschätzen. [...] Die Gründung eines gewaltigen Deutschen Reiches im Herzen von Europa hat sich als eine nachhaltige Förderung des Weltfriedens erwiesen, der seit nahezu einem Vierteljahrhundert von Deutschland im Bunde mit Österreich-Ungarn und Italien wirksam behütet wird. In dieser Zeit haben wir keinen Weltkrieg mehr gehabt, und wo ein Brand ausbrach, konnte er lokalisiert werden, sogar auf dem sonst so gefährlichen Boden des türkischen Orients. [...]

Trotz der häufigen Kriege der letzten Jahre hat die Friedensidee große Fortschritte gemacht. Diese Kriege sind, so zu sagen, Spezialfälle; ein Krieg zwischen den Großstaaten selbst gilt als fast undenkbar, weil die Einsätze zu groß sind gegenüber dem etwa zu erwartenden Gewinn. [...] Wenn es schließlich nur drei oder vier Weltreiche geben wird, von denen jedes sich selbst genügen kann, dann sind die politischen und wirtschaftlichen Reibungsflächen wesentlich vermindert, und den kleinen Störenfrieden wird man das Kriegführen einfach verbieten können, wie dies auch bisher schon zuweilen geschehen ist. Die Gründung und der Ausbau der großen Reiche wird die politische Hauptaufgabe des kommenden Jahrhunderts sein. Wir wünschen und hoffen, daß Deutschland, das gestärkt durch die errungene Rechtseinheit und einen großartigen wirtschaftlichen Aufschwung in das neue Jahrhundert eintritt, zu diesen Weltreichen gehöre; aber wir wünschen und hoffen auch, daß Deutschland seine wachsende Macht stets nur im Geiste der Gerechtigkeit zum Segen der ganzen Menschheit gebrauche [...].

Den Beinamen des philosophischen hat das neunzehnte Jahrhundert nicht verdient, wohl aber den des wissenschaftlichen. [...]. Jetzt erst wird der Mensch seiner selbst, seiner Stellung und seiner Kraft bewußt; jetzt erst erkennt er seine großen Aufgaben und nimmt deren Verwirklichung in die Hand. Unendlich groß sind die Errungenschaften der Wissenschaft und der Technik im neunzehnten Jahrhundert! […]

Mit vollem Recht gebührt dem neunzehnten Jahrhundert die Bezeichnung des sozialpolitischen. […] Die Arbeiter-Versicherung, die Deutschland zuerst in bemerkenswerthem Umfange durchgeführt hat, ist eine der größten Thaten des abgelaufenen Jahrhunderts, und zwar nicht blos wegen der Wohlthaten, die sie den Arbeitern erweist, sondern auch aus dem Grunde, weil sie den alten Polizei- und Militärstaat im Sinne sozialer Gerechtigkeit zum wirthschaftlichen Versicherungs- und Solidaritätsstaat fortbildet. […] Eine weitausgreifende Sozialpolitik ist nothwendig für Deutschland, das ein Industriestaat ersten Ranges geworden ist und Weltpolitik treiben will. Je besser die gesammte arbeitende Bevölkerung Deutschlands gestellt, je unterrichteter und aufgeklärter sie ist und je freier sie sich bewegen kann, mit desto größerem Nachdruck kann Deutschland auf dem Weltmarkte und in der Weltpolitik auftreten. […]

Manche Aufgaben hat das neunzehnte Jahrhundert gelöst, aber noch mehr überliefert es ungelöst dem zwanzigsten Jahrhundert, das sie wohl auch nicht alle lösen wird. Das kann nicht anders sein, denn die Menschheit will noch länger leben und spätere Jahrhunderte wollen auch noch Arbeit haben. Aber wenn die Menschheit mit erweiterten Aufgaben in das neue Jahrhundert eintritt, dann bringt sie zur Lösung ihrer Aufgaben weit mehr Kräfte mit, als sie in früheren Jahrhunderten besaß. Die Erkenntniß hat eine Stufe erreicht und die Nutzbarmachung der Naturkräfte ist zu einem Grade gediehen, wie nie zuvor. Wir haben bedeutungsvolle Schritte gethan dem Ziele der Menschheit entgegen. Dieses Ziel heißt: Beherrschung der Natur und Herstellung des Reiches der Gerechtigkeit.

An der Schwelle des zwanzigsten Jahrhunderts. Leitartikel (Auszüge) der „Frankfurter Zeitung" vom 31. 12. 1899. Die Rechtschreibung der Quelle wurde beibehalten.

Nr. 362 Zweites Morgenblatt. Vierundvierzigster Jahrgang. Sonntag 31 December 1899

Frankfurter Zeitung und Handelsblatt.

Des Neujahrfestes wegen wird das nächste Blatt Dienstag Früh ausgegeben.

An der Schwelle des zwanzigsten Jahrhunderts.

Das gegenwärtige Geschlecht genießt den Vorzug, die Menschheitsgeschichte von der Zinne einer Jahrhundertwende herab zu betrachten. Da richtet sich der Blick naturgemäß auf das abgelaufene Jahrhundert, um den Werth seiner Leistungen abzuschätzen. Man hat das achtzehnte Jahrhundert das philosophische genannt, um zu bezeichnen, daß es mehr wie ein früheres Jahrhundert für die Aufklärung gethan und nach den Encyklopädisten in Kant die herrlichste Blüthe der Philosophie gezeitigt hat. Die Bezeichnung trifft zu, denn gegen die philosophische treten alle übrigen Leistungen des achtzehnten Jahrhunderts zurück. So hat man das neunzehnte das Jahrhundert der Erfindungen genannt [...] zu bezeichnen, daß kein anderes Jahrh[...] erfunden hat wie

[...] Staatengebilde sind es, die vertrauensvoll auf Deutschland blicken und von ihm den Schutz ihrer Selbstständigkeit erhoffen. Denn die Weltentwickelung ist den Kleinen nicht günstig: die politische und wirthschaftliche Kraft der Großstaaten tritt immer mächtiger auf und schon sehen die Staatsmänner am Horizont der Weltgeschichte die wenigen großen Reiche sich abzeichnen, die unter sich die Erde vertheilen und den Gang der Geschichte bestimmen werden. Wenn die Kleinen nicht verschlungen oder aufgesaugt sein wollen, müssen sie bei Zeiten den Anschluß an einen Großstaat in einer Form suchen, der ihr nationales Leben erhält. Ob diese Entwicklung sich ohne Blutvergießen vollziehen wird? Man darf es hoffen. Trotz der häufigen Kriege der letzten Jahre hat die Friedens-Idee große Fortschritte gemacht. Diese Kriege sind, so zu sagen, Spezialfälle; ein Krieg zwischen den Großstaaten selbst gilt als fast undenkbar, weil die Einsätze zu groß sind gegenüber dem etwa zu erwartenden Gewinn. Wenn jetzt auch die Engländer in Südafrika die Erfahrung gemacht haben, was ein ernster Krieg ist, werden sie in Zukunft ebenso vorsichtig mit der Kriegsfackel umgehen wie die übrigen Großmächte. Die vom Zaren berufene Friedenskonferenz wird dann ihre segensreichen Wirkungen voll ausüben können. Wenn es schließlich nur [...] Weltreiche geben wird, von denen jedes sich [...] die politischen und wirth-

die Wissenschaft, sondern es haben Diejenigen Bankerott gemacht, die entweder von der Wissenschaft zu viel verlangen oder die überhaupt die Wissenschaft verachten, weil sie kein Verständniß für sie haben. Daß französische „Geistesgrößen" wie Brunetière, Coppée, Barrès, Voguë u. A. geräuschvoll in den Schooß der römischen Kirche zurückkehren, das ist kein Bankerott der Wissenschaft, sondern eines der vielen Zeichen des Niedergangs Frankreichs, das am Ende des neunzehnten Jahrhunderts ebenso wenig der Wissenschaft eine Stätte zu bieten vermag wie der Gerechtigkeit. Es ist nur selbstverständlich, daß Leute, die keine Ahnung vom wissenschaftlichen Denken haben und die zu ernster geistiger Arbeit untauglich sind, zum Papste gehen, der sich zu ihrer noch größeren Bequemlichkeit für unfehlbar erklärt hat; da sind sie mit Miß Vaughan und dem Teufel Bitru in würdiger Gesellschaft. Zu verkennen ist allerdings nicht, daß das Ende des neunzehnten Jahrhunderts durch ein Wiedererwachen des religiösen Geistes sich auszeichnet; aber diese Bewegung zielt weder nach Rom noch nach einer anderen äußeren absoluten Autorität, sondern sie ist weit tiefer angelegt. Sie steht im Zusammenhang mit der philosophischen Bewegung, die in einem weiten Umweg über Hegel, Schopenhauer und den vulgären Materialismus neuerdings zu Kant zurück[...] ist, um auf ihm und [...] erst [...] Wissensch[...]

Mit vollem Recht gebührt dem neunzehnten Jahrhundert die Bezeichnung des sozialpolitischen. Das achtzehnte Jahrhundert sah den dritten Stand zur Macht gelangen; im neunzehnten ist der vierte Stand aufgetaucht und hat eine Reihe seiner Forderungen durchgesetzt, und schon erhebt sich der fünfte Stand, der Stand der Arbeitslosen, und verlangt die Erfüllung seiner Wünsche. Die Arbeiter-Versicherung, die Deutschland zuerst in bemerkenswerthem Umfange durchgeführt hat, ist eine der größten Thaten des abgelaufenen Jahrhunderts, und zwar nicht blos wegen der Wohlthaten, die sie den Arbeitern erweist, sondern auch aus dem Grunde, weil sie den alten Polizei- und Militärstaat im Sinne sozialer Gerechtigkeit zum wirthschaftlichen Versicherungs- und Solidaritätsstaat fortbildet. Der Staat eine Gegenseitigkeits-Versicherung aller seiner Bürger, welch einen Ausblick in die Zukunft eröffnet dieser neue Grundsatz! Aber große Ideen verlangen auch große Mittel. Nicht groß im materiellen, sondern auch im geistigen Sinne. Eine weitausgreifende Sozialpolitik ist nothwendig für Deutschland, das ein Industriestaat ersten Ranges geworden ist und Wel[...] treiben will. Je bes[...] die gesammt[...] je unter[...]

Abb.: Ausschnitt aus der Titelseite der „Frankfurter Zeitung" vom 31. 12. 1899 mit dem Beitrag „An der Schwelle des zwanzigsten Jahrhunderts"

Hilfsmittel: Deutsches Wörterbuch

Lösungsvorschläge

Aufgabentyp und inhaltliche Schwerpunkte:
*Die Übungsaufgabe 1 ist dem **Aufgabentyp A 1** zuzuordnen und verlangt die Interpretation einer sprachlichen historischen Quelle mit gegliederter Aufgabenstellung. Die Aufgabe bezieht sich inhaltlich in erster Linie auf den **Schwerpunkt** „Das ‚lange‘ 19. Jahrhundert“, insbesondere auf die Aspekte „Nationalstaatsgedanke und Nationalismus in Europa“; „Reichsgründung“; „Technischer Fortschritt, sozioökonomische Veränderungen und imperialistische Expansion“; „Der Erste Weltkrieg“. Aufgrund des in der Textvorlage vorgenommenen Ausblicks ist auch der Themenschwerpunkt „Das ‚kurze‘ 20. Jahrhundert“ einzubeziehen.*

1. *Die Aufgabenstellung formuliert mit dem Operator „interpretieren“ eine übergreifende Arbeitsanweisung, die dann in drei aufeinander aufbauende Arbeitsschritte gegliedert wird. Die erste Teilaufgabe verlangt mit dem Operator „analysieren Sie“, dass Sie die Quelle zunächst unter verschiedenen Aspekten vorstellen. Dabei können Sie auch auf die abgedruckte Titelseite eingehen, die Ihnen über die Platzierung in der Zeitung Auskunft gibt. Anschließend sollen Inhalt und Gedankengang der Quelle wiedergegeben werden, wobei insbesondere die rückblickende Bewertung des 19. Jahrhunderts einerseits und die Prognosen für das 20. Jahrhundert andererseits herausgearbeitet werden sollten. (AFB I)*

   Bei der vorliegenden **Quelle** handelt es sich um Auszüge aus einem Leitartikel der „Frankfurter Zeitung“ vom 31. Dezember 1899. Der Artikel wurde an prägnanter Stelle auf der Titelseite, vierspaltig und damit über die gesamte Zeitungsbreite abgedruckt. Mit seinem Artikel richtet sich der Redakteur dieser deutschen **Tageszeitung** in der Silvesterausgabe 1899 an eine im Wesentlichen bürgerliche Leserschaft. Der Autor des Artikels zieht mit dem vorliegenden Text eine Bilanz des zu Ende gehenden neunzehnten Jahrhunderts und formuliert zugleich Erwartungen für das neue Jahrhundert. Dabei verfolgt er die Absicht, seiner Leserschaft Zufriedenheit über das Vergangene und Optimismus für die Zukunft zu vermitteln. Die Quelle ist in die **Wilhelminische Epoche** des Deutschen Kaiserreichs einzuordnen, die geprägt ist von wirtschaftlichem Aufschwung und einem wachsenden weltpolitischen Geltungsanspruch Deutschlands.

   Zu Beginn seiner Ausführungen umreißt der Verfasser sein Vorhaben, das abgelaufene Jahrhundert „von der Zinne einer Jahrhundertwende herab zu betrachten“, um den „Werth seiner Leistungen abzuschätzen“ (Z. 2–4). Nach dieser Einleitung geht der Verfasser im Hauptteil seines Artikels auf drei Themenkomplexe näher ein – die Außenpolitik, die wissenschaftlich-technische Entwicklung und die Sozialpolitik –, bevor er ein Resümee zieht und mit einem Ausblick in die Zukunft endet.

   Zunächst widmet sich der Autor dem **Bereich der Politik** und hebt als erstes die „Gründung eines gewaltigen Deutschen Reiches im Herzen Europas“ (Z. 4) hervor, das sich als eine „nachhaltige Förderung des Weltfriedens“ erwiesen habe.

Als Garanten dieses Friedens sieht der Verfasser daneben den **Dreibund** zwischen Deutschland, Österreich-Ungarn und Italien. Zwar räumt der Verfasser für die zurückliegenden Jahre zahlreiche Kriege ein, die allerdings allesamt lokal begrenzt geblieben seien und sich **nicht zu einem Weltkrieg** entwickelt hätten; insgesamt sieht der Autor die **Friedensidee** als gestärkt an. Er hält einen großen Krieg zwischen den Großmächten für „fast undenkbar" (Z. 12) und begründet dies mit dem zu großen **Risiko** („Einsätze zu groß", Z. 12) gegenüber dem „zu erwartenden Gewinn" (Z. 12 f.) für die möglichen Beteiligten.

Mit Blick auf die **Zukunft** hält der Verfasser den Frieden aufgrund der Existenz von nur noch drei oder vier Weltreichen für gesichert, da einerseits die **politischen und wirtschaftlichen Konfliktfelder** damit vermindert seien, andererseits kriegerische Auseinandersetzungen zwischen den kleinen Staaten von den Großmächten schlichtweg verhindert würden. Im letzten Abschnitt des ersten Teils seiner Ausführungen bezeichnet der Verfasser „Gründung und Ausbau der großen Reiche" als die politische Hauptaufgabe des kommenden Jahrhunderts (Z. 17 f.). Dabei weist er **dem Deutschen Reich eine Rolle als einer dieser Weltmächte** zu und gibt dem **Wunsch** und der **Hoffnung** Ausdruck, dass Deutschland seine „wachsende Macht stets nur im Geiste der Gerechtigkeit zum Segen der gesamten Menschheit" (Z. 21–23) gebrauchen werde.

Im folgenden, gekürzten Abschnitt des Textes kennzeichnet der Verfasser **das zurückliegende Jahrhundert als das „wissenschaftliche"** (Z. 25). Die im neunzehnten Jahrhundert erzielten „Errungenschaften der Wissenschaft und der Technik" beurteilt er als „unendlich groß" (Z. 27 f.).

In einem dritten Textabschnitt schließlich bezeichnet der Autor das neunzehnte Jahrhundert außerdem als das „**sozialpolitische**" (Z. 30) und führt als besonderen Beweis hierfür die Einführung der „Arbeiter-Versicherung" (Z. 30) in Deutschland an. Dabei verweist er nicht nur auf die mit dieser Versicherung verbundenen „Wohlthaten", sondern sieht darin zugleich die Perspektive, dass sich der „alte Polizei- und Militärstaat" zu einem „wirtschaftlichen Versicherungs- und Solidaritätsstaat" hin entwickeln werde Z. 33–35). In einem weiterführenden Gedanken konstatiert der Verfasser die Notwendigkeit einer „weitausgreifenden Sozialpolitik" für ein Deutschland, das einerseits „ein Industriestaat ersten Ranges" geworden sei und andererseits „Weltpolitik treiben" wolle (Z. 35 f.).

Nach seinem unter drei verschiedenen Aspekten vorgenommenen Rückblick auf das vergangene Jahrhundert formuliert der Autor **mit Blick auf die Zukunft die optimistische Auffassung**, dass die Menschheit zur Lösung ihrer Aufgaben im kommenden Jahrhundert weit mehr Kräfte mitbringe als in früheren Jahrhunderten und dass insbesondere durch die Wissenschaft und die Nutzbarmachung der Naturkräfte auf bisher höchster Stufe die Voraussetzungen für die Lösung der Aufgaben des 20. Jahrhunderts gegeben seien. Abschließend ergänzt der Verfasser seine bereits zuvor geäußerte Zielbestimmung und formuliert für das aufziehende Jahrhundert als **Ziele** die weitere „**Beherrschung der Natur**" und die „**Herstellung des Reichs der Gerechtigkeit**" (Z. 48 f.).

2. *In diesem Lösungsschritt geht es darum, die vom Verfasser rückblickend angesprochenen historischen Sachverhalte und Entwicklungen zu erläutern, also näher zu erklären und zu verdeutlichen. Hierzu bieten sich, den inhaltlichen Schwerpunkten der Textvorlage entsprechend, drei größere Themenfelder an: der außenpolitische, der wissenschaftlich-technische sowie der sozialpolitische Bereich. Nicht alle drei Bereiche müssen oder können in der gleichen Intensität behandelt werden, zumal die vorliegende Quelle ebenfalls Schwerpunkte setzt. Der folgende Lösungsvorschlag ist nach den genannten Aspekten strukturiert, widmet sich aber dem ersten der drei Bereiche in breiterer Form. (AFB II)*

Im ersten der drei Abschnitte, in denen der Verfasser auf das zu Ende gehende Jahrhundert zurückblickt, geht er mit der **Gründung des Deutschen Reiches** auf die grundlegende Änderung des europäischen Mächtesystems im letzten Drittel des 19. Jahrhunderts ein. Nach **drei Kriegen**, dem Dänischen Krieg (1864), dem preußisch-österreichischen Krieg (1866) und dem deutsch-französischen Krieg (1870/71) kam es nach schwierigen **Verhandlungen** vor allem mit den süddeutschen Staaten zur Gründung des Deutschen Reiches. Die Reichsgründung stellte eine grundlegende **Änderung des bestehenden europäischen Mächtegleichgewichts** dar. Um den Befürchtungen der europäischen Mächte gegenüber der neuen Großmacht im Zentrum Europas entgegenzuwirken, verfolgte das Deutsche Reich eine Außenpolitik, die **keine weitere Veränderung des Status quo** zum Ziel hatte, sondern im Gegenteil Bismarcks Aussage, Deutschland sei nunmehr territorial „saturiert", das heißt „gesättigt", also im Hinblick auf den Gebietsstand zufrieden gestellt, belegen sollte. Demzufolge betrieb **Bismarck** eine Sicherungspolitik, die den neu erreichten Status und den Frieden in Europa erhalten sollte. Auf diese Weise gelang es dem Reichskanzler Bismarck, dem Architekten der Reichseinigung, das Deutsche Reich aus internationalen Konflikten herauszuhalten. Um der für real gehaltenen Gefahr einer Einkreisung durch eine von Frankreich gegen das Deutsche Reich gebildeten Koalition und einem gefürchteten Zweifrontenkrieg zu entgehen, baute Bismarck ein kompliziertes **Bündnissystem** auf, das umgekehrt Frankreich außenpolitisch isolieren sollte. Innerhalb des Bündnissystems, das die Konfliktfelder und Spannungen zwischen den europäischen Mächten zugunsten Deutschlands nutzte, diese aber auch zur Vermeidung eines Krieges in Europa zu entschärfen suchte, spielte der 1879 mit Österreich-Ungarn eingegangene **Zweibund**, der 1882 durch den Hinzutritt Italiens zum **Dreibund** erweitert wurde, die tragende Rolle.

Dass der vorliegende Artikel der „Frankfurter Zeitung" einen weiteren Baustein der deutschen Außenpolitik unter der Führung Bismarcks, den mit Russland geschlossenen **Rückversicherungsvertrag** von 1887, nicht erwähnt, hat den Hintergrund, dass unter Bismarcks Nachfolgern dieser Bündnisstrang nicht aufrechterhalten wurde, da ein Einvernehmen mit Russland wegen der Konflikte auf dem Balkan das Verhältnis zu Österreich-Ungarn belasten konnte.

„Weltkriege“, wie der Verfasser des vorliegenden Leitartikels schreibt, hat es in der Phase, auf die sich der Rückblick bezieht, tatsächlich nicht gegeben. Gleichwohl gab es in Europa kriegerisch ausgetragene **Konflikte**, insbesondere den **russisch-türkischen Krieg** um territorialen Besitz und Einflusssphären auf dem Balkan. Dieser Konflikt konnte unter der Verhandlungsführung Bismarcks im Jahre 1878 durch den Berliner Kongress zeitweilig entschärft werden. Der Balkan blieb aber auch in den 1880er- und 1890er-Jahren das Krisengebiet Europas.

Nach dem Tod Wilhelms I. und Friedrichs III. im **Dreikaiserjahr 1888** übernahm **Kaiser Wilhelm II.** die Regierung. Nach dem erzwungenen **Rücktritt Bismarcks** 1890 betrieb das Deutsche Reich unter Wilhelm II. eine zunehmend aggressivere „**Weltpolitik**“, die der wirtschaftlichen und politischen Kraft Deutschlands entsprechende Geltung verschaffen sollte. Das Bündnissystem Bismarcks zerfiel in den 1890er-Jahren und es kam nach der Nichtverlängerung des deutsch-russischen Rückversicherungsvertrages bereits 1894 zu der von Bismarck so sehr befürchteten **Annäherung zwischen Russland und Frankreich**. Eine solche Annäherung barg nach Bismarcks Vorstellung die **Gefahr eines Zweifrontenkrieges**. Die neue Politik Wilhelms II. verfolgte außerdem – anders als zur Zeit Bismarcks – weit reichende kolonialpolitische Forderungen („**Platz an der Sonne**“) und brachte Deutschland aufgrund seiner beginnenden **Flottenrüstung** zunehmend in einen Gegensatz zu der Seemacht Großbritannien.

Die in dem Leitartikel mit Stolz hervorgehobenen **wissenschaftlich-technischen Fortschritte des 19. Jahrhunderts** lassen sich in vielfältiger Weise belegen. Die in England ab etwa 1780 in Gang gekommene **Industrielle Revolution** setzte sich fort und erfasste nach und nach weitere europäische Staaten. Ein wesentlicher Faktor dieser Revolution waren **wissenschaftliche Entdeckungen und technologische Entwicklungen** im Bereich der Energieerzeugung. In Deutschland setzte die Industrialisierung, unter anderem bedingt durch die fehlende politische und wirtschaftliche Einheit, erst mit Verzögerung ein. Mitte des 19. Jahrhunderts begann ein stärkeres Wirtschaftswachstum, und erst im letzten Drittel des 19. Jahrhunderts erlebte Deutschland die Phase der **Hochindustrialisierung**. Industrielle **Leitsektoren** waren der Maschinenbau sowie vor allem Großchemie und Elektroindustrie.

Unter den **sozialpolitischen Fortschritten** hebt der Verfasser des vorliegenden Leitartikels besonders die „Arbeiter-Versicherung“ hervor. Als Reaktion auf die politischen Herausforderungen der stärker werdenden **Arbeiterbewegung**, die sich in Parteien und Gewerkschaften organisiert hatte, ließ Reichskanzler Bismarck **gesetzliche Sozialversicherungen** für die Arbeiterschaft einführen: die Krankenversicherung (1883), die Unfallversicherung (1884) sowie die Alters- und Invaliditätsversicherung (1889). Als Gegenleistung hoffte Bismarck die Mehrheit der Arbeiter von revolutionären Ambitionen abbringen zu können. Diesen Gedanken bringt auch der Leitartikel zum Ausdruck, wenn er die Fortbildung des „alten Polizei- und Militärstaates“ zum „wirtschaftlichen Versicherungs- und Solidaritätsstaat“ lobt.

3. *Im dritten Lösungsteil wird erwartet, dass die in dem zu bearbeitenden Leitartikel formulierten Zukunftserwartungen vor dem Hintergrund der weiteren historischen Entwicklung überprüft werden. Hierzu eignen sich im Prinzip alle Aussagen des Artikels, die sich mit der zukünftigen Entwicklung beschäftigen, gleichwohl wird man nicht von Ihnen erwarten, dass Sie zu jedem Punkt ausführlich und bis ins Detail Stellung nehmen. Vielmehr sollten Sie versuchen, grundlegende Kenntnisse von Zusammenhängen und Problemlagen, die zum Themenrahmen gehören, zu formulieren und zur Grundlage Ihrer Bewertung des Textes zu machen. (AFB II und hauptsächlich AFB III)*

Die vorliegende Quelle ist ein Beispiel für den ungebrochenen **Fortschrittsglauben**, wie er in Deutschland (und anderen europäischen Ländern) zur Wende vom 19. zum 20. Jahrhundert vorhanden war. Der Verfasser des Leitartikels der „Frankfurter Zeitung“ sieht im Moment der Jahrhundertwende die weitere Entwicklung auf allen von ihm thematisierten Feldern sehr optimistisch. Allerdings erwiesen sich die in dem vorliegenden Leitartikel formulierten **Friedenserwartungen** bereits innerhalb weniger Jahre als Illusion. Die im ausgehenden 19. Jahrhundert noch lokalisierbaren Konflikte auf dem Balkan nahmen an Stärke zu und führten 1912/13 zu zwei Balkankriegen. Aufgrund der **Rivalitäten der Großmächte** spitzten sich auch die **kolonialpolitischen Konflikte** weiter zu und führten in den zwei Jahrzehnten vor dem Ersten Weltkrieg zu **Krisen in verschiedenen Teilen der Welt**, und zwar vor allem in Afrika, Zentral- und Ostasien.

Der **Automatismus der Bündnisse** führte nach dem **Attentat** serbischer Extremisten auf das österreichische Thronfolgerpaar in **Sarajewo am 28. Juni 1914** innerhalb weniger Wochen zum Ausbruch eines **gesamteuropäischen Krieges**, der sich **1917** endgültig zu einem **Weltkrieg** ausweitete. Dieser war mit dem Einsatz von Panzerwaffen, Flugzeugen sowie chemischen Waffen, dem Massensterben an der Front, aber auch aufgrund der bisher in diesem Maße nicht gekannten Leiden der Zivilbevölkerung zugleich der **erste moderne Krieg**, in dem sich die verheerenden Ausmaße und Folgen der weiteren Kriege des 20. Jahrhunderts bereits ankündigten. Mit dem Kriegsausbruch 1914 trat Europa in eine bis zum Ende des Zweiten Weltkrieges 1945 andauernde **Phase von Kriegen und Krisen** ein, die von einigen Historikern sogar als **„zweiter Dreißigjähriger Krieg“** bezeichnet wird.

Allerdings bestätigte sich in gewisser Weise der vom Autor des Leitartikels analysierte Mechanismus zwischen „Großstaaten“, von denen jeder im Kriegsfall mehr zu verlieren als zu gewinnen hat. So wenig diese Annahme für die Großmächte vor dem Ersten und Zweiten Weltkrieg zutraf, so sehr gilt sie für die zweite Hälfte des 20. Jahrhunderts. Im Zeichen der Atombombe und ihres umfassenden Vernichtungspotentials entwickelte sich zwischen den beiden Supermächten USA und Sowjetunion ein **atomares Patt**, ein **Gleichgewicht des Schreckens**, das nach dem Ende des Zweiten Weltkrieges über Jahrzehnte hin während des **„Kalten Krieges“** die weltpolitische Lage bestimmt hat. Als irrig hat sich auch die Prognose erwiesen, die existierenden Großreiche könnten „sich selbst genügen“ (Z. 14), also in autarker Weise und getrennt voneinander und daher ohne Konfliktfelder nebeneinander existieren. Statt der Autarkie irgendeiner Macht hat sich das Gegenteil herausgebildet: Alle Staaten und Mächte sind inzwischen auf umfangreichste Weise miteinander in **weltwirtschaftlichen Prozessen** so verflochten, dass eine Isolierung einer einzelnen Macht heute nicht mehr denkbar erscheint. Zudem besteht ein hohes Maß an **politischer Verflechtung** und gegenseitiger Abhängigkeit durch übernationale politische Organisationen.

Bis heute leben wir in einer Welt des beschleunigten wissenschaftlich-technischen Fortschritts. Allerdings ist, zumindest in der westlichen Welt, der ungebrochene Fortschrittsoptimismus, wie er in dem vorliegenden Leitartikel aus der Sicht der Wende vom 19. zum 20. Jahrhundert zum Ausdruck kommt, mittlerweile einer skeptischen oder gar **pessimistischen Haltung gegenüber den „Fortschritten"** in Wissenschaft und Technik gewichen. So hat der das 20. Jahrhundert kennzeichnende Fortschritt zugleich zum Beispiel Nahrungsmittelskandale, Umweltkatastrophen und Gefahren für das weltweite Klima mit sich gebracht.

Die Kriege und Konflikte des 20. und des beginnenden 21. Jahrhunderts, die ökologischen Katastrophen, das ökonomische Ungleichgewicht mit dem immensen Gegensatz von Arm und Reich sind Schlaglichter, die die in der vorliegenden Quelle ausgesprochene Erwartung vom Reich des Friedens und der Gerechtigkeit aus heutiger Perspektive als realitätsfremde Illusion erscheinen lassen.

Aufgabenstellung

Interpretieren Sie die Quelle, indem Sie folgende Arbeitsschritte bearbeiten:

1. Analysieren Sie die Quelle.
2. Ordnen Sie sie in den historischen Kontext ein.
3. Setzen Sie sich kritisch mit der Erklärung der SPD-Reichstagsfraktion vom 4. August 1914 auseinander.

M: Erklärung der sozialdemokratischen Reichstagsfraktion am 4. August 1914, abgegeben von Hugo Haase[1], zur Frage der Bewilligung der Kriegskredite

Meine Herren, im Auftrage meiner Fraktion habe ich folgende Erklärung abzugeben. Wir stehen vor einer Schicksalsstunde. Die Folgen der imperialistischen Politik, durch die eine Ära des Wettrüstens herbeigeführt wurde und die Gegensätze unter den Völkern sich verschärften, sind wie eine Sturmflut über Europa hereingebrochen. Die Verantwortung hierfür fällt den Trägern dieser Politik zu; *(„Sehr wahr!" bei den Sozialdemokraten)* wir lehnen sie ab. *(„Bravo!" bei den Sozialdemokraten)*

Die Sozialdemokratie hat diese verhängnisvolle Entwicklung mit allen Kräften bekämpft, und noch bis in die letzten Stunden hinein hat sie durch machtvolle Kundgebungen in allen Ländern, namentlich in innigem Einvernehmen mit den französischen Brüdern *(Lebhaftes „Bravo!" bei den Sozialdemokraten)* für die Aufrechterhaltung des Friedens gewirkt. *(Erneuter lebhafter Beifall bei den Sozialdemokraten)* Ihre Anstrengungen sind vergeblich gewesen.

Jetzt stehen wir vor der ehernen Tatsache des Krieges. Uns drohen die Schrecknisse feindlicher Invasionen. Nicht für oder gegen den Krieg haben wir heute zu entscheiden, sondern über die Frage der für die Verteidigung des Landes erforderlichen Mittel. *(Lebhafte Zustimmung bei den bürgerlichen Parteien.)* Nun haben wir zu denken an die Millionen Volksgenossen, die ohne ihre Schuld in dieses Verhängnis hineingerissen sind. *(„Sehr wahr!" bei den Sozialdemokraten)* Sie werden von den Verheerungen des Krieges am schwersten getroffen. *(„Sehr richtig!" bei den Sozialdemokraten)* Unsere heißen Wünsche begleiten unsere zu den Fahnen gerufenen Brüder ohne Unterschied der Partei. *(Lebhaftes allseitiges „Bravo!" und Händeklatschen)* Wir denken auch an die Mütter, die ihre Söhne hergeben müssen, an die Frauen und Kinder, die ihres Ernährers beraubt sind und denen zu der Angst um ihre Lieben die Schrecken des Hungers drohen. Zu diesen werden sich bald Zehntausende verwundeter und verstümmelter Kämpfer gesellen. *(„Sehr wahr!")*

Ihnen allen beizustehen, ihr Schicksal zu erleichtern, diese unermeßliche Not zu lindern, erachten wir als eine zwingende Pflicht. *(Lebhafte Zustimmung bei den Sozialdemokraten)* Für unser Volk und seine freiheitliche Zukunft steht bei einem Sieg des russischen Despotismus, der sich mit dem Blute der Besten des eigenen Volkes befleckt hat, *(Lebhafte Rufe „Sehr wahr!" bei den Sozialdemokraten)* viel, wenn nicht alles auf dem Spiel. *(Erneute Zustimmung)* Es gilt, diese Gefahr abzuwehren, die Kultur und die Unabhängigkeit unseres eigenen Landes sicherzustellen. *(„Bravo!")*

Da machen wir wahr, was wir immer betont haben: Wir lassen in der Stunde der Gefahr das eigene Vaterland nicht im Stich. *(Lebhaftes „Bravo!")* Wir fühlen uns dabei im Einklang mit der Internationale[2], die das Recht jedes Volkes auf nationale Selbständigkeit und Selbstverteidigung jederzeit anerkannt hat, *(„Sehr richtig!" bei den Sozialdemokraten)* wie wir auch in Übereinstimmung mit ihr jeden Eroberungskrieg verurteilen. *(„Sehr gut!" bei den Sozialdemokraten)* Wir fordern, daß dem Kriege, sobald das Ziel der Sicherung erreicht ist und die Gegner zum Frieden geneigt sind, ein Ende gemacht wird durch einen Frieden, der die Freundschaft mit den Nachbarvölkern ermöglicht. *(„Bravo!" bei den Sozialdemokraten)* Wir fordern dies nicht nur im Interesse der von uns stets verfochtenen internationalen Solidarität, sondern auch im Interesse des deutschen Volkes. *(„Sehr gut!" bei den Sozialdemokraten)* Wir hoffen, daß die grausame Schule der Kriegsleiden in neuen Millionen den Abscheu vor dem Kriege wecken und sie für das Ideal des Sozialismus und des Völkerfriedens gewinnen wird. *(Lebhaftes „Bravo!" bei den Sozialdemokraten)* Von diesen Grundsätzen geleitet, bewilligen wir die geforderten Kriegskredite. *(Lebhafter Beifall bei den Sozialdemokraten)*

Susanne Miller/Heinrich Potthoff: Kleine Geschichte der SPD. Darstellung und Dokumentation 1848–1990, Bonn 1991, S. 344 f. Die Rechtschreibung der Vorlage wurde beibehalten.

Anmerkungen:

1 Hugo Haase (1863–1919) war zum Zeitpunkt der Rede zusammen mit Friedrich Ebert Parteivorsitzender der SPD und zusammen mit Philipp Scheidemann Vorsitzender der SPD-Reichstagsfraktion.

2 Gemeint ist die Zweite Internationale, die 1889 gegründete Vereinigung selbstständiger sozialistischer Parteien und Gewerkschaften.

Hilfsmittel: Deutsches Wörterbuch

Lösungsvorschläge

Aufgabentyp und inhaltliche Schwerpunkte:
Die Übungsaufgabe 2 ist dem ***Aufgabentyp A 1*** *zuzuordnen und verlangt die Interpretation einer sprachlichen historischen Quelle mit gegliederter Aufgabenstellung. Die Aufgabe bezieht sich inhaltlich in erster Linie auf den* ***Schwerpunkt*** *„Das ‚lange' 19. Jahrhundert" mit dem Thema „Der Erste Weltkrieg: Kriegsausbruch". Ferner sind die in das 19. Jahrhundert zurückreichenden Ursachen für den Ersten Weltkrieg einzubeziehen, insbesondere die imperialistische Expansion.*

1. *Die Aufgabenstellung formuliert in einer ersten, übergreifenden Arbeitsanweisung die Aufgabe der Interpretation der Quelle und gliedert diese dann in drei aufeinander aufbauende Arbeitsschritte. Im ersten Lösungsschritt, der Analyse, soll die Quelle zunächst in knapper Form vorgestellt werden. Hierzu sind üblicherweise folgende Aspekte zu berücksichtigen: Quellenart, Autor/Verfasser bzw. hier: Redner, Anlass und Zeitpunkt, Adressat oder Adressaten, historischer Kontext. Die Rede soll an dieser Stelle der Bearbeitung noch nicht in detaillierter Form in den historischen Kontext eingeordnet werden. Hier genügt eine allgemeine Angabe. Anschließend muss die Quelle in strukturierter Form und in ihren wesentlichen Aspekten erfasst und wiedergegeben werden. Hier kann ein Verfahren angewandt werden, bei dem sukzessive jeder Sinnabschnitt der Rede einzeln vorgestellt wird. Der Aufgabenteil 1 verlangt im Wesentlichen Leistungen aus dem AFB I.*

   Bei der vorliegenden Quelle handelt es sich um eine **Erklärung der sozialdemokratischen Fraktion im Deutschen Reichstag** am **4. August 1914**, wenige Tage nach Ausbruch des Ersten Weltkrieges. Der **Redner Hugo Haase** ist zu diesem Zeitpunkt Mitglied und Vorsitzender der Reichstagsfraktion der Sozialdemokratischen Partei Deutschlands (SPD) und gibt, wie im ersten Satz der Quelle ersichtlich, die Erklärung „im Auftrage" seiner Fraktion ab. Die zu bearbeitende Quelle ist die Wiedergabe einer seinerzeit im Reichstag mündlich vorgetragenen, zuvor allerdings in schriftlicher Form abgefassten parlamentarischen Erklärung. Insofern ist davon auszugehen, dass der Wortlaut der Erklärung in jedem einzelnen Punkt genau vorüberlegt ist und keine aus dem Augenblick heraus formulierten Passagen darin vorkommen. In der in ungekürzter Form wiedergegebenen Quelle sind an mehreren Stellen die Reaktionen der anwesenden Parlamentarier verzeichnet. In der Rede Haases geht es um die Haltung der SPD-Reichstagsfraktion zur **Frage der Bewilligung von Kriegskrediten**. Diese waren die entscheidenden Mittel zur Finanzierung des Krieges auf gesetzlicher Basis.

   Unmittelbare **Adressaten** der Rede sind die im Reichstag anwesenden Abgeordneten, insbesondere die der SPD-Fraktion sowie der anderen Parteien. Darüber hinaus spricht der Redner zumindest in indirekter Weise weitere Personen oder Gruppen an. Als solche indirekten Adressaten kommen in Frage: der deutsche Kaiser und die Reichsregierung, die Mitglieder und Anhänger der SPD im Reich, die nationale Öffentlichkeit in Deutschland, darüber hinaus aber auch die internationale Öffentlichkeit, insbesondere die sozialistischen Parteien des Auslandes, allen voran die Sozialisten in Frankreich, die in der Rede namentlich erwähnt werden.

In einem einleitenden Satz, der auf die folgende Erklärung vorbereitet, stellt Haase zunächst fest, „im Auftrage“ seiner Fraktion zu handeln. Nach dieser **Legitimierung** seines Auftretens beginnt die eigentliche Erklärung. Eingeleitet wird diese mit der die Dramatik der Situation unterstreichenden Feststellung: „Wir stehen vor einer Schicksalsstunde.“ (Z. 2). Als **Ursachen** für diese Situation, namentlich den Ausbruch des Krieges, benennt der Redner die **„imperialistische Politik“** und das dadurch ausgelöste **Wettrüsten**. Hierfür werden in allgemeiner Form „die Träger dieser Politik“ verantwortlich gemacht. Der Redner grenzt sich und seine Partei scharf von den für diese Politik Verantwortlichen ab und weist eine Mitverantwortung zurück. Im nächsten Schritt gesteht Haase das Scheitern der eigenen Politik ein. Zwar habe die deutsche Sozialdemokratie die „verhängnisvolle Entwicklung mit allen Kräften bekämpft“ und sich in „machtvolle(n) Kundgebungen“ für den Erhalt des Friedens eingesetzt, allerdings seien diese Bemühungen vergeblich geblieben.

Im folgenden Abschnitt der Rede (Z. 13–25) konstatiert Haase die „eherne Tatsache“ des Krieges als unabänderliches Faktum und verweist auf diejenige drohenden „Schrecknisse feindlicher Invasionen“. Als die eigentlich zur Entscheidung anstehende Frage sieht der Redner nicht mehr die „für oder gegen den Krieg“, vielmehr habe man ausschließlich „über die Frage der für die Verteidigung des Landes erforderlichen Mittel“ (Z. 15 f.) zu entscheiden. Dabei erinnert der Redner an die Soldaten, und zwar ohne Unterschied ihrer Parteizugehörigkeit, wie er eigens betont, an die Mütter, Frauen und Kinder, an die zu erwartenden Opfer des Krieges, an Gefallene, Verwundete und Verstümmelte, denen allen man beistehen müsse.

Hieran anschließend stellt der Redner unter lebhafter Zustimmung der eigenen Fraktion warnend fest, dass für die Deutschen („unser Volk“) und ihre „freiheitliche Zukunft“ bei einem „Sieg des russischen Despotismus“, den Haase beschuldigt, sich „mit dem Blut der Besten des eigenen Volkes befleckt“ zu haben, „viel, wenn nicht alles auf dem Spiel“ stehe (Z. 30 f.). Als Aufgabe formuliert Haase die **Abwehr dieser Gefahr** sowie die **Sicherstellung der Kultur und der Unabhängigkeit**. Unter lebhaften allgemeinen Bravo-Rufen gipfelt die Rede sodann in dem Bekenntnis Haases: „Wir lassen in der Stunde der Gefahr das eigene Vaterland nicht im Stich.“ (Z. 33 f.). Haase beruft sich dabei auf das **Prinzip der nationalen Selbstständigkeit** sowie das **Recht der Selbstverteidigung** und betont die **Verurteilung jeglichen Angriffskrieges**. Bei allen diesen Punkten sieht Haase sich und seine Partei in Übereinstimmung mit den Grundsätzen der Sozialistischen Internationale. Mit der Aufgabe dieser Gefahrenabwehr und der Sicherstellung der eigenen Kultur und Unabhängigkeit bereitet Haase auf eine spezielle Weise die Zustimmung der Sozialdemokraten zu den Kriegskrediten vor.

Bevor Haase zum Schluss kommt, formuliert er zum einen die Forderung nach einem versöhnlichen Frieden, allerdings erst nachdem durch den Krieg das Ziel der **Sicherung des Reiches** erreicht sei, zum andern äußert er die Hoffnung, dass die „grausame Schule der Kriegsleiden" (Z. 44) den Abscheu vor dem Krieg vergrößern und das **Ideal des Sozialismus und des Völkerfriedens** befördern mögen. Haase beendet seine Erklärung unter dem, wie im Protokoll vermerkt ist, lebhaften Beifall der Sozialdemokraten, indem er die Entscheidung seiner Fraktion verkündet: „Von diesen Grundsätzen geleitet, bewilligen wir die geforderten Kriegskredite." (Z. 46 f.).

2. *In diesem Aufgabenteil besteht die Aufgabe darin, die Rede Haases in den historischen Kontext einzuordnen. Im vorliegenden Fall können insbesondere der Kriegsausbruch, die vom Redner hierfür verantwortlich gemachte „imperialistische Politik" sowie die bisher von der SPD eingenommene Haltung zum Krieg, die in der Quelle angesprochen wird, erläutert werden.*
Dieser Aufgabenteil verlangt Leistungen aus dem AFB II.

Vor dem Hintergrund einer von tief greifenden **Gegensätzen zwischen den europäischen Großmächten** geprägten, spannungsgeladenen Situation löste das Attentat auf den österreichisch-ungarischen Thronfolger Franz Ferdinand und seine Gattin anlässlich eines Staatsbesuches in Sarajewo am 28. Juni 1914 eine internationale Krise aus, die innerhalb weniger Wochen zum Kriegsausbruch führte. Das Attentat von Sarajewo war allerdings nur der **Anlass**, die **Ursachen** für den Kriegsausbruch lagen tiefer. Seit den 1890er-Jahren war die internationale Lage durch eine andauernde und wachsende Rivalität der Großmächte gekennzeichnet. Die europäischen Großmächte standen sich bei Kriegsbeginn in zwei Bündnissen gegenüber: auf der einen Seite die **Mittelmächte** mit dem Deutschen Reich, Österreich-Ungarn und Italien (Zweibund bzw. Dreibund), auf der anderen Seite die **Entente-Mächte** mit Frankreich, Russland und England.

Erhebliches **Konfliktpotenzial** lag in der imperialistischen Konkurrenz der europäischen Großmächte. Nach anfänglicher Zurückhaltung war das Deutsche Reich seit 1890 zu einer imperialistischen Politik mit dem Anspruch der Erringung einer Weltmachtstellung übergegangen, die Deutschland insbesondere aufgrund der Flottenrüstung in einen Rüstungswettlauf und damit einen Gegensatz zu Großbritannien brachte. Dieses sah sich in seiner Seemachtstellung von Deutschland, der stärksten europäischen Kontinentalmacht, bedroht.

Einen besonderen **Krisenherd** bildete zudem der **Balkan**, wo die Interessen Russlands und Österreich-Ungarns aufeinander stießen. Russland verstand sich als Schutzmacht der Slawen auf dem Balkan, unterstütze großserbische Ambitionen und strebte zugleich durch eine Schwächung des Osmanischen Reiches die Kontrolle der ins Mittelmeer führenden Meerengen an. Der von Russland unterstützte **Panslawismus** stellte eine erhebliche **Bedrohung für den Vielvölkerstaat Österreich-Ungarn** dar. Die gespannte Lage auf dem Balkan führte 1912/13 und 1913 zu zwei Kriegen, die sich allerdings noch lokal begrenzen ließen, deren Ergebnis aber die Position Serbiens stärkte und vor allem von Österreich-Ungarn als Niederlage empfunden wurde.

Nach dem Attentat wollte die österreichisch-ungarische Regierung in Wien die Gelegenheit zu einer Aktion gegen Serbien, deren Regierung man für den Anschlag verantwortlich machte, nutzen, um durch einen lokal begrenzten Krieg die eigene Großmachtposition zu unterstreichen und zugleich den großserbischen Bestrebungen ein für alle Mal Einhalt zu gebieten. Anfang Juli gaben Kaiser Wilhelm II. und der deutsche **Reichskanzler Bethmann Hollweg** ihre Zustimmung zu einer österreichisch-ungarischen Aktion gegen Serbien und stellten dem Bündnispartner damit einen „**Blanko-Scheck**" aus. Die Verschärfung der **Julikrise** erfolgte durch das österreichisch-ungarische Ultimatum an Serbien vom 23. Juli 1914, das die Aufforderung enthielt, alle serbisch-nationalistischen Aktivitäten sofort zu beenden und die Verantwortlichen des Attentats konsequent zu verfolgen. Serbien ging auf das Ultimatum weitgehend ein, mobilisierte aber zugleich seine Armee. Österreich-Ungarn reagierte mit einer Teilmobilmachung und dem Abbruch der diplomatischen Beziehungen zu Serbien. Russland, das bei einer Niederlage Serbiens die Schwächung der eigenen Position auf dem Balkan und eine Minderung seines Wertes als Bündnispartner der Entente befürchtete, beschloss, Serbien zu unterstützen. Am 28. Juli erklärte Österreich-Ungarn Serbien den Krieg, am 30. Juli antwortete Russland mit der Generalmobilmachung. Ein deutsches Ultimatum, das die Rücknahme dieses Schrittes forderte, blieb unbeantwortet. Daraufhin erklärte das Deutsche Reich Russland am **1. August 1914** den Krieg. Die Reichsregierung wollte unter Verweis auf das Verhalten Russlands die Kriegserklärung als Reaktion auf russische Angriffsabsichten erscheinen zu lassen. Nach der Kriegserklärung Deutschlands an Frankreich am 3. August, dem ein deutsches Ultimatum vorausgegangen war, griffen deutsche Truppen das neutrale Belgien an, um gemäß dem **Schlieffen-Plan** zu einem schnellen Sieg über Frankreich zu gelangen. Diesen völkerrechtswidrigen **Überfall auf Belgien** nahm wiederum Großbritannien, das den Bestand Belgiens garantiert hatte, zum Anlass, dem Deutschen Reich am 4. August den Krieg zu erklären. Vor dem Hintergrund dieser Ereignisse fand am 4. August die Reichstagsdebatte zur Frage der **Kriegskredite** statt. Noch am Tag der Reichstagsdebatte hatte der Kaiser – wie schon bei seiner Ansprache am 1. August – den innenpolitischen Friedenszustand, den sog. **Burgfrieden**, mit den Worten propagiert „Ich kenne keine Parteien mehr, ich kenne nur noch Deutsche."

Noch während der Julikrise hatte die Sozialdemokratische Partei Deutschlands versucht, durch **Demonstrationen gegen den drohenden Krieg** und durch die Kontakte zu den sozialistischen Parteien im Ausland, insbesondere zu den französischen Sozialisten, den Krieg abzuwenden. Die SPD war zu diesem Zeitpunkt die stärkste Partei im Deutschen Reich und bildete ebenso die stärkste Fraktion im Reichstag. Im Einklang mit den übrigen sozialistischen Parteien Europas, die in der **Zweiten Internationale** zusammengeschlossen waren, hatte die SPD stets gegen militaristische Tendenzen im Kaiserreich und gegen weitere Aufrüstung protestiert. Andererseits hatte die SPD-Führung schon seit längerem das Recht auf nationale Selbstbestimmung und Verteidigung für Deutschland beansprucht – und befand sich damit in voller Übereinstimmung mit der Zweiten Internationale. Unter der Voraussetzung, dass es sich um einen Verteidigungs- und nicht um einen Angriffskrieg handelte, hatte die SPD-Führung auch schon früher die Unterstützung eines Krieges nicht ausgeschlossen, erst recht nicht für den Fall, dass der Angreifer das russische Zarenreich sein sollte.

In der aktuellen Lage Anfang August 1914 schloss sich die SPD-Führung mehrheitlich der von der Reichsleitung verbreiteten Einschätzung an, das Deutsche Reich sei zu einem ihm von den Gegnern aufgedrängten Verteidigungskrieg gezwungen. Nur unter dieser Voraussetzung waren überhaupt eine **Zustimmung der Sozialdemokraten zu einem Krieg** sowie dessen Unterstützung durch die Bewilligung von Kriegskrediten, wie sie in der Erklärung Haases zum Ausdruck kommt, politisch durchsetzbar.

3. *Die Auseinandersetzung mit der Quelle kann, wie im folgenden Lösungsvorschlag gezeigt, über eine Beschäftigung mit der Intention des Redners erfolgen. Bei Zeitknappheit könnten Sie die zu Beginn formulieren Ausführungen über die Intention und den Adressatenbezug kürzen oder weglassen und direkt mit dem vierten Absatz beginnen.*
Der Lösungsteil fordert teilweise Leistungen aus dem AFB II, vorwiegend aber solche aus dem AFB III.

Für die Interpretation der Quelle ist es erforderlich, die **Intention** des Redners zu klären. Untersucht man die Erklärung Haases auf ihre Intention hin, muss, wie eingangs bereits angedeutet, nach den verschiedenen Adressaten unterschieden werden. Als erster **Adressat** ist die **sozialdemokratische Reichstagsfraktion** zu nennen. Zwar ist die Fraktion bzw. der von ihr beauftragte Redaktionsausschuss selbst der Verfasser der Erklärung vom 4. August, diese richtet sich aber nicht nur nach „außen“, sondern dient zugleich der eigenen Selbstvergewisserung und Standortbestimmung und ist damit ein Aufruf zur Geschlossenheit an die Adresse der eigenen Fraktion. Diese war nur bedingt gegeben, denn die Erklärung war zuvor innerhalb der SPD-Fraktion kontrovers diskutiert worden. Bei der internen Abstimmung hatten immerhin 14 Abgeordnete gegen eine Bewilligung der von der Reichsregierung beantragten Kriegskredite gestimmt.

Der Redner wendet sich neben den Abgeordneten der eigenen Fraktion natürlich auch an **alle übrigen anwesenden Parlamentarier**. Gegenüber den anderen, bürgerlichen Fraktionen des Reichstages soll die Erklärung der SPD-Fraktion ein Signal für die neue **vaterländische Haltung der Sozialdemokratie** sein. Gleiches gilt für den **Kaiser** und die **Reichsregierung**, denen gegenüber die SPD mit ihrer Erklärung ein **Eingehen auf das Burgfrieden-Angebot** zum Ausdruck bringt, das Wilhelm II. am 1. August und erneut am 4. August formuliert hatte. Neben der Betonung der nationalen Zuverlässigkeit und der Vaterlandstreue (Z. 33 f.): „Wir lassen in der Stunde der Gefahr das eigene Vaterland nicht im Stich.“) werden gegenüber der Reichsleitung in der Rede aber auch Bedingungen für eine von der SPD mitgetragene zukünftige Politik benannt. Solche unverzichtbaren Voraussetzungen einer gemeinsamen Politik werden mit der Verurteilung eines Eroberungskrieges (Z. 37 f.) und der Forderung nach einem „Frieden, der die Freundschaft mit den Nachbarvölkern ermöglicht" (Z. 40 f.), zum Ausdruck gebracht. Allerdings bleiben diese „Bedingungen" im Kern vage und auslegungsfähig.

Obwohl Deutschland sich bereits seit dem 3. August mit Frankreich im Kriegszustand befand, richtet sich die Erklärung der SPD-Reichstagsfraktion auch an die **französischen Sozialisten** und die anderen sozialistischen Parteien des Auslandes, mit denen man in der Zweiten Internationale seit 1889 verbunden war. Die französischen Sozialisten werden in der Erklärung zudem eigens in Zusammenhang mit dem – wenn auch gescheiterten – **gemeinsamen Bemühen um den Erhalt des Friedens** genannt. Ihnen gegenüber bringt die Erklärung zum Ausdruck, dass sich die deutschen Sozialdemokraten auch weiterhin den Grundsätzen der Internationale verpflichtet fühlen, sich sogar auf diese berufen (Z. 34 f.).

Haase benennt als **Ursachen** für den Ausbruch des Krieges die imperialistische Politik und das Wettrüsten der großen Mächte bzw. die Träger dieser Politik, ohne allerdings dabei Deutschland namentlich zu erwähnen. Diese Zurückhaltung in Bezug auf eine deutsche Schuld oder Mitschuld am Kriegsausbruch kann nur vor dem Hintergrund verstanden werden, dass Haase, wie kurz darauf deutlich wird, von einem **Deutschland aufgezwungenen Krieg** ausgeht. Zugleich spricht der Redner aber in Bezug auf den Krieg von „Schicksal", „Sturmflut" oder „Verhängnis". Die Verwendung dieser Begriffe suggeriert Hilflosigkeit und ein Ausgeliefertsein. Dabei war es gerade der Anspruch der politischen Analyse auf der Grundlage der Theorie des wissenschaftlichen Sozialismus, die Mechanismen der internationalen Politik offenzulegen. Aufgrund dieser Theorie mussten die imperialistische Politik und das Wettrüsten notwendigerweise zu einem Krieg der imperialistischen Staaten untereinander führen.

In der Rede Haases wird die **Unabänderlichkeit des Krieges** konstatiert, womit die Frage von Krieg und Frieden gewissermaßen umgangen wird. Dabei ist es durchaus fraglich, ob die Kriegsentscheidung bereits unwiderruflich gefallen war. Denn ohne die Zustimmung zu den Kriegskrediten durch den Reichstag war die Reichsregierung zur Führung des Krieges auf mittlere und längere Sicht nicht in der Lage. Ebenfalls von der Unabänderlichkeit des Krieges geht der Redner aus, wenn er von den absehbaren sozialen Lasten und Fürsorgemaßnahmen spricht (Z. 22–27), also ein Verhindern des Krieges ausschließt.

In ihrer Erklärung akzeptiert die SPD-Reichstagsfraktion die von der Reichsregierung und dem Kaiser getragene Interpretation, Deutschland sei letztlich **Opfer eines Angriffes** und somit unschuldig am Ausbruch des Krieges. In der Rede wird ferner deutlich, dass die SPD gewillt ist, zum einen die jahrelang bekundete internationale Solidarität der Arbeiterbewegung hinter die Solidarität gegenüber der eigenen Nation zurückzustellen, zum andern aber auch vom bisher postulierten

Grundsatz eines mehr oder weniger strikten Pazifismus abzurücken. Als maßgeblicher Grund hierfür wird vom Redner die Verteidigung gegenüber dem „russischen Despotismus“ ins Feld geführt. Mit dem **Feindbild Russland** und dessen Gleichsetzung mit Zarismus und Despotismus knüpft der Redner an eine Kontinuität der sozialdemokratischen bzw. sozialistischen Politik an, die bereits früher im zaristischen Russland eine Bedrohung und eine Gefahr für den politischen und sozialen Fortschritt gesehen hatte. In der gegebenen Situation ist der gemeinsame Feind der Sozialdemokraten nun nicht mehr der Kapitalismus, der Klassenfeind oder das kaiserliche Regierungssystem, sondern das rückständige, autoritäre und despotische Russland, das vermeintlich die „Kultur und die Unabhängigkeit des eigenen Landes“ (Z. 31 f.) bedroht und gegen das man in einem nationalen Abwehrkampf zusammenstehen muss. In diesem Sinne wird in der Rede Haases auch die Verteidigungshaltung gegenüber Russland besonders hervorgehoben, während Frankreich als Gegner fast ganz in den Hintergrund rückt.

Wenn Haase in seiner Rede die **Ablehnung eines Eroberungskrieges** formuliert, befindet er sich damit zwar in Übereinstimmung mit der Zweiten Sozialistischen Internationale, gleichwohl stellt dieser Begriff eine Leerformel dar, unter der durchaus unterschiedliche Inhalte verstanden werden konnten. Dass sich die Reichsregierung dadurch nicht von ihren Kriegszielen abbringen lassen würde, muss auch dem Redner klar gewesen sein. Im Zusammenhang mit den Kriegzielen bekennt sich Haase im Namen der SPD-Reichstagsfraktion zum **Ziel der Sicherung**. Auch dieser Begriff ist sehr stark auslegungsfähig: er kann verstanden werden als eine im legitimen Interesse Deutschlands liegende, mit Augenmaß und der Bereitschaft zum gerechten Ausgleich betriebene Politik als Voraussetzung für ein zukünftiges friedliches Zusammenleben der Staaten in Europa; er kann aber auch im Sinne einer einseitigen Stärkung Deutschlands verstanden werden, beruhend auf territorialen Gewinnen oder einem machtpolitischen Zuwachs, sodass sich Deutschland in Zukunft durch keinen ebenbürtigen Gegner auf dem europäischen Kontinent mehr bedroht fühlen müsste. Dass die SPD-Fraktion nicht dieser zweiten Interpretation anhängt, liegt zwar auf der Hand, dennoch wird von Haase eine unzweideutige Aussage in dieser Frage vermieden.

Wie ist die Haltung der SPD im August 1914 zu beurteilen? Kann man gegenüber der SPD, die bereit war, ihre bisherigen ideologischen und sachlichen Positionen so weitgehend in Frage zu stellen und eine Bewilligung der Kriegskredite vorzunehmen, möglicherweise sogar den Vorwurf des Verrats erheben? Dagegen spricht der gute Glaube der Partei, dass wegen der vermeintlichen aktuellen Verteidigungssituation eine Pflicht zur Zustimmung zur Landesverteidigung vorlag. Insofern handelt es sich bei der Entscheidung der SPD im August 1914 um keinen Verrat, wohl allerdings um eine problematische Entscheidung, die mit der bisher verfolgten Politik der grundsätzlichen Ablehnung von Krieg brach. Bei einer Beurteilung der Bewilligung der Kriegskredite durch die SPD ist auch die Frage der Handlungsalternativen zu prüfen. Dabei muss bedacht werden, inwieweit eine Ablehnung der Kriegskredite überhaupt irgendeine Wirkung nach innen oder außen gehabt hätte: Nach außen hin hätte die Ablehnung vielleicht ein Signal für die Sozialisten in anderen Ländern sein können. Im Hinblick auf die Innenpolitik kann bezweifelt werden, dass die Möglichkeit einer Verweigerungshaltung für die SPD im Reichstag überhaupt bestand. Fraglich ist nämlich, ob die Mehrheit der deutschen Sozialdemokraten diese Haltung tatsächlich mitgetragen hätte. Insofern handelte es sich bei der Haltung der SPD-Fraktion im August 1914 auch um eine Anpassung an die allgemeine Volksstimmung und die Stimmung der Mehrheit der eigenen Parteianhänger. Immerhin herrschte in Deutschland ebenso wie in den anderen Staaten eine erhebliche Kriegsbegeisterung.

Weitere Motive für die Zustimmung zu den Kriegskrediten durch die SPD dürften in der Hoffnung auf eine Verbesserung der eigenen innenpolitischen Situation sowie in der Sorge um die Bewahrung der sozialdemokratischen Errungenschaften und des Besitzstandes der Parteiorganisation zu suchen sein. Immerhin drohte für den nun eingetretenen Kriegsfall das Ausnahmerecht, das eine opponierende und sich der Mitwirkung verweigernde Partei möglicherweise hart getroffen hätte.

Bei der Frage, wie die Bewilligung der Kriegskredite durch die SPD historisch zu beurteilen ist, kann die weitere Entwicklung nicht außer Acht gelassen werden. Der Entscheidung, die Haase in seiner Erklärung „im Auftrag“ seiner Fraktion abgab, lag eine Art Stillhalteabkommen zugrunde, denn die Gegner der Bewilligung ordneten sich lediglich der Disziplin der Fraktion unter. Je länger aber der Krieg dauerte, desto größer wurde der Anteil derer in der SPD und in der Fraktion, die sich gegen weitere Kriegskredite aussprachen. Bei der Abstimmung über neue Kriegskredite stimmten Anfang 1915 bereits 23, Ende des Jahres dann sogar 44 Abgeordnete der SPD dagegen. Aus diesem innerparteilichen Konflikt entwickelte sich ein Bruch innerhalb der Partei, der im April 1917 schließlich auch förmlich zur Bildung der Unabhängigen Sozialdemokratischen Partei Deutschlands (USPD) führte. Insofern stellt der 4. August 1914 trotz der einstimmigen Bewilligung der Kriegskredite den Anfangspunkt der Zerreißprobe dar, an der die SPD schließlich zerbrach.

Nordrhein-Westfalen – Grundkurs Geschichte
Übungsaufgabe 3

Aufgabenstellung

Interpretieren Sie die vorliegende Bildquelle M 1 unter vergleichender Heranziehung von M 2 in folgenden Arbeitsschritten:

1. Analysieren Sie die Bildquelle.
2. Erläutern Sie die Bildquelle in ihrem historischen Kontext.
3. Deuten Sie die Bildquelle und setzen Sie sich mit der durch den Maler vermittelten Aussage kritisch auseinander.

M 1: Bildpostkarte „Der Tag von Potsdam“ (1933)

Erläuterung zu M 1:
Bei der Bildquelle handelt es sich um eine zeitgenössische Postkarte, der als Vorlage ein Bild des Malers Carl Langhorst (1867–1950) zugrunde liegt. Langhorst hat auf seiner Darstellung die berühmte, in einer zeitgenössischen Fotografie festgehaltene Begegnung zwischen Hitler und Hindenburg am 21. März 1933, dem „Tag von Potsdam“, in das Innere der Garnisonkirche verlegt, in der der Staatsakt zur Eröffnung des Reichstages stattfand.

M 2: Fotografie vom Händedruck zwischen Hitler und Hindenburg am 21. März 1933

© *ullstein bild*

Erläuterung zu M 2:
Die Fotografie vom Händedruck zwischen Hitler und Hindenburg stammt von dem amerikanischen Fotoreporter Theo Eisenhart. Sie wurde am 21. März 1933 – vermutlich nach dem Staatsakt – aufgenommen und erstmals noch am selben Tag in der bebilderten Sonderausgabe der „Berliner Illustrierte Zeitung“ zum „Tag von Potsdam“ veröffentlicht.

Hilfsmittel: Deutsches Wörterbuch

Lösungsvorschläge

Aufgabentyp und inhaltliche Schwerpunkte:
Die Übungsaufgabe 3 ist dem ***Aufgabentyp A 1*** *zuzuordnen und verlangt die Interpretation einer nichtsprachlichen historischen Quelle mit gegliederter Aufgabenstellung. Die Aufgabe bezieht sich inhaltlich in erster Linie auf den* ***Schwerpunkt*** *„Das ‚kurze' 20. Jahrhundert", insbesondere mit den Aspekten „Die nationalsozialistische Diktatur" („Politische und ideologische Voraussetzungen des Nationalsozialismus"; „Ende des Rechts- und Verfassungsstaates in Deutschland 1933/34"). Berührt werden ferner Inhalte aus dem Schwerpunkt „Das ‚lange' 19. Jahrhundert".*

1. *Die Aufgabenstellung formuliert mit dem Operator „interpretieren" eine übergreifende Arbeitsanweisung, die dann in drei aufeinander aufbauende Arbeitsschritte gegliedert wird. Ergänzt wird die Interpretationsaufgabe durch den Hinweis, das Foto M 2 vergleichend heranzuziehen, also nicht selbst eigens zu analysieren. Der erste Teilauftrag enthält den Operator „analysieren". Das bedeutet in diesem Zusammenhang, dass zunächst eine Identifikation der Bildquelle mit ihren Besonderheiten erfolgen soll. Bereits hier kann das M 2 vergleichend herangezogen werden, um zu zeigen, dass der Maler ein fotografisch dokumentiertes Geschehen bewusst und absichtsvoll variiert hat. Hieraus können sich erste Vermutungen über die damit verbundene propagandistische Intention und die mit der Verbreitungsform der Bildpostkarte verbundene Öffentlichkeitswirksamkeit ergeben. Anschließend ist die Bildvorlage in ihrem Aufbau und den Details zu erarbeiten. (AFB I)*

   Bei der vorliegenden Bildquelle handelt es sich um eine **Bildpostkarte** aus dem Jahre 1933, der als Vorlage, wie aus der Signatur am rechten Bildrand hervorgeht, ein Gemälde des Malers **Carl Langhorst** (1867–1950) aus demselben Jahr zugrunde liegt. Langhorst hat auf seiner Darstellung die berühmte, in einer zeitgenössischen Fotografie festgehaltene **Szene des Händedrucks zwischen Hitler und Hindenburg am 21. März 1933**, dem „Tag von Potsdam", verarbeitet. Im Gegensatz zu der Situation, wie sie das Foto von Theo Eisenhart zeigt, hat der Maler das Geschehen in das Innere der Potsdamer Garnisonkirche verlegt. Die Bildquelle fand als Postkarte eine größere Verbreitung, daher ist von einer gewissen **öffentlichen Aufmerksamkeit** und damit von einer nicht geringen Breitenwirkung der Bildpostkarte auszugehen.

   Der **Aufbau des Bildes** zeigt eine strenge Symmetrie. Im Vordergrund sind Hitler (links) und Hindenburg (rechts), jeweils von der Hüfte an aufwärts, in einander zugewandter Haltung zu sehen. Hindenburg, der im Dreiviertelportrait dargestellt ist, ist mit zahlreichen Orden und einer Schärpe ausgezeichnet. Der amtierende Generalfeldmarschall Hindenburg, der im Gegensatz zur Fotographie keine Kopfbedeckung trägt, ist im Profil abgebildet. Seine Augen sind etwas abwärts auf die kleinere Person Hitlers gerichtet; mit der Linken hält er den Griff seines Degens umfasst, während er mit der Rechten den Händedruck mit dem neuen Reichskanzler vollzieht. Hitler trägt im Gegensatz zu Hindenburg einen zivilen Cutaway, den Kopf hat er, nach unten blickend, in Demutshaltung leicht nach vorn geneigt.

Beide Personen zeigen einen ernsten, feierlichen Gesichtsausruck. Die Mittelachse der Postkarte bildet, ausgehend von den ineinander verschränkten Händen Hitlers und Hindenburgs, ein schmaler Teppich, das in gerader Linie zum Bildhintergrund führt. Dort ist der Altar mit dem großen Altarkreuz und dem Altaraufbau zu erkennen. Ebenfalls auf der Mittelachse des Bildes befindet sich die über dem Altar angebrachte Kanzel. Altar und Kanzel werden von Fahnenkörben umrahmt. Vom rechten Bildrand aus reicht diagonal ein breites Lichtband in das Bild hinein, das das Kruzifix auf dem Altar beleuchtet.

Als **weiteres Bildelement** ist am unteren Bildrand ein Band mit der Aufschrift: „Potsdam 21. März 1933" zu identifizieren, das links und rechts von zwei Wappen eingerahmt wird. Das linke Wappen, der Person Hitlers zugeordnet, zeigt das Hakenkreuz; das rechte Wappen, der Person Hindenburgs zugeordnet, zeigt die Farben Schwarz-Weiß-Rot, die Flaggenfarben des Deutschen Reiches von 1871 bis 1918, die zwischen 1933 und 1935 wieder eingeführt wurden.

2. *Im zweiten Aufgabenteil soll der historische Kontext, der für das Verständnis der Bildquelle erforderlich ist, dargestellt und erläutert werden. (AFB II)*

Die Bildpostkarte gestaltet ein **historisches Foto**, das den Händedruck zwischen dem Reichskanzler Hitler und dem Reichspräsidenten Hindenburg, dem ehemaligen kaiserlichen Feldmarschall und während des Ersten Weltkrieges Mitglied der Obersten Heeresleitung, am 21. März 1933 zeigt. An diesem Tag wurde mit einem feierlichen **Staatsakt in der Potsdamer Garnisonkirche** der neue, am 5. März gewählte Reichstag eröffnet. Unmittelbar nach seiner Ernennung zum Reichskanzler am 30. Januar 1933 hatte Hitler den Reichstages durch den Reichspräsidenten Hindenburg auflösen lassen in der Erwartung, durch Neuwahlen eine absolute Mehrheit für seine Partei erringen zu können. Die Wahlen am 5. März fanden unter dem Eindruck des **Brandanschlages** auf das Reichstagsgebäude am Abend des 27. Februar statt. Bereits am 28. Februar trat eine offenbar schon vorbereitete „Verordnung des Reichspräsidenten zum Schutz von Volk und Staat" (kurz: „**Reichstagsbrandverordnung**") in Kraft, die die von der Weimarer Verfassung garantierten Grundrechte aufhob bzw. einschränkte. Über 20 000 politische Gegner, vorwiegend Kommunisten und Sozialdemokraten, wurden umgehend in „Schutzhaft" genommen. Trotzdem erreichte die NSDAP bei den **Wahlen am 5. März** mit 43,9 % der Wählerstimmen nicht die angestrebte absolute Mehrheit im Reichstag.

Da das Reichstagsgebäude in Berlin durch den Brand am 28. Februar zerstört worden war, kam es als Versammlungsort für die Eröffnungszeremonie nicht in Frage. Ganz bewusst wurde nach dem Reichstagsbrand **Potsdam als Traditionsort** preußischer Geschichte für die feierliche Konstituierung des neu gewählten Reichstages ausgewählt. Potsdam war die Residenzstadt der preußischen Könige, in der Potsdamer Garnisonkirche lagen die Überreste der Preußenkönige Friedrich II. und Wilhelm I. Mit der Bildpostkarte wurde der „**Tag von Potsdam**" als symbolische Verbindung „vom alten und neuen Deutschland" inszeniert, von – wie die Propaganda glauben machen wollte – konservativem Traditionsbewusstsein und nationalsozialistischem Erneuerungswillen.

In Potsdam waren außer zahlreichen Ehrengästen und militärischen Formationen (die Fotographie M 2 zeigt zwischen Hitler und Hindenburg einen Angehörigen der Reichswehr) die Reichstagsabgeordneten der rechten und bürgerlichen Parteien anwesend. Die Sozialdemokraten verzichteten demonstrativ auf eine Teilnahme. Nicht teilnehmen konnten die Abgeordneten der Kommunistischen Partei Deutschlands (KPD), die bereits den Verfolgungen durch das neue Regime ausgesetzt und teilweise inhaftiert waren.

Der „Tag von Potsdam" bildete das unmittelbare Vorspiel zur Sitzung des Reichstages am 23. März in der Berliner Kroll-Oper, wo das von Reichskanzler Adolf Hitler vorgelegte „Gesetz zur Behebung der Not von Volk und Reich", das sog. **Ermächtigungsgesetz** beraten und am 24. März mit den Stimmen der NSDAP, der DNVP, des Zentrums und der BVP mit verfassungsändernder Mehrheit verabschiedet wurde. Mit diesem Gesetz erhielt die Reichsregierung unter Hitlers Führung die Ermächtigung, ohne Zustimmung von Reichstag und Reichsrat sowie ohne Gegenzeichnung des Reichspräsidenten Gesetze zu erlassen. Das „Ermächtigungsgesetz", mit dem der Verfassungsgrundsatz der Gewaltenteilung aufgegeben wurde, überantwortete die gesamte Staatsgewalt der nationalsozialistischen Regierung.

3. *Auf der Basis der in Lösungsteil 1 geleisteten genauen Bildbeschreibung und der Darstellung des historischen Kontextes in Lösungsteil 2 soll nunmehr eine Deutung der Bildquelle erfolgen. Dabei kann diese als Träger einer politischen Botschaft mit hohem Symbolgehalt, die dargestellten Personen können aufgrund der ihnen zugeordneten Attribute und Eigenheiten als Symbolfiguren interpretiert werden. In einem weiteren Lösungsschritt erfolgt eine Auseinandersetzung mit der Aussage der Bildquelle. (AFB III)*

Die Bildquelle zeigt in der vom Maler **inszenierten Situation** den Reichskanzler Hitler in einer **ehrerbietigen Haltung** gegenüber dem Reichspräsidenten Hindenburg. Hitler erscheint geradezu devot und willens, sich in die Traditionen, die durch Altar und Kanzel sowie den Ort des Geschehens symbolisiert werden, einzufügen, wenn nicht gar sich ihnen unterzuordnen. Die Bildpostkarte (bzw. das zugrunde liegende Gemälde) stellt das Geschehen, das der Fotographie von Theo Eisenhart (M 2) zufolge im Freien stattgefunden hat, durch die Verlagerung in den Innenraum der Garnisonkirche in einen sakralen und damit in einen besonders ausgeprägten symbolischen Rahmen. Mit der Garnisonkirche, in der sich zum fraglichen Zeitpunkt noch die Särge Friedrich Wilhelms I. und Friedrichs II., des „Großen", befanden, soll offenkundig auf die hier verkörperte preußische Tradition verwiesen werden. Hindenburg erscheint in seiner mit Orden geschmückten kaiserlichen Uniform als Symbolfigur preußischer bzw. kaiserlich-wilhelminischer Tradition und steht damit für das „alte Deutschland". Er wird somit vom Betrachter weniger in seiner tatsächlichen Funktion als Präsident der Republik wahrgenommen denn als hoch dekorierter Generalfeldmarschall des Kaiserreiches. In der Begegnung mit dem nationalen **Mythos Hindenburg**, dem „Sieger in der Schlacht von Tannenberg“ und Vertreter einer idealisierten Vergangenheit, erhält Hitler als Vertreter eines von den Nationalsozialisten selbst so gesehenen politischen und ideologischen Neuanfangs durch den Händedruck gewissermaßen den politischen Segen und den Auftrag zum politischen Handeln. Hinzu kommt die religiöse Aura, besonders unterstrichen durch die Lichtsymbolik, mit der eine quasi göttlich bezeugte Legitimität des Bundes zwischen Hindenburg und Hitler suggeriert wird. Das Lichtband, das auf Altar und Kruzifix fällt, steht durch die Symmetrieachse mit den Gestalten Hitlers und Hindenburgs in Verbindung und scheint auf die ineinander gelegten Hände der beiden gerichtet zu sein. Zugleich wird damit ein Bezug zwischen dem politischen Geschehen im Vordergrund und dem **religiös-sakralen Bildhintergrund** hergestellt.

Dem zeitgenössischen Betrachter muss der Händedruck zwischen Hitler und Hindenburg angesichts des Wahlkampfes um das Reichspräsidentenamt im Jahre 1932 und vor dem Hintergrund der bis zum Januar 1933 geltenden Ablehnung Hitlers durch den amtierenden Reichspräsidenten Hindenburg als **Versöhnungsgeste** erschienen sein. Die beiden durch die Orts- und Datumsangabe verbundenen Wappen mit dem Hakenkreuz und den Flaggenfarben des Kaiserreichs unterstreichen diese Deutung zusätzlich. Die vorliegende Bildquelle nimmt mit dem Schriftzug am unteren Rand ausdrücklich Bezug auf das Geschehen vom 21. März 1933 und interpretiert dieses in der oben beschriebenen symbolträchtigen Weise. Sie rückt das Geschehen am „Tag von Potsdam“ in ein glorifizierendes und zugleich verharmlosendes Licht. Mit den entsprechenden propagandistischen Absichten wurde die Bildpostkarte in Deutschland verbreitet. Sie ist ein Beispiel für die **politische Indienstnahme von Geschichte** durch die Politik der Nationalsozialisten. Vermittelt wurde auf diese Weise ein Geschichtsbild, das die nationalsozialistische Herrschaftsauffassung begründen bzw. legitimieren sollte. Insbesondere wurden dadurch Kontinuitätslinien zwischen der preußisch-friderizianischen bzw. kaiserzeitlichen Ära einerseits und andererseits den politischen Zielsetzungen der Nationalsozialisten mit dem „Führer“ Adolf Hitler an der Spitze behauptet. Die Hitlersche **Politik der Gleichschaltung** und der **Beseitigung jeglicher Opposition** mit gleichzeitigem **Aufbau des Führerstaates**, die auf den „Tag von Potsdam“ und die Verabschiedung des Ermächtigungsgesetzes folgten, sollten so zugleich als Fortführung und Vollendung preußisch-deutscher Herrschaftstraditionen erscheinen. Allerdings kann der von Hitler angestrebte völkisch-nationale Führerstaat nicht bruchlos aus der preußischen Tradition abgeleitet werden, ebenso wenig wie die nationalsozialistische Machtübernahme als konsequente Fortführung oder gar Vollendung preußisch-deutscher Geschichte zu interpretieren ist. Der Händedruck von Potsdam, der mit der vorliegenden Bildpostkarte in symbolhaft übersteigerter Form massenwirksam verbreitet wurde, konnte dazu beitragen, Teile der deutschen Bevölkerung – zumindest für eine gewisse Zeit – über den wirklichen Charakter der nationalsozialistischen Herrschaft, über den von Beginn an installierten Unrechtsstaat, über Terror und Verfolgungen, hinwegzutäuschen.

Nordrhein-Westfalen – Mündliches Abitur Geschichte
Aufgabe 1

Aufgabenstellung

Interpretieren Sie die vorliegende Karikatur unter Einbeziehung des begleitenden Textes.

M: Linley Sambourne, „Keeping It Down“ (London, 28. September 1878)

Erläuternder Hinweis: Anlässlich der Verkündung der Sozialistengesetze in Deutschland veröffentlichte die englische Satirezeitschrift „Punch" am 28. September 1878 eine Karikatur zusammen mit einem Gedicht, aus dem die folgenden Passagen stammen (deutsche Übersetzung):

„Was, Mann von ‚Blut und Eisen',[1]
Du fürchtest Dich vor Gespenstern?
Du willst sie bändigen mit dem altbekannten,
aber nutzlosen Rezept der Unterdrückung?
Die Schreckgespenster, die Deinen mächtigen Staat umringen,
willst Du festbinden und in eine Kiste stecken?
Das ist vergebliche Mühe, Du wirst es sehen!
[...]
Heute magst Du, mein Herr,
das Gespenst noch einmal in die Kiste sperren können;
doch morgen schon wird es wieder hinauswollen.
Mag man es noch so sehr wünschen,
der Wind lässt sich nicht in einem Beutel einfangen."

Sambourne, Linley, „Keeping It Down", in: Punch, London, 28. September 1878.

Anmerkung:
1 Anspielung auf eine Formulierung des preußischen Ministerpräsidenten Bismarck aus dem Jahre 1862: „Nicht durch Reden und Majoritätsbeschlüsse werden die großen Fragen der Zeit entschieden – das ist der große Fehler von 1848 und 1849 gewesen –, sondern durch Eisen und Blut."

Lösungsvorschläge

Bei der Formulierung „Interpretieren Sie die vorliegende Karikatur unter Einbeziehung des begleitenden Textes" handelt es sich um eine ungegliederte Aufgabenstellung. Um diese zu bearbeiten, sollten Sie sich zunächst darüber im Klaren sein, welche Lösungsschritte zu bearbeiten sind. Die Anforderung, den methodisch sinnvollen Lösungsgang selbstständig zu entwickeln, gehört zu einer der Schwierigkeiten von Aufgaben mit ungegliederter Aufgabenstellung. Im vorliegenden Fall ist es sinnvoll, zunächst die Karikatur genau zu betrachten und die entsprechenden Beobachtungen zu notieren. Hierzu finden Sie auf der folgenden Seite eine Ausarbeitung. Diese Form, bei der mit grafischer Unterstützung (Hervorhebungen in der Zeichnung) rund um die Bildquelle wichtige Einzelbeobachtungen notiert sind, kann Ihnen bei Ihrem freien Prüfungsvortrag helfen. Der in diesem Fall der Karikatur beigefügte Begleittext kann ähnlich vorbereitet werden, sodass Sie bei Ihrem Prüfungsvortrag auf die (möglichst prägnant zu formulierenden) Randnotizen Bezug nehmen können.

Springteufel
- maskenhaftes Gesicht
- weit aufgerissene Augen, aggressiver Blick
- breiter Mund mit entblößten Zahnreihen
- wüste Frisur: Haare erinnern an Flammen
- in der linken Hand einen Dolch haltend

Bismarck, deutscher Reichskanzler
- in Uniform
- mit Pickelhaube
- Brustharnisch,
- Säbel
- Kürassierstiefeln
- versucht, den Springteufel mit Gewalt zurück in den Kasten zu drücken

Sambourne:
Name des Karikaturisten der englischen Zeitung „Punch"

Springteufel im Kasten mit der Aufschrift „Socialist Jack in the Box"

Fahne mit (wahrscheinlich) preußischem Adler

Linley Sambourne, „Keeping It Down“, London, 28. September 1878

Frage an Bismarck; Anspielung auf dessen „Blut-und-Eisen“-Rede, bringt ungläubiges Erstaunen des Verfassers zum Ausdruck; vertraulich wirkendes „Du“

„Was, Mann von ‚Blut und Eisen‘,

Bewertung des Sozialismus: „Schreckgespenst“, drückt auch eine Überbewertung seiner Gefährlichkeit aus

Du fürchtest Dich vor Gespenstern?

Bewertung der „Unterdrückungs“-Maßnahmen durch den Verfasser: „altbekannt“; „nutzlos“

Du willst sie bändigen mit dem altbekannten,

aber nutzlosen Rezept der Unterdrückung?

„mächtiger Staat“ im Gegensatz zu den „Gespenstern“: impliziter Rat zu mehr Gelassenheit (?)

Die Schreckgespenster, die Deinen mächtigen Staat umringen,

Urteil des Autors: Unangemessheit der Maßnahmen („festbinden“, „in Kiste sperren“) erneute, warnende Anrede

willst Du festbinden und in eine Kiste stecken?

Das ist vergebliche Mühe, Du wirst es sehen!

[…]

Ankündigung, Warnung: „heute“ vielleicht noch erfolgreiches Vorgehen, in Zukunft erneutes Auftreten des „Gespenstes“

Heute magst Du, mein Herr,

das Gespenst noch einmal in die Kiste sperren können;

„wird es wieder hinauswollen“: Sozialismus als dauerhafter Unruhefaktor

doch morgen schon wird es wieder hinauswollen.

Mag man es noch so sehr wünschen,

Wertung der Politik Bismarcks als Wunschdenken

der Wind lässt sich nicht in einem Beutel einfangen.“

Metapher: „den Wind in einem Beutel fangen“: etwas Nutzloses, Unmögliches versuchen

Auf der Basis der Lösungsskizzen können Sie nun Ihren Vortrag organisieren. Insbesondere für die Beschreibung der Karikatur sollten Sie sich auf die Skizze (Seite M 3) beziehen. Die Beschreibung ist hier nicht noch einmal ausführlich formuliert. Ihr Vortrag sollte folgende Bestandteile enthalten:

Vorstellen des Materials

- Bildquelle: Karikatur mit dem Titel „Keeping it down" (auf Deutsch heißt das etwa: „Es unten halten."), zusammen mit einem Begleittext in Form eines Gedichtes, das in Auszügen als deutsche Übersetzung vorliegt
- Zeichner: Linley Sambourne
- Erscheinungsort: London, bekannte satirische Zeitschrift „Punch", veröffentlicht am 28. September 1878

Beschreibung, Bestimmung von Thema und Intention

Die Karikatur zeigt Bismarck, wie er mit aller Macht versucht, den als „Socialist Jack in the Box" gekennzeichneten Springteufel in seinen Kasten zurückzustopfen. Der sozialistische Springteufel mit wilden Haaren und einer Furcht erregenden Grimasse trägt zum Zeichen seiner Gefährlichkeit einen Dolch in der Hand. Bismarck wird in Kürassieruniform mit Pickelhaube sowie Brust- und Rückenharnisch dargestellt.

Analyse des Begleittextes

Dem englischen bzw. hier in deutscher Übersetzung vorliegenden Begleittext zufolge, an dessen Beginn Bismarck beziehungsvoll als „Mann von ‚Blut und Eisen'" (Z. 1) angesprochen wird, scheint es ein nutzloses Unterfangen zu sein, den Springteufel Sozialismus mit Gewalt in seinen Kasten zurückdrücken zu wollen. In diesem Sinne wäre Bismarcks Kampf gegen die Sozialdemokratie zur Erfolglosigkeit verurteilt. In dem Begleittext ist vom „altbekannten, aber nutzlosen Rezept der Unterdrückung" (Z. 3–4) die Rede. Weitere Textstellen unterstützen diese Aussage (siehe Lösungsskizze). Der Begleittext endet mit der warnenden Einschätzung: „Heute magst Du, mein Herr, das Gespenst noch einmal in die Kiste sperren können; doch morgen schon wird es wieder hinauswollen" (Z. 9–11).

Einordnung in den historischen Kontext

Die Karikatur entstand im Vorfeld des „Gesetzes gegen die gemeingefährlichen Bestrebungen der Sozialdemokratie" (Sozialistengesetz). Nach zwei fehlgeschlagenen Attentaten auf Kaiser Wilhelm I. wurde es auf Betreiben Bismarcks am 21. Oktober 1878 durch den gerade neu gewählten Reichstag verabschiedet; obwohl beide Attentäter nichts mit der Sozialdemokratie zu tun hatten, wurden dieser die Verbrechen angelastet. Das Ausnahmegesetz sollte die sozialdemokratische Parteiorganisation, die Bismarck mit den Attentaten in Verbindung brachte, durch Versammlungs-, Organisations- und Publikationsverbot unterdrücken bzw. letztendlich zerschlagen. Zwar war das Sozialistengesetz in seiner Dauer zunächst auf zwei Jahre befristet, es wurde aber bis 1890 regelmäßig verlängert.

Inhalt des Gesetzes: Das Sozialistengesetz erlaubte Verbote sozialistischer Parteien, Organisationen und Druckschriften sowie politischer Versammlungen. Auf Grundlage des Gesetzes wurden innerhalb von zwölf Jahren über 1 000 Druckschriften und über 300 Arbeiterorganisationen und Gewerkschaftsverbände verboten. Tausende Menschen wurden verhaftet und inhaftiert oder zur Emigration gezwungen.

Intention und tatsächliches Ergebnis der Sozialistengesetzgebung: Bismarcks Intention war es, den zunehmenden Einfluss der Arbeiterbewegung in Politik und Gesellschaft mit polizeistaatlichen Mitteln auszuschalten und die sozialdemokratischen Strukturen zu zerschlagen. Mit Gesetzen und polizeistaatlichen Verfolgungsmaßnahmen konnten sozialistische Ideen aber nicht unterdrückt werden. Das Sozialistengesetz verstärkte vielmehr die Opposition der Arbeiterbewegung gegenüber dem konservativen Staat und stärkte das Klassenbewusstsein von Arbeitern. Die Verfolgung unter dem Sozialistengesetz hinterließ bei vielen Menschen tiefe Verbitterung und führte zu einer dem Staat fremd gegenüberstehenden sozialdemokratischen Milieukultur. Die Zerschlagung der Sozialdemokratie gelang Bismarck mit dem bis 1890 immer wieder verlängerten Sozialistengesetz nicht. Zwar war die Sozialistische Arbeiterpartei (SAP; durch den Zusammenschluss der Sozialdemokratischen Arbeiterpartei – SDAP – August Bebels und Wilhelm Liebknechts mit dem Allgemeinen Deutschen Arbeiterverein auf dem Vereinigungsparteitag in Gotha 1875) ab 1878 offiziell verboten, ihre Reichstagsfraktion blieb jedoch bestehen: Da die Wahlgesetzgebung die reine Persönlichkeitswahl vorsah, behielten die Sozialdemokraten ihre Reichstagsmandate. Die sozialdemokratische Fraktion konnte ihre Stimmen bis 1890 verdreifachen: Bei den Reichstagswahlen von 1881 bis 1890 nahmen die Stimmen für Sozialdemokraten von etwa 312 000 auf 1,4 Millionen zu. Nach Bismarcks Entlassung 1890 verlängerte der zwei Jahre zuvor zum Kaiser gekrönte Wilhelm II. das Sozialistengesetz nicht: Er war zunächst auf Ausgleich mit der Arbeiterbewegung bedacht.

Zusammenfassende Bewertung

Eine mögliche Interpretation könnte darauf abheben, dass Bismarck sich des sozialistischen Springteufels als einer Schreckgestalt bedient, die nach Belieben und je nach politischer Lage als Bürgerschreck herhalten kann. In Wahrheit handelt es sich allerdings nur um ein Spielzeug, bei dem auf einen Knopfdruck hin eine mehr oder weniger gruslige Figur aus einer Schachtel hervorschnellt, um das Gegenüber zu erschrecken.

Zur Doppelstrategie Bismarcks: während das Sozialistengesetz ein Instrument zur Unterdrückung der sozialistischen Arbeiterbewegung darstellte, erkannte Bismarck andererseits, dass Repression nicht das geeignete Mittel im Umgang mit der industriellen Arbeiterschaft darstellen konnte; Bismarck erkannte die Notwendigkeit von Maßnahmen gegen die unbestreitbaren Missstände und das soziale Elend der Industriearbeiterschaft an.

*Im Anschluss an Ihren Vortrag könnte im **zweiten Prüfungsteil (Prüfungsgespräch)** von Ihrem Prüfer beispielsweise die staatliche Sozialgesetzgebung zur Zeit Bismarcks bzw. im Deutschen Kaiserreich thematisiert werden; hier könnten von Ihnen die Maßnahmen der staatlichen Sozialgesetzgebung, ihre Wirkung und ihre Bedeutung erläutert werden.*

Aufgabenstellung

1. Analysieren Sie die vorliegende Quelle.
2. Ordnen Sie sie in den historischen Kontext ein.
3. Nehmen Sie zu Goebbels' Taktik vom Standpunkt des Konzepts der „wehrhaften Demokratie" Stellung.

M: Joseph Goebbels: „Was wollen wir im Reichstag?" in: „Der Angriff"[1] vom 30. April 1928

Wir sind doch eine antiparlamentarische Partei, lehnen aus guten Gründen die Weimarer Verfassung und die von ihr eingeführten republikanischen Institutionen ab, sind Gegner einer verfälschten Demokratie, die den Klugen und den Dummen, den Fleißigen und den Faulen über einen Leisten schlägt, sehen im heutigen System der Stimmenmajoritäten und der organisierten Verantwortungslosigkeit die Hauptursache unseres ständig zunehmenden Verfalls.

Was wollen wir im Reichstag? Wir gehen in den Reichstag hinein, um uns im Waffenarsenal der Demokratie mit deren eigenen Waffen zu versorgen. Wir werden Reichstagsabgeordnete, um die Weimarer Gesinnung mit ihrer eigenen Unterstützung lahm zu legen. Wenn die Demokratie so dumm ist, uns für diesen Bärendienst Freifahrkarten und Diäten zu geben, so ist das ihre eigene Sache. Wir zerbrechen uns darüber nicht den Kopf. Uns ist jedes gesetzliche Mittel recht, den Zustand von heute zu revolutionieren. Wenn es uns gelingt, bei diesen Wahlen[2] sechzig bis siebzig Agitatoren und Organisatoren unserer Partei in die verschiedenen Parlamente hineinzustecken, so wird der Staat selbst in Zukunft unseren Kampfapparat ausstatten und besolden. Eine Angelegenheit, die reizvoll und neckisch genug ist, sie einmal auszuprobieren.

Wir werden auch in den Parlamenten verparlamentisieren? So sehen wir aus! Glaubt einer von euch, dass wir, wenn wir in das Plenum des hohen Hauses einmarschieren, gleich mit Philipp Scheidemann Brüderschaft trinken? Haltet ihr uns für so miserable Revolutionäre, dass ihr fürchtet, wir würden vor einem dicken, roten Teppich und einer wohltemperierten Schlafhalle unsere geschichtliche Mission vergessen? Wer ins Parlament geht, kommt darin um! Jawohl, wenn er ins Parlament geht, um auch einer zu werden. Geht er jedoch hinein mit dem zähen und verbissenen Willen, auch hier seinen bedingungslosen Kampf gegen die zunehmende Verlumpung unseres öffentlichen Lebens mit der ihm angeborenen Rücksichtslosigkeit fortzuführen, dann wird er nicht verparlamentisieren, sondern er bleibt das, was er ist: ein Revolutionär. […]

Man soll nicht glauben, der Parlamentarismus sei unser Damaskus[3]. Wir haben dem Gegner die Zähne gezeigt von den Podien der Massenversammlungen und von den Riesendemonstrationen unserer braunen Garde aus. Wir werden sie ihm auch zeigen in der bleiernen Sattheit eines parlamentarischen Plenums. Wir kommen nicht als Freunde, auch nicht als Neutrale. Wir kommen als Feinde! Wie der Wolf in die Schafherde einbricht, so kommen wir. Jetzt seid ihr nicht mehr unter euch! Und so werdet ihr keine reine Freude an uns haben!

Joseph Goebbels, „Was wollen wir im Reichstag?", in: Der Angriff vom 30. April 1928.

Anmerkungen:

1 „Der Angriff" war eine im Sommer 1927 von Joseph Goebbels (seit 1926 „Gauleiter" der Berliner NSDAP) gegründete und von ihm herausgegebene nationalsozialistische Propagandazeitung.

2 Gemeint sind die Reichstagswahlen vom 20. Mai 1928.

3 Paulus hatte sich durch die Erscheinung Christi vor Damaskus von einem Verfolger zu einem Gläubigen gewandelt.

Lösungsvorschläge

Die vorliegende Übungsaufgabe entspricht dem Aufgabentyp A 1 (Interpretation einer sprachlichen historischen Quelle mit gegliederter Aufgabenstellung).

1. und 2.

Die Lösungsskizze auf der folgenden Seite zeigt Ihnen, unter welchen Gesichtspunkten die Teilaufgaben 1 und 2 (Analyse und Einordnung in den historischen Kontext) bearbeitet werden können. Eine solche Skizze kann Ihnen zudem bei Ihrem Prüfungsvortrag als Gedankenstütze dienen.

3. *Teilaufgabe 3 kann im Sinne der folgenden Ausführungen beantwortet werden:*

Die von Goebbels in seinem Artikel propagierte bzw. verteidigte **Legalitätstaktik** nimmt die Rechte und Freiheiten einer Demokratie in Anspruch und wendet diese gegen die Demokratie selbst mit der Absicht, diese zu zerstören und abzuschaffen. Dies wirft das Problem der **Abwehrbereitschaft und Abwehrfähigkeit** des politischen Systems der Weimarer Republik auf, die über keine wirksamen Mechanismen verfügte, politische Kräfte, die die Abschaffung der Demokratie zum Ziel hatten, zu bekämpfen. Im Gegensatz dazu stehen im **Konzept einer „wehrhaften Demokratie"** die Demokratie und ihre wichtigsten Elemente selbst nicht mehr zur Diskussion, sie können auch durch eine noch so große Mehrheit nicht aufgehoben werden. Unveränderbar sind insbesondere die **Grundrechte**, die in den Artikeln 1 bis 19 des Grundgesetzes der Bundesrepublik Deutschland formuliert werden, sowie die in Artikel 20 des Grundgesetzes aufgeführten vier Strukturprinzipien **Demokratie, Rechtsstaat, Sozialstaat** und **Bundesstaat**.

Skizze als Grundlage zur mündlichen Prüfung

vorliegende Textquelle

Quellenart:
Zeitungsartikel mit dem Titel
„Was wollen wir im Reichtstag?"

Veröffentlichungsort:
NS-Propagandazeitung „Der Angriff"

Datierung:
30. April 1928

Autor:
Joseph Goebbels (1897 - 1945)
- promovierter Germanist
- Begründer der Propagandazeitung „Der Angriff"
- 1928 - 1945 Mitgliled des Reichstags
- ab 1933 Leiter des „Reichsministeriums für Volksaufklärung und Propaganda"

Adressaten:
a) eigene Parteianhänger (Leser des „Angriff")
b) politische Gegner, deutsche Öffentlichkeit

Historischer Kontext:
- Nach seiner Entlassung wurde Hitler zum Sammelpunkt beim Wiederaufbau der NSDAP.
- Diese erhielt durch eine veränderte politische Strategie und einen anderen Parteiaufbau ein neues Profil.
- Die Putschtaktik wurde durch eine <u>Legalitätstaktik</u> ersetzt, ohne dass damit der politischen Gewalt abgeschworen wurde.
- politische Situation 1928

Intention:
Rechtfertigung der Legalitätstaktik: Inanspruchnahme demokratischer Rechte und Freiheiten gegen die Absicht ihrer Zerstörung und Abschaffung

Inhalt der Quelle:
- <u>Definition</u> der eigenen Partei (NSDAP) = „antiparlamentarische Partei", die die Weimarer Republik u. die republikanischen Institutionen ablehnt (Z. 1 - 2)
- (rhetorische) <u>Frage</u>: „Was wollen wir also im Reichtag?" (Überschrift u. Z. 7)
  = Frage der eigenen, möglicherweise an diesem Vorgehen zweifelnden Anhänger
- (fortdauerndes) <u>Ziel</u>: Bekämpfung u. Zerstörung des Parlamentarismus (Z. 7 ff.)
- <u>Methode</u>: Einsatz legaler Mittel und Ausnutzen der erkannten Schwächen des parlament. System; daher auch: Teilnahme an Parlamentswahlen und Anstreben von Mandaten: Ausstattung und Besoldung des „Kampfapparates" durch den Staat selbst (Z. 7-17)
- Parlamentarismus ist nicht „unser Damaskus" (Z. 29)
- am Schluss erneut: Drohung und Hohn

Rhetorische Strategie: Freund-Feind-Schema
<u>Kennzeichnung der eigenen Seite („wir"):</u>
- Revolutionäre (Z. 27 - 28)
- zäh und verbissen (Z. 24)
- angeborene Rücksichtslosigkeit (Z. 26)
- „Wir kommen nicht als Freunde, auch nicht als Neutrale. Wir kommen als Feinde!" (Z. 33 - 34)
- „wie der Wolf" (Z. 33)

<u>Bezeichnungen für den politischen Gegner bzw. Feind („sie")</u>
- „verfälschte Demokratie" (Z. 3)
- „System der Stimmenmajorität u. der organisierten Verantwortungslosigkeit (Z. 4 - 5)
- „Verlumpung unseres öffentlichen Lebens" (Z. 25 - 26)
- Parlament als „Schlafhalle" (Z. 22)
- „bleierne Sattheit eines parlamentarischen Plenums" (Z. 32)
- „Schafherde" (Z. 34)
- am Schluss der Rede direkte Ansprache: bedrohlich wirkendes „ihr" (Z. 34 - 35)

Aufgabenstellung

1. Fassen Sie die Ausführungen Jarauschs geordnet zusammen.
2. Erläutern Sie ausgehend vom Begriff der „Bürgerrevolution" die Hintergründe für die krisenhafte Zuspitzung in der DDR im Jahre 1989.
3. Nehmen Sie zu der von Konrad Jarausch vorgenommenen Unterscheidung und Bewertung der Begriffe Stellung.

M: Konrad Jarausch[1]: Etiketten mit Eigenleben: Wende, Zusammenbruch, friedliche Bürgerrevolution

Zehn Jahre nach dem überraschenden Ende der DDR scheint die Frage, wie die dramatischen Ereignisse von 1989/90 genannt werden sollen, noch immer nicht eindeutig geklärt. [...] Welche Konnotationen haben die drei häufigsten Termini, worauf beruht ihre jeweilige Popularität, und was wäre schließlich die passendste Bezeichnung?

Am meisten wird das blasse Wort „Wende" im Volksmund gebraucht, um den Umbruch von der Massenausreise des Sommers 1989 bis zur Vereinigung im Herbst 1990 zu benennen. [...]

In wissenschaftlichen Werken, die sich mit der Auflösung des kommunistischen Systems beschäftigen, hat vor allem der Begriff „Zusammenbruch" Konjunktur. [...] Die Verwendung des Wortes „Zusammenbruch" lenkt den Blick vor allem auf die Statik des Machterhalts eines Systems sowie auf diejenigen „Prozesse" die quasi unaufhaltsam zu ihrem Kollaps führen. In Umschreibungen der Systemwechsel des 20. Jahrhunderts der Jahre 1918, 1933, 1945 oder 1989 ist immer wieder von solchen Zusammenbrüchen die Rede.

Dagegen stammt der Begriff der Revolution von den Dissidenten der Bürgerbewegung, die ihr Aufbegehren gegen die SED-Herrschaft durch Rückgriff auf einen geschichtsträchtigen Terminus legitimieren wollten. Auch das zeitliche Zusammentreffen mit dem zweihundertjährigen Jubiläum der Französischen Revolution regte die Phantasie in solcher Weise an. Schon während der Ereignisse selbst versuchten die Bürgerrechtler den besonderen Charakter dieses demokratischen Aufbruchs mit Adjektiven wie „friedlich", „samten", oder „protestantisch" zu beschreiben. [...]

Die jeweilige Popularität der Begriffe hängt von den Sinndeutungen der Ereignisse ab, die damit vermittelt werden sollen. [...]

Welcher dieser unterschiedlichen Begriffe beschreibt und interpretiert den ostdeutschen Umbruch von 1989/90 am zutreffendsten? Die Untertreibung „Wende" ist trotz ihrer Popularität als analytisches Konzept ungeeignet und auch der einleuchtende Begriff des Zusammenbruchs lässt die eigentlichen Prozesse und Akteure weitgehend im Dunkeln. Demgegenüber passt das Konzept einer Revolution [...] schon eher auf das Aufbegehren von Regimekritikern, dem sich die Volksmassen anschlossen, da es einen völligen Systemwechsel erzwang, der in die Wiedervereinigung einmündete. Jedoch muss der Revolutionsbegriff genauer spezifiziert werden, denn es handelte sich um einen neuartigen Typus einer „Bürgerrevolution". Engagierte Bürgerrechtler und unzufriedene Normalbürger wirkten zusammen in dem friedlichen, von Medien vorangetriebenen und durch Verhandlungen beschleunigten Sturz der SED-Diktatur. Ein sich zu wenden versuchender Kommunismus brach daher nicht nur zusammen, sondern er wurde von einem revolutionären Aufbegehren gestürzt.

Konrad H. Jarausch, Etiketten mit Eigenleben. Wende, Zusammenbruch, friedliche Bürgerrevolution. In: „Das Parlament", Nr. 35–36/25. August/1. September 2000, S. 1.

Anmerkungen:

1 Konrad Jarausch (geb. 1941) ist Professor für Europäische Zivilisation an der University of North Carolina, Chapel Hill, sowie Direktor des Zentrums für Zeithistorische Forschung in Potsdam und Autor zahlreicher Bücher über die deutsche Geschichte.

Lösungsvorschläge

Die vorliegende Übungsaufgabe 3 entspricht dem Aufgabentyp B 1 (Analyse von Sekundärliteratur und kritische Auseinandersetzung mit ihr mit gegliederter Aufgabenstellung).

1. *In Teilaufgabe 1 soll nach einer kurzen einleitenden Vorstellung des Autors (Zeithistoriker) und des Textes (Sekundärliteratur, Titel, Erscheinungsort und -jahr) sowie einer Benennung des Themas (Begriffsklärung zur Umschreibung der Ereignisse in der DDR 1989/90) eine geordnete Zusammenfassung der Ausführungen des Autors Konrad Jarausch erfolgen. Hierzu können Sie die folgende tabellarische Zusammenstellung nutzen. In dieser werden in der ersten Spalte die drei Begriffe „Wende", „Zusammenbruch" und „Revolution" genannt und in der mittleren Spalte im Hinblick auf ihre Herkunft und den Verwendungszusammenhang erläutert, daneben sind in der rechten Spalte jeweils die Gründe Jarauschs für bzw. gegen die Verwendung der Begriffe zu entnehmen.*

   Vorstellung des Autors und des Textes:
   - Autor: Zeithistoriker
   - wissenschaftlicher Text
   - Thema: Begriffsklärung zur Umschreibung der Ereignisse in der DDR 1989/90

Begriff	Herkunft und Verwendungszusammenhang	Gründe für bzw. gegen die Begriffsverwendung nach Jarausch
„Wende"	im „Volksmund" populärer, aber eher blasser Begriff für die Ereignisse zwischen Sommer 1989 und Herbst 1990	Untertreibung; ungeeignet als Leitbegriff einer wissenschaftlichen Analyse
„Zusammenbruch"	• Verwendung im wissenschaftlichen Kontext • Fokus: Statik des Machterhalts eines politischen Systems • zur Umschreibung von Systemwechseln im 20. Jahrhundert: 1918 – 1933 – 1945 – 1989	lässt eigentliche Prozesse und handelnde Akteure im Dunkeln
„Revolution"	• Herkunft aus Kreisen der Dissidenten der Bürgerbewegung, und zwar nicht ohne Bezug zu den Ereignissen in Frankreich 200 Jahre früher (1789) • verwendet insbesondere zur Legitimation des Handelns der Bürgerbewegung • schon frühzeitig ergänzt durch Adjektive wie „friedlich", „samten", „protestantisch"	entspricht am ehesten dem Aufbegehren von Regimekritikern, dem sich die Massenbewegung mit dem Ergebnis eines völligen Systemwechsels anschließt

Jarausch fordert bei der von ihm insgesamt bevorzugten Verwendung des Begriffs „Revolution" allerdings eine Spezifizierung im Sinne des Begriffs **„Bürgerrevolution"**. Diese steht dem Autor zufolge für das **Zusammenwirken** von **engagierten Bürgerrechtlern** einerseits und **unzufriedenen Normalbürgern** andererseits, und zwar in einem „friedlichen, von Medien vorangetriebenen und durch Verhandlungen beschleunigten Sturz der SED-Diktatur" (Z. 33–35).

2. *Anknüpfend an den Lösungsteil zu Aufgabe 1 kann nun eine Erläuterung der im Zusammenhang mit dem Begriff „Bürgerrevolution" genannten Aspekte erfolgen.*

   Als Hintergründe für die krisenhafte Zuspitzung in der DDR sind beispielsweise zu nennen:
   - **Gerontokratie**: Herrschaft der alten Männer; Bezeichnung für die Überalterung der Führungen in Staat und Partei in den sozialistischen Staaten, vor allem in der UdSSR und der DDR
   - **Abwehrhaltung gegenüber der Perestrojka** (russisch für: Umbau, Umgestaltung); umfassender Begriff für die seit 1985 von dem neuen sowjetischen Parteichef und späteren Staatspräsidenten Michail Gorbatschow eingeleitete Reformpolitik in der UdSSR
   - **Botschaftsflüchtlinge**: im August und September 1989 suchen Tausende DDR-Bürger Zuflucht in den bundesdeutschen Botschaften in Budapest, Prag und Warschau sowie in der Ständigen Vertretung in Ost-Berlin. Unter dem Druck der wachsenden Flüchtlingszahlen und der Medien sowie angesichts des bevorstehenden 40. Jahrestages der DDR entschied die DDR-Führung Ende September, die Flüchtlinge in Zügen, die über die DDR fahren mussten, ausreisen zu lassen.
   - ausweglose **ökonomische Krise**
   - zunehmende Sammlung aufbegehrender Bürger/innen unter dem Schutz der **Kirchen**
   - **40. DDR-Jubiläum** am 7. Oktober 1989 mit Militärparade und Festveranstaltung unter Anwesenheit des sowjetischen Parteichefs Gorbatschow
   - **Massendemonstrationen**: vor allem in Form der „Montagsdemonstrationen", die seit Herbst 1989 ursprünglich in Leipzig, dann aber auch in der gesamten DDR stattfanden
   - **Ablösung Honeckers** am 18. Oktober 1989
   - „unbeabsichtigte" **Maueröffnung**: Am Abend des 9. November verkündete das SED-Politbüromitglied Schabowski in einer Presseerklärung eher beiläufig und völlig überraschend eine neue Regelung für die ständige Ausreise aus der DDR; daraufhin zogen Tausende Ost-Berliner zu den Grenzübergängen und verlangten erfolgreich deren Öffnung.

   Dabei können Jarauschs Ausführungen aufgegriffen und ggf. differenziert werden. Hier einige Beispiele:
   - die **Rolle der (West-)Medien** mit ihrer dauernden Berichterstattung über die Vorgänge und Entwicklungen in der DDR und in anderen Ostblock-Staaten

- der unglaubwürdige Erneuerungsversuch von **Egon Krenz**
- die Einrichtung des **„Zentralen Runden Tisches"** mit der Möglichkeit, die Forderungen der Oppositionsbewegungen nach einer neuen Verfassung, freien Wahlen und Auflösung des bisherigen MfS an die Öffentlichkeit zu bringen;
- die zunehmend auf Einheit zielenden Forderungen, die sich zum Beispiel in bei Demonstrationen gezeigten Plakaten mit der Aufschrift **„Wir sind ein Volk"** zeigten;
- der **10-Punkte-Plan** des Bundeskanzlers Helmut Kohl vom 28. 11. 1989, in der erstmals das Ziel einer Wiedervereinigung sowie mögliche Etappen auf dem Weg hierzu formuliert wurden;
- die **ersten freien Wahlen zur Volkskammer** am 18. März 1990 und die „erkaufte" Wiedervereinigung; etc.

3. *Während Sie durch die Darlegungen zu Frage 2 Ihr Wissen über den historischen Kontext und die historischen Hintergründe unter Beweis gestellt haben, sollen Sie im dritten Lösungsschritt selbst begründet Stellung beziehen. Dabei können Sie der Begriffsunterscheidung Jarauschs grundsätzlich zustimmen, aber auch den Standpunkt des Autors zu modifizieren versuchen. Sie können demnach beispielsweise wie folgt argumentieren (hier thesenartig verkürzt):*

   - Der Autor Konrad Jarausch nimmt eine **plausible Begriffsherleitung** vor.
   - Bei der Frage der angemessenen Begriffswahl ist dem Autor zu folgen, wenn er jeden der vorgeschlagenen Begriffe als zu einseitig ansieht.
   - In der Tat wäre beispielsweise die Annahme eines zum Zusammenbruch des Regimes führenden **Automatismus**, der sich aus der ökonomischen und politischen Zwangslage der DDR ergeben würde, monokausal und **eindimensional**.
   - Konrad Jarausch ist zu folgen, wenn er für eine **Modifikation des Begriffs „Revolution"** plädiert und stattdessen den Begriff der **„Bürgerrevolution"** vorschlägt.
   - Das Erklärungsmodell Jarauschs erscheint differenzierter, da es von einem Zusammenwirken mehrerer Faktoren und damit einem **multikausalen Erklärungsansatz** ausgeht.

Mögliche Aspekte im **zweiten Prüfungsteil (Prüfungsgespräch)**:
Im anschließenden Prüfungsgespräch könnte, anknüpfend an die Zeilen 12 bis 14 der Textvorlage auf weitere „Systemwechsel" im 20. Jahrhundert eingegangen werden, insbesondere auf das Datum 1933 und die Etablierung des Führerstaats. Dabei könnte die Aufgabe für Sie darin bestehen, eine überblicksartige Darstellung der Ursachen der nationalsozialistischen Machtübernahme zu geben, den behaupteten „revolutionären" Charakter des 30. Januar 1933 zu erörtern oder die Struktur der nationalsozialistischen Herrschaft zu umreißen.

Abiturprüfung 2009 Nordrhein-Westfalen – Grundkurs Geschichte Aufgabe 1

A 1: Interpretation sprachlicher oder nichtsprachlicher historischer Quellen mit gegliederter Aufgabenstellung

Aufgabenstellung

Interpretieren Sie die Quelle, indem Sie

1. sie analysieren, 28 Punkte
2. sie in den historischen Kontext der Redesituation einordnen und den „Prinzipienstreit" (Z. 25 f.) erläutern, 28 Punkte
3. Bismarcks Aussage zum weiteren Verlauf des politischen Kampfes an der tatsächlichen Entwicklung bis 1871 überprüfen und seine Redestrategie beurteilen. 24 Punkte

M 1: Rede Otto von Bismarcks[1] in der Zweiten Kammer des Preußischen Landtags[2] am 22. März 1849:

Abgeordnete der Zweiten Kammer hatten beantragt, den König um Amnestie[3] für alle seit der März-Revolution begangenen politischen Verbrechen zu bitten.
Dazu nahm Bismarck Stellung:

[…] ich will Sie aber doch mit einigen Worten behelligen, und zwar gegen die Amnestiefrage. Nicht aus Unversöhnlichkeit gegen politische Gegner stimme ich wider[4] den Antrag, sondern aus Gründen, welche ich näher entwickeln werde. Wir leben in Zeiten, wo ein jeder sehr bald in den Fall kommen kann, eine versöhnliche Beurteilung in Anspruch zu nehmen.

Die Gründe, welche mich bei dieser Frage leiten, sind folgende: Die Begnadigung oder die Amnestie, oder welchen anderen Euphemismus[5] Sie anwenden wollen, ist ein Recht der Krone, dessen Wesen gerade in freier und freiwilliger Ausübung besteht, wenn es überhaupt ein Recht bleiben soll. […]

Der zweite Grund, welcher mich bestimmt, mich gegen die Amnestie auszusprechen, ist der, daß durch die wiederholten Amnestien das Rechtsbewußtsein im Volk auf das tiefste erschüttert wird. In welchem Grade dies selbst bei den gebildetsten Ständen der Fall sei, haben die Reden zweier Abgeordneten vor mir hinreichend bewiesen, indem[6] der eine die Vorgänge nach dem 18 März v. J.[7] so ins Auge faßte, als sei die Obrigkeit von dem, was er Volk nennt, amnestiert worden, während es mir scheint, daß der König die Rebellen amnestiert habe. *(Aufregung auf der Linken. Rebellen?)*

Ja, meine Herren, Rebellen. Es wird dadurch im Volke die Meinung verbreitet, als ob das ganze Staatsrecht auf der Barrikade beruhe, als ob ein jeder, dem ein Gesetz mißfällt, oder der es für ungerecht hält, das Recht habe, dies Gesetz als nicht vorhanden zu betrachten; als ob ein jeder, dem es gelingt, eine hinreichende Anzahl von Individuen, bewaffnet oder unbewaffnet, zu sammeln, hinreichend eine schwache Regierung einzuschüchtern und ihr zu imponieren, oder wenn sie sich nicht einschüchtern läßt, sie durch Barrikaden über den Haufen zu werfen, vollkommen im Rechte wäre.

Mein dritter Grund, weswegen ich gegen die Amnestie bin, ist ein bei den Beratungen in den Abteilungen bereits genannter, nämlich die Menschlichkeit. Der Prinzipienstreit, welcher in diesem Jahre Europa in seinen Grundfesten erschüttert hat, ist ein solcher, der sich nicht vermitteln läßt. Die Prinzipien beruhen auf entgegengesetzten Grundlagen, die sich von Hause aus einander ausschließen. Das eine zieht seine Rechtsquelle angeblich aus dem Volkswillen, in Wahrheit aber aus dem Faustrecht der Barrikaden. Das andere gründet sich auf eine von Gott eingesetzte Obrigkeit, auf eine Obrigkeit von Gottes Gnaden und sucht seine Entwicklung in der organischen Anknüpfung an den verfassungsmäßig bestehenden Rechtszustand.

Dem einen dieser Prinzipe sind Aufrührer jeder Art heldenmütige Vorkämpfer für Wahrheit, Freiheit und Recht, dem andern sind sie Rebellen, die unter Umständen allerdings durch die Amnestie gegen den Arm der weltlichen Gerechtigkeit geschützt werden können. Über diese Prinzipien wird nicht durch die parlamentarische Debatte, nicht durch Majoritäten [...] eine Entscheidung erfolgen können; über kurz oder lang muß der Gott, der die Schlachten lenkt, die eisernen Würfel der Entscheidung darüber werfen. [...]

Der geehrte Redner[8], der soeben gesprochen, hat mich mißverstanden. Ich habe einen Gegensatz angedeutet, in dem das konstitutionelle System entschieden auf meiner Seite liegt, den Gegensatz zwischen Recht und Revolution. Die konstitutionelle Monarchie liegt für unsere Verhältnisse gerade in dem Begriffe des Rechts mitten inne. Es ist ein weit verbreitetes Vorurteil, daß ein konstitutioneller König kein König von Gottes Gnaden sein könne. Ich bin der Meinung, er ist es gerade recht!

Rede Otto von Bismarcks in der Zweiten Kammer des Preußischen Landtags am 22. März 1849. Abgedruckt in: Otto von Bismarck: Werke in Auswahl, Bd. 1. Das Werden des Staatsmannes, Teil 1: 1815–1862, hrsg. von Gustav Adolf Rein. Darmstadt: Wiss. Buchges. 2001, S. 210–212

Anmerkungen:

1 Der spätere preußische Ministerpräsident und deutsche Reichskanzler Otto von Bismarck (1815–1898) war seit dem 5. 2. 1849 gewähltes Mitglied der Zweiten Kammer des Preußischen Landtags.

2 Von der Mitte des 19. Jahrhunderts bis 1918 bezeichnet der Begriff „Preußischer Landtag" das aus Herrenhaus und Zweiter Kammer gebildete Gesamtparlament. Die Zweite Kammer (ab 1855 „Preußisches Abgeordnetenhaus" genannt) wurde bis 1918 nach dem Dreiklassenwahlrecht gewählt. Die Kammer hatte das Recht zur Teilnahme an der Gesetzgebung und das Budgetrecht.

3 Amnestie: Straferlass

4 wider: gegen

5 Euphemismus: beschönigendes Wort

6 im Orig.: „in dem"

7 v. J.: vergangenes Jahr

8 Der liberale Abgeordnete Hermann Adolf Immermann hatte erklärt, „nur ein Prinzip, das konstitutionelle mit zwei gleichberechtigten Gewalten, Volk und Krone," zu kennen.

Zugelassene Hilfsmittel: Wörterbuch zur deutschen Rechtschreibung

Lösungsvorschläge

Inhaltliche Schwerpunkte:
Das „lange" 19. Jahrhundert
- *Nationalstaatsgedanke und Nationalismus in Europa*
- *Einheit und Freiheit in der deutschen Revolution 1848/49*
- *Reichsgründung von oben: Deutschland 1870/71*

1. *In der ersten Teilaufgabe soll die vorliegende historische Quelle nach den üblichen Aspekten analysiert werden. Hierbei sind neben der Benennung des Redners und der Adressaten, der Charakterisierung der Quellenart und der Textsorte, einer ersten Einordnung der Quelle in den historischen Kontext und einer Bestimmung der Intention Inhalt und Gedankengang der Quelle herauszuarbeiten (AFB I, II).*

Bei der vorliegenden Quelle handelt es sich um einen **Auszug aus einer Rede** Otto von Bismarcks, die dieser am 22. März 1849 vor der Zweiten Kammer des Preußischen Landtages gehalten hat. Otto von Bismarck (1815–1898), der spätere preußische Ministerpräsident und deutsche Reichskanzler, war seit dem 5. 2. 1849 gewähltes Mitglied der Zweiten Kammer des Preußischen Landtags. Die Adressaten seiner Rede sind daher zunächst die Abgeordneten der Zweiten Kammer, darüber hinaus aber auch die preußische Regierung sowie die damalige politisch interessierte deutsche Öffentlichkeit.
Der Quellenart nach handelt es sich um eine **Primärquelle**, der Textsorte nach um eine öffentliche politische Rede.
Zeitlich ist die Rede, wie die Datierung zeigt, in die **Endphase der Revolution** einzuordnen, gut ein Jahr nach den Barrikadenkämpfen in Berlin im März des Jahres 1848, aber noch vor der Annahme der Reichsverfassung durch das Frankfurter Parlament und vor der Wahl des preußischen Königs Friedrich Wilhelm IV. zum Deutschen Kaiser.
Der Anlass für die Rede ist eine Debatte in der preußischen Zweiten Kammer über die Frage einer **Amnestie für die seit der März-Revolution verübten politischen Straftaten**, die Bismarck ablehnt. Dem Redner geht es neben der Bestrafung der revolutionären Aktivisten v. a. um die Verteidigung des monarchischen Prinzips.

Zu Beginn des Redeauszuges bekundet Bismarck seine **Ablehnung** einer Amnestie für alle seit der März-Revolution des Vorjahres begangenen politischen Verbrechen. Hierfür führt er im Wesentlichen drei Gründe an.
Erstens sei eine Begnadigung oder Amnestie – beides bezeichnet der Redner beiläufig als Euphemismus (Z. 7), d. h. als beschönigende Kennzeichnung – ihrem Wesen nach allein das „**Recht der Krone**" (Z. 8), das gerade auf dem Grundsatz der Freiwilligkeit beruhe.
Als zweiten Ablehnungsgrund führt Bismarck an, wiederholte Amnestien könnten „das **Rechtsbewusstsein im Volk**" (Z. 11) mindern und zu der Fehlannahme führen, dass das Staatsrecht „auf der Barrikade" (Z. 18) beruhe und die von Einzelnen oder von Gruppen gegen Regierungen ausgeübte Gewalt legitim sei.

In der Amnestiefrage sieht der Redner schließlich eine **Prinzipienfrage** europäischen Formats, wobei ein Prinzip sich auf den Volkswillen berufe, de facto aber „Faustrecht“ sei, das andere Prinzip sich auf dem Gottesgnadentum gründe und damit „organisch“ an verfassungsmäßiges Recht anknüpfe (Z. 25–32).
Im weiteren Verlauf seiner Rede gibt Bismarck die Prognose ab, dass nicht parlamentarische Debatten und Majoritäten über diesen Prinzipienstreit entscheiden würden, sondern – in Berufung auf göttliche Instanz – der Ausgang von Schlachten (Z. 36–39).
Abschließend wendet sich Bismarck an einen seiner Vorredner, den liberalen Abgeordneten Hermann Adolf Immermann, der erklärt hatte, „nur ein Prinzip, das konstitutionelle mit zwei gleichberechtigten Gewalten, Volk und Krone“, zu kennen (vgl. Anm. 8). Ihm hält Bismarck seine eigene Auffassung entgegen, der zufolge der konstitutionelle Monarch „gerade recht“ Monarch von Gottes Gnaden sei (Z. 45).

2. *Diese Teilaufgabe verlangt zunächst eine Kontextualisierung der Rede Bismarcks. Erwartet wird, dass erläuternd auf wichtige Stationen des Revolutionsjahres zwischen März 1848 und März 1849 eingegangen wird. Da die Rede vor der Preußischen Zweiten Kammer stattfindet, sollte dabei auch die Entwicklung in Preußen zur Sprache kommen. Des Weiteren soll der von Bismarck angesprochene Prinzipienstreit erläutert werden. Hier ist auf die beiden konträren politischen Grundrichtungen des Konservativismus und des Liberalismus einzugehen (AFB II).*

Nach der **Pariser Februar-Revolution 1848** war es auch in verschiedenen Teilen Deutschlands zu revolutionären Ausbrüchen gekommen, so in Baden und der Pfalz, dann auch in Österreich und Preußen. Hierbei wurde in den sogenannten **Märzforderungen** der Ruf nach Pressefreiheit, allgemeinem Wahlrecht, der Einrichtung von Schwurgerichten und nach Volksbewaffnung laut. Gefordert wurden zudem konstitutionelle Verfassungen. Politisch am weitesten gingen die Forderungen nach **staatlicher Einheit auf nationaler Ebene**.
Mitte März führten die Proteste gegen das überkommene Regime sowie sich daraus entwickelnde gewalttätige Auseinandersetzungen in **Wien** zum Rücktritt und zur Flucht des Staatskanzlers Metternich. Zur gleichen Zeit formierte sich auch in **Preußen** eine Protestbewegung. Trotz der unter dem Druck der Ereignisse eingegangenen Zugeständnisse des preußischen Königs, der die Aufhebung der Pressezensur, die Einberufung des Vereinigten Landtages sowie die Einrichtung einer konstitutionellen Verfassung ankündigte, kam es am 18. März 1848 in **Berlin** zu Straßenkämpfen mit zahlreichen Toten und Verwundeten. Am Tag darauf wurde der König gezwungen, den mehr als 230 bei den Kämpfen Gefallenen seine Ehre zu erweisen.
Wenige Tage später zeigte sich der König, ausgestattet mit einer schwarz-rot-goldenen Armbinde, in Berlin. In einer Rede an die deutsche Nation bekannte sich **Friedrich Wilhelm IV**. nun öffentlich zur deutschen Einheit und zu einer konsti-

tutionellen Verfassung. Allerdings erkannte er das von den Liberalen vertretene Prinzip der Volkssouveränität nicht an.
Ein Ende März 1848 in Frankfurt am Main zusammengetretenes **Vorparlament** beschloss die Bildung einer vom deutschen Volk zu wählenden **Nationalversammlung**, welche über **Staatsform und Verfassung** eines künftigen deutschen Nationalstaates beraten und beschließen sollte. Die erste frei gewählte deutsche Volksvertretung trat als Nationalversammlung am 18. Mai 1848 in der **Frankfurter Paulskirche** zusammen. Vier Tage nach der deutschen Nationalversammlung trat am 22. Mai 1848 in Berlin auch die preußische verfassungsgebende Versammlung zusammen, die mit dem König eine Vereinbarung über eine preußische Verfassung erarbeiten sollte.
Bereits seit dem Sommer 1848 aber gewannen die **gegenrevolutionären Kräfte** auch in Preußen wieder an Boden. Anfang November wurde in Berlin ein konservatives Ministerium eingesetzt. Der Ausnahmezustand wurde verhängt und Anfang Dezember die mit der Ausarbeitung einer Verfassung beauftragte preußische Nationalversammlung vertagt und nach Brandenburg verlegt. Der preußische König Friedrich Wilhelm IV. erließ nunmehr selbst eine Verfassung (die sog. **Oktroyierte Verfassung**). Preußen war damit zwar eine konstitutionelle Monarchie, allerdings beruhte die Verfassung nicht auf einem Entschluss der Volksversammlung, sondern basierte allein auf der Machtvollkommenheit des Königs selbst. Das monarchische Prinzip blieb bestehen.
Genau diesen Vorgang hebt Bismarck auch am Schluss seiner Rede hervor und rechtfertigt so die Vereinbarkeit von Konstitution und Gottesgnadentum.

Otto von Bismarck spricht in seiner Rede von **zwei sich entgegenstehenden politischen Prinzipien** mit einander entgegengesetzten und einander ausschließenden Grundlagen (Z. 27–32). Während das eine Prinzip seine „Rechtsquelle angeblich aus dem Volkswillen“ beziehe (Z. 29), gründe sich das andere auf die Einsetzung „durch Gottes Gnaden“ (Z. 31).
Bei diesen beiden politischen Grundrichtungen, die es im Folgenden zu erläutern gilt, handelt es sich zum einen um den politischen **Liberalismus**, zum andern um den **Konservativismus**. Der politische Liberalismus besitzt seine Wurzeln teils im Denken der Aufklärung, teils in den politischen Ideen der Französischen Revolution. Grundlegend sind die Idee naturrechtlich gegebener Menschenrechte und die Forderung nach einem Grundrechtekatalog für den Einzelnen. Dazu gehören Meinungsfreiheit und Freiheit der Lehre, Glaubens- und Gewissensfreiheit. Zentrale Forderung ist die Errichtung eines Verfassungsstaates zur Abwehr politischer Allmacht des Staates und zum Schutz der Bürger. Ferner sollen eine Teilung und gegenseitige Kontrolle der staatlichen Gewalten, der Legislative, der Exekutive und der Judikative, gewährleistet werden. Der einzelne Bürger soll durch gewählte Vertreter am politischen Leben des Staates mitwirken können. Auf wirtschaftlichem Gebiet soll ihm eine freie, ungehinderte Entfaltung möglich sein. Die Verwirklichung eines liberalen Staatswesens soll auf der Grundlage eines Nationalstaates erfolgen.

Das andere der beiden einander entgegenstehenden politischen Prinzipien ist das Gottesgnadentum, das auf dem politischen Konservativismus basiert. Dieser entstand als Gegenbewegung zu den Ideen der Aufklärung und setzte auf die Festigung und den Vorrang des Glaubens und eine damit verbundene göttliche oder weltliche Ordnung, die – im Gegensatz zur Forderung nach Gleichheit – das hierarchische Element betont. Nach der Vorstellung des politischen Konservativismus ist der Staat Teil einer umfassenden göttlichen Ordnung. Damit grenzt sich der Konservativismus von liberalen Staats- und Vertragstheorien ab und lehnt das Prinzip der Volkssouveränität ab. Zugleich setzt er auf die Bewahrung monarchischer Privilegien, die Rechtmäßigkeit ererbter Herrschaftsansprüche und eine Ableitung der Herrschaft des Monarchen aus einem göttlichen Herrschaftsauftrag.

3. *In dieser Teilaufgabe soll die Aussage Bismarcks zum weiteren Verlauf des politischen Kampfes vor dem Hintergrund der tatsächlichen Entwicklungen anhand geeigneter historischer Fakten und Entwicklungen der deutschen Geschichte bis 1871 überprüft werden (AFB III).*
Wenn abschließend Bismarcks Redestrategie zur Diskussion steht, schließt dies eine Beurteilung mit ein, die sich etwa auf die verwendeten rhetorischen Mittel oder die in der Rede vorkommenden Formen der Abwertung bzw. Aufwertung beziehen kann. Zu fragen wäre außerdem, inwieweit sich in der Rede der politische Kurs des Redners hinreichend deutlich festmachen lässt (AFB III).

Über den Ausgang des Streits zwischen diesen beiden Prinzipien, dem der **Volkssouveränität** und dem des **Gottesgnadentums** fürstlicher Herrschaft, werde Bismarck zufolge nicht aufgrund parlamentarischer Debatten oder aufgrund von Parlamentsmehrheiten entschieden, über „kurz oder lang“ müsse vielmehr „der Gott, der die Schlachten lenkt, die eisernen Würfel der Entscheidung darüber werfen“ (Z. 37 ff.).
Damit meint Bismarck nicht allein, dass die politischen Richtungs- und Grundentscheidungen schließlich aufgrund der machtpolitischen Kräfteverhältnisse fallen werden. In der Aussage klingt an, dass dabei letztlich auch die **militärische Stärke** ins Gewicht fällt.
Tatsächlich siegte die Reaktion auch durch die **gewaltsame Niederwerfung der revolutionären Bewegungen**. Nachdem der preußische König Anfang April 1849 die ihm vom Frankfurter Parlament angetragene **Kaiserkrone abgelehnt** hatte und das **Verfassungswerk** der Nationalversammlung damit **gescheitert** war, verlegte das nach etlichen Mandatsniederlegungen verbliebene Rumpfparlament seinen Sitz nach Stuttgart, wo schließlich **württembergisches Militär** die Reste des Parlaments am 18. Juni 1849 auflöste. Letzte Aufständische, die unter der Führung von Hecker und Struve für die Errichtung einer deutschen Republik kämpften, wurden durch preußische Truppen im Juli 1849 besiegt.
Die von den Liberalen angestrebte nationale Einigung Deutschlands erfolgte dann später durch eine **Reichsgründung „von oben“**, vorbereitet durch die Einigungskriege 1864, 1866 und 1870/71. Die realpolitische Ausrichtung seiner Politik wird durchweg als Bismarcks Stärke herausgestellt. Auf der anderen Seite zeigten die

realpolitischen Verhältnisse Bismarck auch die Grenzen seiner Politik auf. In der Gestaltung der Reichseinheit konnte sich auch Bismarck nicht über die partikularen Interessen und Kräfte hinwegsetzen. In der Reichsverfassung von 1871 überwogen zwar die monarchischen Elemente, jedoch waren darin auch liberale Elemente enthalten. So galt bei den Reichstagswahlen das allgemeine, gleiche und geheime Wahlrecht, das allerdings auf Männer über 25 Jahre begrenzt blieb. Ferner kam dem Reichstag das Budgetrecht sowie eine Gesetzgebungskompetenz zu. Der Kaiser ernannte als Spitze der Exekutive den Reichskanzler, vertrat das Reich nach außen und war oberster Kriegsherr des Reiches, er leitete seine Stellung aber nicht von Gottes Gnaden ab, sondern war konstitutionell eingebunden.

Bei der Beurteilung der **Redestrategie** fällt auf, dass Bismarck seine Ausführungen deutlich **strukturiert**, insbesondere wenn er die Gründe für seine ablehnende Haltung in der Amnestiefrage darlegt. Dabei lässt es der Redner an Klarheit der inhaltlichen Aussage nicht fehlen. Bismarck argumentiert zugleich stark **polarisierend**, indem er deutlich zwei konträre Prinzipien unversöhnlich einander gegenüber stellt. Einerseits bedient sich der Redner dabei an verschiedenen Stellen der **Abwertung der politischen Gegner**, wenn er von diesen als „**Rebellen**“ spricht (Z. 16 f.) oder ihnen nachsagt, sie nutzten das „Faustrecht der Barrikaden“ (Z. 29 f.). Solche Aussagen sind dazu angetan, den politischen Gegner, insbesondere die liberale Bewegung, zu diskreditieren und ins Unrecht zu setzen. Demgegenüber benutzt Bismarck Formen der **Aufwertung** („von Gott eingesetzte Obrigkeit“, „Obrigkeit von Gottes Gnaden“; Z. 30 f.), um den von ihm selbst vertretenen politischen Konservativismus in einem günstigen Licht erscheinen zu lassen.

B 1: Analyse von Sekundärliteratur und kritische Auseinandersetzung mit ihr mit gegliederter Aufgabenstellung

Aufgabenstellung

1. Analysieren Sie den vorliegenden Textauszug. — 28 Punkte
2. Erläutern Sie die von den Autoren genannten inneren Faktoren, die das Ende der DDR herbeiführten, und erklären Sie knapp den im Text angedeuteten Wandel der sowjetischen Politik in den Jahren 1989/90. — 28 Punkte
3. Setzen Sie sich mit Eppelmanns und Grünbaums Beurteilung der Volksbewegung 1989/90 auseinander, und diskutieren Sie den Vergleich mit dem Jahr 1848. — 24 Punkte

M 1: Rainer Eppelmann[1], Robert Grünbaum[2]: Sind wir die Fans von Egon Krenz[3]? Die Revolution von 1989/90 war keine „Wende"

Es kann dem letzten – nicht einmal drei Monate amtierenden – SED-Generalsekretär Egon Krenz das zweifelhafte Verdienst zugeschrieben werden, den „Wende"-Begriff 1989 in den Sprachgebrauch eingeführt zu haben. […]

Nachdem Krenz in seiner programmatischen Erklärung[4] das Wort „Wende" benutzt hatte, wurde es rasch zum Schlagwort der SED. Gemeint waren jedoch nur geringfügige Korrekturen ihrer Politik und keine grundsätzliche Erneuerung des politischen Systems, wie sie von der Bevölkerung gefordert wurde. […]

Das dramatische Geschehen im Herbst 1989 und die nachfolgende Entwicklung bis hin zur deutschen Einheit haben nichts mit einer „Wende", also einem begrenzten politischen Kurswechsel zu tun. […]

Doch zweifellos lassen sich in dem Geschehen von 1989/90 wesentliche revolutionstypische Elemente erkennen: grundlegende Systemkrise, Reformunfähigkeit der Regierenden, Massenproteste, das Streben nach Freiheit, revolutionäre Dynamik, eine breite Volksbewegung, Wechsel des bisherigen politischen Systems und seiner Institutionen.

Kritiker sagen nun, dass das Ende der SED-Herrschaft nicht durch eine Revolution herbeigeführt wurde, sondern diese durch die Reformpolitik und den wirtschaftlichen Kollaps der DDR einfach zusammengebrochen sei. Eine solche Betrachtungsweise wird jedoch der Rolle des protestierenden Volkes und der Dramatik des Geschehens nicht gerecht. Natürlich war der Aufstand der mutigen Männer und Frauen, die Massendemonstrationen, die der Führungsclique um Honecker, Stoph und Mielke quasi den Todesstoß versetzte[n], ein Glied einer langen Ursachenkette, die sich durch Stichworte wie Gorbatschow, Massenausreise oder Staatsbankrott hier nur grob andeuten lässt. Doch einer Umwälzung kann nicht allein deshalb das Prädikat revolutionär abgesprochen werden, weil das alte Regime durch Systemversagen oder andere Gründe an den Rand des Zusammenbruchs geraten ist. Jeder Revolution geht schließlich eine tiefgehende Machtkrise der bestehenden Ordnung voraus.

Insofern stellen Zusammenbruch und Revolution keinen Widerspruch dar, sie bedingen sich vielmehr. [...]

Befremdlich wirkt jedoch der Einwand mancher Kommentatoren, die den fast vollständigen Mangel an Blut und Gewalt 1989/90 geradezu beklagen und als Argument gegen den Revolutionsbegriff verwenden. Im Herbst 1989 sahen sich die kommunistischen Machthaber zum zweiten Mal nach 1953 ernsthaft in ihrer Allmacht von dem Volk, in dessen Interesse sie zu herrschen vorgaben, herausgefordert. Diesmal standen ihnen jedoch keine sowjetischen Panzer zur Seite, die die Massenproteste blutig niedergewalzt hätten. Die Staatsmacht musste schließlich weichen; das Volk erlangte einen vollständigen Sieg. Blutvergießen konnte glücklicherweise durch das Zusammenspiel verschiedener Faktoren vermieden werden. Entscheidend trug hier neben der Weigerung der sowjetischen Truppen und der Schwäche des Regimes vor allem die gewaltlose Strategie der Vernunft der Oppositionsgruppen bei. Diese Strategie basierte auf der protestantisch geprägten Überzeugung ihrer Protagonisten, dass Gewaltlosigkeit unter allen Umständen Vorrang haben müsse. Den Revolutionären ging es nicht um Lynchjustiz, sondern um weitgehende Offenlegung des Unrechts ihrer Unterdrücker und – soweit möglich – um deren rechtsstaatliche Bestrafung.

Damit wurde mit der unglückseligen revolutionären Tradition gebrochen, wonach eine neue politische Ordnung nur gewaltsam durchgesetzt werden kann. Es sollte also ein besonderer Grund zur Freude sein, dass es den Menschen ohne Blutvergießen gelungen ist, die bedrückend gewordenen Verhältnisse grundlegend zu ändern. An die Revolutionäre können doch nicht nur deshalb schlechte Noten vergeben werden, weil sie keine Barrikaden errichtet und die Vertreter des Regimes nicht an den Laternenpfählen aufgeknüpft hatten, kurz: sich nicht nach dem französischen Vorbild richteten!

Die Unsicherheit, die ostdeutschen Umwälzungen als Revolution zu bezeichnen[,] offenbart aber auch die generelle Zurückhaltung und Skepsis gegenüber der Anerkennung einer deutschen Revolution, so wie es sich für 1848 und 1918 beobachten lässt. Bis heute wird die durchaus ernst gemeinte Frage gestellt, ob 1848 und 1918 „echte" Revolutionen waren. Oft werden sie als erfolglos oder fehlerhaft charakterisiert. So wollten beispielsweise die Revolutionäre von 1848 ein liberales und einiges Deutschland schaffen; dauerhaft verwirklichen konnten sie jedoch keines dieser Ziele. Dies war 1989 anders. Auch die ostdeutschen Massenproteste schrieben sich die Forderung nach Freiheit, Volkssouveränität und Öffentlichkeit auf ihre Fahnen, ebenso wie die Bildung eines einheitlichen deutschen Nationalstaates.

Was 1848 noch scheiterte (und 1953 blutig niedergeschlagen wurde), fand 1989 ein glückliches, erfolgreiches Ende.

Rainer Eppelmann, Robert Grünbaum: Sind wir die Fans von Egon Krenz? Die Revolution von 1989/90 war keine „Wende". In: Deutschland Archiv. Zeitschrift für das vereinigte Deutschland, 37. Jg. (2004), Heft 5, S. 865–867

Anmerkungen:

1 Rainer Eppelmann (*1943), geboren in Berlin. Eppelmann, evangelischer Pfarrer, engagierte sich in der DDR-Opposition. Er war Gründungsmitglied und später Vorsitzender des Demokratischen Aufbruchs (DA). 1990 war Eppelmann auch Mitglied des zentralen Runden Tisches, vom März bis Oktober 1990 Mitglied der Volkskammer der DDR, Minister ohne Geschäftsbereich und Minister für Abrüstung und Verteidigung in den Kabinetten von Hans Modrow und Lothar de Maizière, Mitglied der CDU (seit 1990), Mitglied des Deutschen Bundestages (1990–2005).

2 Robert Grünbaum (*1967), geboren in Leipzig. Grünbaum studierte Politikwissenschaft, Zeitgeschichte und Germanistik an der Universität Mannheim. Seit 2001 stellvertretender Geschäftsführer der Bundesstiftung zur Aufarbeitung der SED-Diktatur. Veröffentlichungen: vor allem Beiträge zur Geschichte und Politik der DDR.

3 Egon Krenz (*1937), geboren in Kolberg/Pommern, 1955: Aufnahme in die Sozialistische Einheitspartei Deutschlands (SED), 18. 10. 1989: Nachfolger Honeckers im Amt des Generalsekretärs des Zentralkomitees der SED, 24. 10. 1989: Vorsitzender des Staatsrates der DDR, 03. 12. 1989: Rücktritt des gesamten Politbüros (einschl. Krenz), 06. 12. 1989: Rücktritt vom Vorsitz des Staatsrates.

4 Gemeint ist Krenz' Antrittsrede am 18. 10. 1989.

Zugelassene Hilfsmittel: Wörterbuch zur deutschen Rechtschreibung

---

Lösungsvorschläge

Inhaltliche Schwerpunkte:
Das „lange" 19. Jahrhundert

- *Nationalstaatsgedanke und Nationalismus in Europa: „Einheit und Freiheit" in der deutschen Revolution 1848/89*

Das „kurze" 20. Jahrhundert

- *Deutschland und Europa nach dem Zweiten Weltkrieg: Entstehung und gesellschaftspolitische Entwicklung der DDR*
- *Epochenjahr 1989: Der Untergang der Sowjetunion und die Revolutionen in Osteuropa; Die Vereinigung der beiden deutschen Staaten 1989/90*

1. *In der ersten Teilaufgabe soll der vorliegende Auszug aus einem Text der Sekundärliteratur analysiert werden. Dies erfordert ein Eingehen auf folgende Aspekte: Bestimmung der Autoren und Adressaten, Nennung des Erscheinungsortes und -zeitpunktes des Textes, Bestimmung der Textart, des Themas und der Grundaussage des Textes sowie in ausführlicher Form die strukturierte Wiedergabe der zentralen Aussagen und des Argumentationsganges (AFB I, II).*

   Bei dem zu untersuchenden Text handelt es sich um einen **Auszug aus einem Aufsatz**, der im Jahre 2004 unter dem Titel „Sind wir die Fans von Egon Krenz? Die Revolution von 1989/90 war keine ‚Wende'" in der Zeitschrift „Deutschland-Archiv. Zeitschrift für das vereinigte Deutschland" veröffentlicht worden ist. Für diesen Text zeichnen zwei Autoren verantwortlich: zum einen Rainer Eppelmann, geboren 1943, evangelischer Pfarrer und ehemaliger Oppositioneller in der DDR; Eppelmann war 1989 Gründungsmitglied und später Vorsitzender des Demokrati-

schen Aufbruchs (DA), 1990 war er Mitglied des zentralen Runden Tisches und vom März bis Oktober 1990 Mitglied der ersten frei gewählten Volkskammer der DDR; in den Kabinetten von Hans Modrow (SED) und Lothar de Maizière (CDU) war Eppelmann zunächst Minister ohne Geschäftsbereich und dann Minister für Abrüstung und Verteidigung und als solcher verantwortlich für die Auflösung der Nationalen Volksarmee der DDR; bei dem zweiten Autor handelt es sich um den Politikwissenschaftler Robert Grünbaum, seit 2001 stellvertretender Geschäftsführer der Bundesstiftung zur Aufarbeitung der SED-Diktatur. Beide Autoren kennen also aus **eigenem Erleben** und teilweise aktivem Mit-Handeln die Situation und die Verhältnisse der DDR bis zu ihrem Ende 1990.
Der vorliegende Beitrag richtet sich an die Leser der Zeitschrift „Deutschland Archiv", insbesondere an Historiker und Politikwissenschaftler sowie an eine historisch und politisch interessierte Öffentlichkeit.
Der zu untersuchende Text stammt aus einem **politischen Essay**, in dem die Wesensmerkmale der Revolution von 1989/90 und ihr Stellenwert in der deutschen Geschichte thematisiert werden. Dabei geht es den Verfassern darum, den Nachweis zu führen, dass den Ereignissen von 1989 ein **revolutionärer Charakter** zukommt, und die Rolle der Oppositionskräfte im Revolutionsgeschehen zu würdigen.

Im Mittelpunkt des Textes steht die **Aussage**, dass die Vorgänge in der DDR im Jahre **1989/90 nicht als Wende, sondern als Revolution zu bewerten** seien. Dies wird bereits zu Beginn deutlich, wo die Autoren daran erinnern, dass der Begriff „Wende" von Egon Krenz, der seit dem 18. Oktober 1989 der Nachfolger Honeckers im Amt des Generalsekretärs des ZK der SED und seit dem 24. Oktober Staatsratsvorsitzender der DDR war, in seiner Antrittsrede am 18. Oktober benutzt und von der SED seinerzeit als politischer Begriff besetzt wurde. Mit diesem Begriff, so die Autoren, sei seitens der SED allerdings eben „keine grundsätzliche Erneuerung des politischen Systems" (Z. 6 f.), sondern lediglich ein „begrenzter politischer Kurswechsel" (Z. 9 f.) gemeint gewesen. Daher lehnen Eppelmann und Grünbaum die Verwendung des Begriffs Wende für die Ereignisse des Jahres 1989/90 ab.
Dagegen sehen die Autoren in den Geschehnissen des Jahres 1989/90 wesentliche **Elemente einer Revolution** verwirklicht und verweisen dabei insbesondere auf die „grundlegende Systemkrise, Reformunfähigkeit der Regierenden, Massenproteste, das Streben nach Freiheit, revolutionäre Dynamik, eine breite Volksbewegung, Wechsel des bisherigen politischen Systems und seiner Institutionen" (Z. 12–15).
Vor diesem Hintergrund treten Eppelmann und Grünbaum in einem nächsten Gedankenschritt der Auffassung entgegen, dass das Ende der DDR nicht durch eine Revolution, sondern durch die **innere Schwäche**, **mangelnde Reformpolitik** sowie den **wirtschaftlichen Kollaps** herbeigeführt worden sei (Z. 16 ff.). Auch wenn die Autoren einräumen, dass der Aufstand und die Massenproteste nur ein Glied in einer langen Ursachenkette gewesen seien und durch weitere Gründe ergänzt werden müsse – die Autoren deuten dies durch Hinweis auf die Rolle Gor-

batschows, die im Sommer 1989 erfolgende Massenausreise von DDR-Bürgern und den nicht mehr abzuwendenden Staatsbankrott der DDR lediglich an – so sehen Eppelmann und Grünbaum in den Phänomenen „Zusammenbruch und Revolution keinen Widerspruch" (Z. 28 f.). Beide Vorgänge stehen für die Autoren vielmehr in einem sich gegenseitig bedingenden Verhältnis.
Im folgenden Abschnitt des Textauszuges (Z. 30–44) setzen sich die beiden Autoren mit einem weiteren Einwand auseinander, der gegen eine Verwendung des Revolutionsbegriffs im Zusammenhang mit den Ereignissen 1989/90 vorgetragen wird. Demnach schließe der „fast vollständige(n) Mangel an Blut und Gewalt" (Z. 30 f.) den Revolutionsbegriff aus. Aus der Sicht der Autoren kann aber der Umstand, dass 1989/90 – anders als im Jahre 1953 – aus verschiedenen Gründen glücklicherweise **keine Gewaltanwendung** erfolgte, nicht den Akteuren der Oppositionsbewegung von 1989 zur Last gelegt werden. Als ursächlich sehen Eppelmann und Grünbaum hier nicht nur die Weigerung der Sowjetunion, militärisch einzugreifen, und die Schwäche des DDR-Regimes an, sondern vor allem die von den Oppositionsgruppen verfolgte „gewaltlose Strategie der Vernunft" (Z. 40). Die Autoren sehen hierin zugleich einen Bruch mit der „unglückseligen revolutionären Tradition" (Z. 45), wonach – wie im französischen Beispiel von 1789 – eine neue politische Ordnung nur mit gewaltsamen Mitteln erreicht werden könne. Den Revolutionären des Jahres 1989, denen es nicht um Lynchjustiz, sondern um die Offenlegung des Unrechtssystems gegangen sei (Z. 42 ff.), halten die Autoren zugute, dass sie eben keine Barrikaden errichtet und die Vertreter des alten Regimes nicht gewaltsam vertrieben oder gar umgebracht haben (Z. 50 f.).
Abschließend konstatieren die Autoren eine in Deutschland vorhandene „generelle Zurückhaltung und Skepsis" (Z. 55 f.) gegenüber der Verwendung des Revolutionsbegriffs, die sie auch für die Ereignisse der Jahre 1848 und 1918 zu erkennen glauben. Beide Revolutionen würden oft als „erfolglos oder fehlerhaft charakterisiert" (Z. 56 f.). Eppelmann und Grünbaum sehen dagegen die bereits 1848 verfolgten, aber nicht erreichten Ziele eines „liberalen und einigen Deutschland" (Z. 57 f.) durch die Volksbewegung von 1989 als endlich erreicht an (Z. 65).

2. *Die Teilaufgabe 2 gliedert sich in zwei Lösungsschritte, die durch die Verwendung der beiden dem AFB II zuzuordnenden Operatoren „erläutern" und „erklären" markiert sind. Die Aufgabenstellung fordert insgesamt die geordnete und an den genannten Vorgaben orientierte Darlegung historischer Kenntnisse. Bei der Erläuterung der „inneren Faktoren" kann es nicht um eine Vollständigkeit der Aspekte gehen. Vielmehr kann sich eine mit der vollen Punktzahl zu bewertende Lösung durchaus auf drei wesentliche Aspekte konzentrieren. Gleichwohl werden im Folgenden aus Übungsgründen mehr Aspekte ausgeführt. Der zweite Lösungsschritt der Teilaufgabe 2 soll sich ausdrücklich auf eine knappe Beantwortung konzentrieren.*

Im Verlauf ihrer Ausführungen weisen Eppelmann und Grünbaum auf verschiedene innere Faktoren hin, die das Ende der DDR herbeiführten.

Unter der von den Autoren erwähnten **grundlegenden Systemkrise der DDR** (Z. 12) versteht man die politischen, wirtschaftlichen und sozialen Probleme, mit der sich die DDR spätestens seit den 1980er-Jahren konfrontiert sah. Die SED als alleinige Inhaberin politischer Macht und Entscheidungsbefugnisse ließ Grundrechte nur in einem von ihr selbst festgelegten Umfang zu. Andere politische Parteien oder Organisationen mussten sich der Führungsrolle der SED unterordnen oder wurden nicht zugelassen. Meinungsvielfalt, abweichende Meinungen oder gar Opposition waren nicht erlaubt. Allerdings kam diese von der SED vertretene Staatsdoktrin zunehmend unter Druck, als verbündete sozialistische Staaten und vor allem die Sowjetunion selbst unter Führung von Michail Gorbatschow durch vorsichtige Reformen das in die Krise geratene sozialistische Gesellschaftssystem zu stabilisieren und zu modernisieren versuchten. In der DDR selbst formierten sich vor allem im Schutz der evangelischen Kirche zunehmend Oppositions- und Bürgerrechtsgruppen, die zunehmend an Kraft und Mut gewannen. Die Diskrepanz zwischen pseudodemokratischer Fassade und machtpolitischer Realität wurde von vielen DDR-Bürgern immer stärker als solche wahrgenommen. Ein weiteres Mal geriet die DDR-Führung in eine Glaubwürdigkeitskrise, als die offenkundig gefälschten Ergebnisse der Kommunalwahlen vom 7. Mai 1989 bekannt wurden. Bürgerrechtler in der DDR protestierten daraufhin öffentlich gegen diesen neuerlichen Beweis scheindemokratischer Zustände in ihrem Staat.
Auf wirtschaftlichem Gebiet steuerte die DDR Ende der 1980er-Jahre in den **Staatsbankrott**, eine Tatsache, die den Machthabern der SED keineswegs verborgen blieb, wie der sog. Schürer-Bericht aus dem Jahre 1989 zeigte. Die Ineffizienz der sozialistischen Planwirtschaft führte immer wieder zu Versorgungsengpässen. Eine marode Infrastruktur, verfallende Innenstädte sowie ein eklatantes Ausmaß an Umweltzerstörung machten die desolate Situation der DDR für jedermann erkennbar.
Als weiteren Grund für das Ende der DDR sehen die Autoren die **Reformunfähigkeit der Regierenden**. Das Festhalten am alten Kurs wurde noch einmal deutlich, als der SED-Chef Erich Honecker bei seiner Festansprache zum DDR-Staatsjubiläum am 7. Oktober, das mit großem Aufwand und in Anwesenheit internationaler Gäste in Ost-Berlin gefeiert wurde, den Sieg des Sozialismus verkündete und die Zukunft der DDR beschwor, während vor dem Palast der Republik Tausende von DDR-Bürgern ihrem Protest Ausdruck gaben. Als nach dem erzwungenen Rücktritt Honeckers am 18. Oktober 1989 Egon Krenz die Führung der SED und kurz darauf auch den Vorsitz des Staatsrates und des Nationalen Verteidigungsrates der DDR übernahm, sprach er zwar von einer zu vollziehenden politischen „Wende“, jedoch zeigte sich die neue Führung allenfalls zu geringfügigen Reformen bereit, ohne dabei den Anspruch der Suprematie der SED aufzugeben.

Schließlich erwähnen Eppelmann und Grünbaum als einen weiteren inneren Grund für den Zusammenbruch der DDR die Zunahme der **öffentlichen Demonstrationen** – ausgehend von Kirchengemeinden und Bürgerrechtsbewegungen. Nachdem während der Jubiläumsfeierlichkeiten zum 40. Jahrestag der DDR-Gründung am 6. und 7. Oktober in Berlin und in anderen Städten der DDR Zehntausende für eine demokratische DDR demonstriert hatten, nahmen am 9. Oktober allein in Leipzig über 70 000 Menschen an der Montagsdemonstration teil. In der folgenden Woche waren es bereits 100 000 Teilnehmer unter dem Motto „Wir sind das Volk" und „Keine Gewalt". Angesichts dieser großen Menschenmengen scheute die DDR-Regierung vor einer „chinesischen Lösung" zurück. In Peking hatte Anfang Juni das gewaltsame Vorgehen der chinesischen Sicherheitskräfte und des Militärs gegen Studentenproteste nach westlichen Schätzungen zwischen 700 und 3 000 Opfer auf Seiten der Demonstranten gefordert. Zur größten Kundgebung überhaupt kam es am 4. November 1989 auf dem Ost-Berliner Alexanderplatz. Hier demonstrierten schätzungsweise 500 000 Menschen aus dem gesamten Land für eine demokratische, wenngleich immer noch sozialistische DDR. Die Parole „Wir sind das Volk" wandelte sich bald nach dem Fall der Mauer zu dem Satz „Wir sind ein Volk". Damit wurde eine staatliche Einheit aller Deutschen zum Ziel der Massenbewegung.

Zu den entscheidenden Voraussetzungen, die den Umbruch in der DDR und die anschließende Vereinigung der beiden deutschen Staaten erst möglich gemacht haben, zählt der **Wandel der sowjetischen Politik in den Jahren 1989/90**. Der seit 1985 als Generalsekretär der KPdSU amtierende Michail Gorbatschow hatte mit seinen Forderungen nach Glasnost und Perestroika, Transparenz und Umgestaltung, eine neue Ära in der Sowjetunion eingeleitet. Eigeninitiative und Eigenverantwortung sollten gefördert und marktwirtschaftliche Elemente, insbesondere eine stärkere Ausrichtung der Produktion an der Nachfrage, eingeführt werden. Außenpolitisch gab die Sowjetunion unter Gorbatschow nun auch die Breschnew-Doktrin auf, nach der die Sowjetunion mit der Begründung einer begrenzten Souveränität sozialistischer Länder einen militärischen Interventionsanspruch gegenüber den verbündeten Ostblock-Staaten geltend gemacht hatte, falls die kommunistische Herrschaftsordnung in einem Land ihres Machtbereichs bedroht schien.

Durch die Reformpolitik Gorbatschows wurden auch reformerische Ansätze und oppositionelle Strömungen in anderen Warschauer-Pakt-Staaten bestärkt. In Polen, Ungarn und der Tschechoslowakei kamen Reformkräfte an die Regierung und beendeten die jahrzehntelange kommunistische Parteidiktatur. Ungarn, das bereits seit längerem einen reformkommunistischen Kurs verfolgte, öffnete im Juni 1989 seine Grenzen zu Österreich, sodass sich für viele DDR-Bürger erstmals ein halbwegs gefahrloser Weg in den Westen bot. Dies nutzten im Sommer des Jahres 1989 Tausende zum Verlassen der DDR.

3. *Auch Teilaufgabe 3, die insgesamt dem dritten Anforderungsbereich zuzurechnen ist, gliedert sich in zwei Lösungsschritte. Im ersten Lösungsschritt wird gemäß der Definition des Operators „setzen Sie sich auseinander" (AFB III) erwartet, dass Sie zu der im Text deutlich werdenden Beurteilung der Volksbewegung 1989/90 durch die Autoren Eppelmann und Grünbaum eine Argumentation entwickeln, die zu einer begründeten Bewertung führt. Für eine als sehr gut oder gut zu kennzeichnende Lösung sollten drei Aspekte angesprochen werden.*
Bei dem zweiten Lösungsschritt dieser Teilaufgabe, der Diskussion des Vergleichs zwischen den Revolutionen von 1848 und 1989, kann grundsätzlich eine Argumentation entwickelt werden, die sich bejahend, ablehnend oder relativierend mit dem Vergleich auseinandersetzt. Auch in diesem Lösungsteil kommt es darauf an, historische Grundkenntnisse in angemessener Form in die Argumentation einzubringen und vor diesem Hintergrund ein begründetes Urteil zu formulieren (AFB III).

Eppelmann und Grünbaum gelangen hinsichtlich der Volksbewegung von 1989/90 in ihrem Beitrag zu einer insgesamt sehr **positiven Beurteilung**. Dabei heben sie insbesondere deren „gewaltlose Strategie der Vernunft" (Z. 40) hervor. Zuzustimmen ist dieser Einschätzung ohne Zweifel hinsichtlich des **gewaltlosen Charakters** der Demonstrationen, die ein wesentliches Merkmal der DDR-Protestbewegung darstellte, und aufgrund dessen zu Recht ja auch von der „friedlichen Revolution" gesprochen wird.
Anfang des Jahres 1988 artikulierte sich eine Protestaktion im Rahmen der jährlichen Feiern zum Gedenken an die Ermordung Karl Liebknechts und Rosa Luxemburgs. Hierbei wiesen Demonstranten auf das Recht Andersdenkender hin. Zu weiteren **Protestaktionen** kam es nach den gefälschten Kommunalwahlen vom 7. Mai 1989. Im September 1989 gingen dann zunächst einige hundert Menschen mit der Forderung nach Reisefreiheit auf die Straße. Die **Montagsdemonstrationen** in Leipzig und anderen DDR-Städten zwangen die SED-Führung im Herbst 1989 in die Knie. Zehntausende Demonstranten gingen dabei ein hohes Risiko ein, denn lange war nicht klar, ob die Staatsführung den friedlichen Protest nicht nach chinesischem Vorbild gewaltsam niederschlagen würde. Dass, wie die Autoren sagen, die Massendemonstrationen „der Führungsclique um Honecker, Stoph und Mielke quasi den Todesstoß versetzte[n]" (Z. 21 ff.), ist zutreffend und ordnet die Massenproteste zugleich in eine Ursachenkette ein, die die Autoren ebenfalls andeutungsweise umreißen, wenn sie auf den Staatsbankrott der DDR ebenso hinweisen wie auf die Rolle Gorbatschows (Z. 23).
Allerdings ist die Vorstellung einer auf Seiten der Opposition vorhandenen politischen Strategie in Zweifel zu ziehen. Von einem genau geplanten Vorgehen im strengen Sinne kann aufgrund der spontan entstandenen Massenproteste nicht generell gesprochen werden.
Als entscheidende Triebkraft und als Anliegen der Volksbewegung sehen die Autoren Eppelmann und Grünbaum die „Offenlegung des Unrechts" an. Auch diese Annahme ist in gewissem Umfang einzuschränken, denn **wirtschaftliche Forderungen** und die Forderung nach **Reisefreiheit** waren ebenfalls wichtige Anliegen der Protestierenden.

Dass für den friedlichen Charakter der Revolution auch die **protestantische Prägung** vieler Protagonisten (vgl. Z. 40 f.) eine wichtige Rolle spielte, ist ebenfalls nicht zu übersehen. Wichtige Wortführer waren protestantische Pfarrer wie Rainer Eppelmann selber. Andere Beispiele sind etwa der Pfarrer Christian Führer, der bereits seit 1982 in der Leipziger Nicolaikirche jeden Montag Friedensgebete abhielt, oder der Pfarrer Joachim Gauck, Mitbegründer des Neuen Forums und später erster Bundesbeauftragter für die Unterlagen des Staatssicherheitsdienstes (BStU) der ehemaligen Deutschen Demokratischen Republik. Für die aus der protestantischen Kirche in der DDR erwachsende Oppositionsbewegung waren Themen wie Umwelt, Frieden und Gerechtigkeit von Beginn an von zentraler Bedeutung. Daher ist die Rolle des Protestantismus, der eine Vermischung der politischen und religiösen Sphäre ermöglichte, für die Revolution 1989/90 als sehr hoch zu veranschlagen.

Der zu bearbeitende Textausschnitt endet mit der Feststellung Eppelmanns und Grünbaums, „was 1848 noch scheiterte", habe „1989 ein glückliches, erfolgreiches Ende" gefunden (Z. 62 f.). In gewisser Weise vollendete die Revolution von 1989 tatsächlich die **Revolution von 1848**. Wesentliche Forderungen von 1848 – die Verfasser sprechen dies durch ihren Hinweis auf ein „liberales und einiges Deutschland" (Z. 57 f.) an – sind erst durch die Massenproteste des Jahres 1989 erfolgreich umgesetzt worden. Am Ende der friedlichen Revolution stand die Vereinigung beider deutscher Staaten im Rahmen einer **freiheitlich-demokratischen Verfassung**, wie sie seit 1949 bereits im westlichen Teilstaat existiert hatte. Gegen die These einer Fortführung und Vollendung der Revolution von 1848 durch die von 1989 ist jedoch einzuwenden, dass die Protagonisten und die Trägergruppen der Revolution von 1848 keine einheitlichen politischen Zielsetzungen hatten. Vor allen Dingen aber entsprachen die Forderungen von 1848 aufgrund ihrer historischen Bedingtheit (deutscher Partikularismus, Feudalverhältnisse) nicht den Forderungen von 1989.
Ein **Vergleich** zwischen der friedlichen Revolution von 1989/90 und der Revolution von 1848 ist also nur **bedingt tragfähig**, da die historischen Ausgangslagen und die geltenden Bedingungen zu unterschiedlich waren. Für die Ereignisse von 1989 ist vor allem die ganz andersartige weltpolitische Situation in Rechnung zu stellen. Ein Erfolg der Revolution mit dem Ergebnis der wiederhergestellten deutschen Einheit hing in hohem Maße von der Zustimmung der vier Siegermächte des Zweiten Weltkrieges ab. Während die inneren Aspekte der Vereinigung der Bundesregierung und der frei gewählten DDR-Regierung ausgehandelt werden konnten, bedurfte es des „Zwei-plus-Vier"-Prozesses, um auch international den Weg für die deutsche Einheit frei zu machen.

Abiturprüfung 2009 Nordrhein-Westfalen – Grundkurs Geschichte
Aufgabe 3

A 1: Interpretation sprachlicher oder nichtsprachlicher historischer Quellen mit gegliederter Aufgabenstellung

Aufgabenstellung

Interpretieren Sie die Quelle, indem Sie

1. sie analysieren, 28 Punkte
2. sie in den zeitgeschichtlichen Zusammenhang des Jahres 1933 einordnen und Hitlers Einschätzungen seiner machtpolitischen Situation erläutern, 26 Punkte
3. das von Hitler ausgesprochene Verbot aller Einzelaktionen (vgl. Z. 23 f. bzw. Z. 29 –32) im Kontext seiner bis 1934 angewandten politischen Strategien und Maßnahmen beurteilen. 26 Punkte

M 1: Rundfunkerklärung Adolf Hitlers zum Flaggenerlass vom 12. März 1933[1]

„Mit diesem Erlaß hat der Herr Reichspräsident bis zur endgültigen Regelung von sich aus verfügt, daß die Fahne der nationalen Erhebung nunmehr auf den Staats- und öffentlichen Gebäuden neben unserer unvergeßlichen ehrwürdigen Traditionsfahne des alten Deutschen Reiches künftighin zu wehen hat.

Nationalsozialisten, die ihr in dieser Stunde mithört!

S.A.- und S.S.-Männer!

Damit ist auch nach außen hin sichtbar durch diese Vermählung **der Sieg der nationalen Revolution** gekennzeichnet. Uns alle muß in dieser historischen Stunde, da wir gerade zurückkehren von den Feiern für unsere toten Kameraden[2], neben dem Gefühl der tiefen Dankbarkeit für den hochherzigen Entschluß des Generalfeldmarschalls eine stolze Befriedigung erfüllen. Ein vierzehnjähriger Kampf um die Macht hat nunmehr seinen sichtbaren symbolischen Abschluß gefunden. Es ist aber nunmehr an uns selbst, dafür zu sorgen, daß diese Macht von jetzt ab durch nichts mehr erschüttert wird.

Als euer Führer und im Namen der Regierung der nationalen Revolution fordere ich euch daher auf, die Ehre und damit aber auch die Würde des neuen Regiments so zu vertreten, daß es vor der deutschen Geschichte dereinst auch in Ehren und Würden zu bestehen vermag.

Mit dem heutigen Tage, da nun auch symbolisch die gesamte vollziehende Gewalt in die Hände des nationalen Deutschlands gelegt wurde, beginnt der zweite Abschnitt unseres Ringens. Von nun ab wird der Kampf der Säuberung und Inordnungbringung des Reiches ein planmäßiger und von oben geleiteter sein.

Ich befehle euch daher von jetzt ab strengste und blindeste Disziplin. Alle Einzelaktionen haben von jetzt ab zu unterbleiben. Nur dort, wo die Feinde der nationalen Erhebung sich unseren gesetzlichen Anordnungen mit Gewalt widersetzen, oder wo sie einzelne unserer Männer oder marschierenden Kolonnen überfallen, ist der Widerstand dieser Elemente sofort und gründlichst zu brechen. Im übrigen aber ist es nun unsere Aufgabe, dem ganzen deutschen Volk und vor allem auch unserer Wirtschaft das Gefühl der unbedingten Sicherheit zu geben. Wer es von jetzt ab versucht, durch Einzelaktionen Störungen unseres Verwaltungs- oder des geschäftlichen Lebens herbeizuführen, handelt bewußt gegen die nationale Regierung, denn heute sind wir für das Reich verantwortlich, weil es in unsere Hand gegeben ist.

Meine Parteigenossen!

Ihr habt in vierzehnjähriger Arbeit für dieses nunmehr entstehende Deutschland gekämpft. Heute ist die Fahne dieses Kampfes staatlich sanktioniert. Ihr könnt daran aber auch ersehen, wohin uns eure Disziplin und Unterordnung geführt hat. Nur sie allein kann uns nun mehr weiterleiten. Unser Sieg ist so groß, daß wir nicht kleinliche Rachsucht empfinden können.

Sollten die Feinde der nationalen Erhebung irgendeinen Widerstand versuchen, dann wird der Wille der Regierung der nationalen Revolution sie blitzschnell niederzwingen, und ihr werdet die Befehle erhalten.

Hütet euch aber vor Provokateuren und Spitzeln, die, wie wir heute durch die Belege wissen, von der Kommunistischen Partei in unsere Formationen entsandt worden sind. Wir werden sie dank unseres heutigen Einblicks in das Treiben dieser Verbrecherorganisationen in kürzester Zeit ohnehin entfernt haben.

Indem ich euch so die Reinheit und damit die Ehre unserer nationalen Erhebung zu schützen befehle, danke ich euch aber auch für das Übermaß an Treue, Disziplin und an Opfern, die ihr mir bisher entgegengebracht und gegeben habt. In wenigen Wochen ist in erster Linie durch eure Arbeit und durch euer Wirken eine der größten Umwälzungen vollzogen worden, die Deutschland bisher kennt. Sie wird dem deutschen Volk sichtbar gezeigt werden durch die Anordnung des Reichsinnenministers Dr. Frick, die ich hiermit bekanntgebe:

„Zur Feier des Sieges der nationalen Revolution haben sämtliche öffentlichen Gebäude des Reiches von morgen, Montag, ab auf die Dauer von drei Tagen in den vom Herrn Reichspräsidenten anbefohlenen beiden Farben zu flaggen."

Meine Parteigenossen!

Es lebe die nationale Revolution!

Es lebe unser heißgeliebtes deutsches Volk und unser stolzes Deutsches Reich!"

Rundfunkerklärung Adolf Hitlers zum Flaggenerlass vom 12. März 1933. In: Völkischer Beobachter vom 13. März, Norddeutsche Ausgabe A, 73. Ausgabe, erstes Beiblatt

Anmerkungen:

1 Fettdruck und Sperrungen wie im Originaltext.

2 Angesprochen ist der Volkstrauertag am 12. 3. 1933, der mit dem Gesetz vom 27. 02. 1934 zum Heldengedenktag umbenannt wurde.

Zugelassene Hilfsmittel: Wörterbuch zur deutschen Rechtschreibung

Lösungsvorschläge

Inhaltliche Schwerpunkte:
Das „kurze" 20. Jahrhundert

- *Die nationalsozialistische Diktatur*
  - *Politische und ideologische Voraussetzungen des Nationalsozialismus: mittel- und längerfristige politische Ursachen, Krisensituation 1930–1933, NS-Ideologie*
  - *Ende des Rechts- und Verfassungsstaates in Deutschland 1933/34*

1. *In der ersten Teilaufgabe soll die vorliegende historische Quelle nach den üblichen Aspekten analysiert werden. Neben der Benennung des Redners und der Adressaten, der Charakterisierung der Quellenart und der Textsorte, einer zeitlichen Bestimmung und ersten Einordnung der Quelle in den historischen Kontext und einer Bestimmung des Themas und der Intention sind Inhalt und Gedankengang der Quelle in strukturierter Form herauszuarbeiten (AFB I, II).*

Die zu bearbeitende Quelle enthält den Wortlaut einer **Rundfunkerklärung** des deutschen Reichskanzlers und Führers der NSDAP, Adolf Hitler, vom 12. März 1933. Die Ansprache wurde am darauffolgenden Tag, dem 13. März, im **Völkischen Beobachter**, dem publizistischen Sprachrohr der NSDAP, veröffentlicht. Adressaten der Rede sind ausdrücklich die Nationalsozialisten sowie die Mitglieder der SA (Sturmabteilung) als paramilitärisch organisierter Kampforganisation, und der SS (Schutzstaffel), darüber hinaus die gesamte deutsche Öffentlichkeit. Anlass der Rede Hitlers ist der Fahnenerlass des Reichspräsidenten Hindenburg vom 12. März 1933.

Bei der Quelle handelt es sich der Textsorte nach um eine **politische Rede** (Ansprache). Hitler thematisiert hierin die **Ziele und Methoden seiner Politik nach der** eben erfolgten **Machtergreifung**. Dabei verfolgt er die Intention, seine Anhänger auf unbedingten Gehorsam und die Unterstützung der zukünftigen Arbeit der Regierung zu verpflichten sowie das Bild einer sich allein dem nationalen Wohl und der Sicherheit unterordnenden Regierungspolitik zu vermitteln.

Zu Beginn der Rede gibt Hitler den Inhalt der Verfügung des Reichspräsidenten bekannt, wonach „die Fahne der nationalen Erhebung nunmehr auf den Staats- und öffentlichen Gebäuden neben unserer unvergeßlichen ehrwürdigen Traditionsfahne des alten Deutschen Reiches künftighin zu wehen hat." (Z. 1–4) Gemeint sind damit die Hakenkreuzfahne der NSDAP einerseits sowie die schwarz-weiß-rote Flagge des Kaiserreichs andererseits.

Den direkt angesprochenen Nationalsozialisten, insbesondere den SA- und SS-Männern gegenüber verdeutlicht Hitler, dass er in dieser „Vermählung" (Z. 7) der Hakenkreuzfahne und der Fahne des Kaiserreichs einen „Sieg der nationalen Revolution" nach vierzehnjährigem Kampf um die politische Macht sieht (Z. 7 ff.). Als unmittelbare Zukunftsaufgabe kennzeichnet der Redner den unbedingten Machterhalt, verbunden mit der Aufforderung an die Gefolgsleute, die „Ehre

und damit aber auch die Würde des neuen Regiments“ (Z. 16) angemessen zu vertreten.
Hitler proklamiert den **Beginn der zweiten Phase des politischen Kampfes**, in der es um eine systematisch angelegte „Säuberung und Inordnungbringung des Reiches“ (Z. 21 f.) gehen solle. Seinen Gefolgsleuten befiehlt Hitler „strengste und blindeste Disziplin“ (Z. 23) und verbietet jegliche Einzelaktionen angesichts der anstehenden Aufgabe, dem Volk, insbesondere der Wirtschaft, „das Gefühl der unbedingten Sicherheit“ (Z. 29) zu vermitteln. Lediglich für den Fall, dass Gegner des Regimes gewalttätigen Widerstand gegen die Regierungspolitik leisten sollten, gestattet Hitler ein ebenfalls gewaltsames Eingreifen der Anhänger (Z. 24–27 bzw. Z. 39 ff.).
Einem Appell an die Wachsamkeit gegenüber Provokateuren und Spitzeln, vor allem seitens der Kommunistischen Partei, und dem wiederholten Befehl an die Partei, „die Reinheit und damit die Ehre unserer nationalen Erhebung zu schützen“ (Z. 46 f.), lässt Hitler seinen Dank an seine Gefolgsleute für deren bisher gezeigte Treue, Disziplin und Opferbereitschaft sowie für ihre geleistete Arbeit bei einer der „größten Umwälzungen“ in Deutschland folgen (Z. 47–50).
Am Ende der Rede verkündet Hitler den Wortlaut einer Anordnung des Reichsinnenministers Frick, wonach sämtliche öffentliche Gebäude des Reiches für drei Tage mit der Hakenkreuz- und der Reichsfahne zu beflaggen seien. Den Abschluss der Rede bildet ein Hoch des Redners auf die „nationale Revolution“, „unser heißgeliebtes deutsches Volk und unser stolzes Deutsches Reich“ (Z. 56 ff.).

2. *Teilaufgabe 2 soll in zwei Lösungsschritten bearbeitet werden. Zunächst geht es um eine Einordnung der Quelle in den historischen Kontext. Dies legt nahe, die wichtigsten Etappen von der Ernennung Hitlers zum Reichskanzler am 30. Januar bis zum Zeitpunkt der Quelle darzustellen und zu erläutern. In einem zweiten Lösungsschritt sollen Hitlers Einschätzungen seiner machtpolitischen Situation in Anbindung an die Textquelle erläutert werden (AFB II).*

Am **30. Januar 1933** war Adolf Hitler vom Reichspräsidenten Hindenburg zum Reichskanzler ernannt worden. Allerdings handelte es sich bei diesem Vorgang, der von den Nationalsozialisten am gleichen Abend noch mit einem großen Fackelumzug gefeiert wurde, nicht um eine „Machtergreifung“, sondern vielmehr um eine **Machtübertragung**. Die von Hitler angeführte Koalitionsregierung aus NSDAP und DNVP schien die Politik der drei vorausgegangenen Präsidialkabinette fortzusetzen. Dem „**Kabinett der nationalen Erhebung**“, dem Hitler nunmehr als Kanzler vorstand, gehörten außer ihm nur noch zwei weitere nationalsozialistische Reichsminister an: Wilhelm Frick hatte das Innenministerium inne, Hermann Göring war Minister ohne Geschäftsbereich, besaß aber gleichzeitig als kommissarischer preußischer Innenminister die Verfügungsgewalt über die Polizei des größten Landes im Reich. Den drei Nationalsozialisten im Kabinett standen neun andere, konservative, teilweise parteilose Minister gegenüber, darunter

als Vizekanzler Franz von Papen, der sich von der gegebenen Konstellation eine „Zähmung“ der Nationalsozialisten versprach.
Bereits am 1. Februar 1933 löste Reichspräsident Hindenburg auf Bitten Hitlers durch eine Notverordnung den Reichtag auf. Bei den für den 5. März angesetzten **Neuwahlen** hoffte Hitler, mit der NSDAP die absolute Mehrheit zu erringen und damit zukünftig alleine regieren zu können.
Eine Notverordnung des Reichspräsidenten vom 4. Februar ermöglichte der neuen Regierung Eingriffsrechte in die Presse- und Versammlungsfreiheit und bot die Handhabe für erste Verfolgungen politischer Gegner. In Preußen wurden auf Anweisung Görings Hilfspolizeikontingente aus SA und SS gebildet, die aggressiv gegen politische Gegner vorgingen.
Gleichwohl verfolgte Hitler in diesen ersten Wochen seiner Kanzlerschaft eine **Taktik der scheinbaren Legalität**, die Einschüchterung der Gegner wurde zunächst nur vorsichtig betrieben. Die Inanspruchnahme der durch die Verfassung eingeräumten **Notverordnungen**, mit denen sich die Regierung im Zusammenspiel mit dem Reichspräsidenten besondere Kompetenzen und Rechte herausnahm, diente als vorgeblich legales Mittel, um den Verfassungsstaat zu beseitigen. Als in der Nacht von 27. auf den 28. Februar das Reichstagsgebäude in Flammen aufging, wurden von den Nationalsozialisten hierfür die Kommunisten verantwortlich gemacht. Die am folgenden Tag vom Reichspräsidenten erlassene Verordnung „Zum Schutz von Volk und Staat“, die sog. **Reichstagsbrandverordnung**, setzte die Grundrechte der Freiheit der Person, der Meinungs-, Presse-, Vereins- und Versammlungsfreiheit sowie das Post- und Fernmeldegeheimnis und die Unverletzlichkeit der Wohnung außer Kraft. Allein in Preußen wurden in den folgenden Tagen an die 10 000 Personen, darunter vor allem kommunistische und sozialdemokratische Funktionäre und Parteimitglieder sowie andere politische Gegner in „Schutzhaft“ genommen.
Trotz massiver Behinderungen und **Terrormaßnahmen** seitens der Nationalsozialisten erreichte die NSDAP bei den Reichstagswahlen vom 5. März mit 43,9 Prozent der Stimmen die absolute Mehrheit nicht. Erst zusammen mit der Deutschnationalen Volkspartei (DNVP), die auf 8,0 Prozent kam, reichte es für die Fortsetzung der Regierungskoalition.
Die von Hitler angestrebte Auslöschung des verhassten „Systems von Weimar“ sollte auch auf staatssymbolischer Ebene so schnell wie möglich erfolgen. Daher bestimmte eine von Hitler initiierte Verordnung, der sog. **Flaggenerlass** vom 12. März 1933, der den Anlass für Hitlers Rundfunkansprache bildete, dass – wie es dort hieß – „bis zur endgültigen Regelung“ die schwarz-weiß-rote Fahne des Kaiserreiches und die Hakenkreuzflagge gemeinsam zu hissen seien. Mit einem „Reichsflaggengesetz“, das zu den drei im September 1935 verabschiedeten „Nürnberger Gesetzen“ gehörte, wurde später die Hakenkreuzfahne zur Reichs-, National- und Handelsflagge bestimmt, während die Fahne des Kaiserreichs und deren Schwarz-Weiß-Rot als Reichsfarben galten.

Aus der vorliegenden Quelle gehen Hitlers Einschätzungen seiner **machtpolitischen Situation** recht eindeutig hervor: Kennzeichnend ist, dass er sich klar als politischen Führer begreift (Alleinherrschaft). Nach einem, wie er bekundet, 14 Jahre dauernden Kampf um die politische Macht scheint Hitler mit der Berufung zum Reichskanzler an sein Ziel gelangt zu sein. Hitler hat damit nicht nur die **maßgebliche Machtposition** in der Regierung inne, sondern ist zugleich der inzwischen **unangefochtene Führer** der Nationalsozialistischen Deutschen Arbeiterpartei und ihrer Organisationen und erhebt entsprechend dem **Führerprinzip** den Anspruch auf absoluten Gehorsam.

Aus der Rede spricht ferner Hitlers Überzeugung von der Wichtigkeit seiner neuen Rolle als Staatsmann in der **Phase der Machtsicherung**. Dies wird durch seine Aufforderung an die Anhänger deutlich, die neue Regierung vorbehaltlos zu akzeptieren und zu unterstützen. Seine Verantwortung für den Aufbau eines Sicherheitsgefühls im Volk und vor allem in der Wirtschaft, der gegenüber er sich wegen der erfolgten Unterstützung verpflichtet fühlt, hebt Hitler ebenfalls deutlich hervor. Schließlich betont er die alleinige politische Zuständigkeit der Regierung.

Hitlers Überzeugung von der grundsätzlichen Notwendigkeit der weiteren Unterstützung durch seine Anhänger drückt sich in der Betonung seiner **persönlichen und emotionalen Beziehung** zu ihnen aus, namentlich in dem Lob und Dank für die geleistete Arbeit und Haltung, in der Aufforderung zur Wachsamkeit gegenüber den Kommunisten und in der Erwartung einer permanenten gewaltbereiten, gleichwohl nicht konkretisierten Handlungsbereitschaft gegenüber politischen Gegnern.

Aus der Rede lässt sich ferner Hitlers Überzeugung von der – wenn auch nur vorübergehend so praktizierten, taktisch aber notwendigen – Einbindung seiner Politik in die **nationale und konservative Tradition des Kaiserreichs** ablesen. Aus diesem Grund hebt er die Bedeutung einer Verbindung der beiden Fahnen hervor. Aus dem gleichen Grund bezieht er in respektvoller Weise die Person des Reichspräsidenten mit ein, den er zu Beginn seiner Rede als „Generalfeldmarschall“ (Z. 10) bezeichnet, um so an dessen militärische Position während des Ersten Weltkrieges zu erinnern. Auch auf den Volkstrauertag, der ab 1934 dann als „**Heldengedenktag**“ begangen wird, nimmt Hitler in seiner Rede voller Pathos Bezug (Z. 9).

3. *In dieser Teilaufgabe geht es darum, die von Hitler in seiner Rede angesprochenen Aufgaben (Machtsicherung, Vermittlung eines Sicherheitsgefühls, Ausschaltung der politischen Gegner, namentlich der Kommunisten, und „Inordnungbringung des Reiches“) im Kontext der Ereignisse bis 1934 zu untersuchen und als fortlaufende Zerstörung des demokratischen Staates und als Schritte der nationalsozialistischen Gleichschaltung und Machtetablierung zu beurteilen (AFB III).*

Das von Hitler ausgesprochene **Verbot aller Einzelaktionen** (Z. 23 f. bzw. Z. 29–32) soll im Folgenden im Kontext seiner bis 1934 angewandten politischen Strategien und Maßnahmen beurteilt werden. Mit diesem Verbot, das sich als ein geschickt eingesetztes Instrument darstellt, wendet sich Hitler namentlich an die Parteimitglieder, insbesondere an die SA- und SS-Männer, die dazu neigen könn-

ten, sich angesichts der nach der Machtübernahme vorhandenen Machtposition an politischen Gegnern zu rächen.
Betrachtet man das Verbot aller Einzelaktionen, das Hitler am 12. März 1933 im Zusammenhang mit der Rundfunkerklärung über den Flaggenerlass verkündet, im situativen Zusammenhang, so dient es unmittelbar nach den Reichstagswahlen vom 5. März, aber noch vor dem Zusammentritt des Reichstages und der Verabschiedung des Ermächtigungsgesetzes eindeutig der **Machtsicherung und Machtetablierung**.
Das Verbot ist in diesem Zusammenhang als Teil einer situativ notwendigen **Beruhigungsstrategie** Hitlers gegenüber der Öffentlichkeit und – wie er selber betont – gegenüber der Wirtschaft einzuordnen. Diese Strategie zielt auch auf den nach wie vor erforderlichen Koalitionspartner in der neuen Reichsregierung, die DNVP, und die nationalkonservativen Kreise der Bevölkerung sowie nicht zuletzt auf den Reichspräsidenten Hindenburg, der sich lange gesträubt hatte, Hitler zum Reichskanzler zu ernennen. In gleicher Weise kann das Verbot Hitler in seiner auf Akzeptanz und Aufwertung zielenden Strategie dienlich sein.
Zugleich macht Hitler mit seinem Verbot gegenüber den Parteimitgliedern sowie gegenüber allen entsprechenden Strömungen seiner Partei seinen **unbedingten Führungs- und Gehorsamsanspruch** geltend. Adressiert ist ein solches Signal also auch an mögliche parteiinterne Widersacher. Dabei behält sich Hitler eine gewisse Flexibilität vor, wenn er seinen Anhängern signalisiert, dass sie gegenüber „Feinden der nationalen Erhebung" (Z. 24 f.) in bestimmten Fällen unmittelbar gewaltsam reagieren könnten.
Die von Hitler und den Nationalsozialisten bis 1934 durchgeführten Maßnahmen der Machtetablierung hatten die **schrittweise Zerstörung des demokratischen Staates** zur Folge. Am 21. März 1933 nutzen die Nationalsozialisten die feierliche Eröffnung des neu gewählten Reichstages in der Potsdamer Garnisonkirche dazu, die „Vermählung des alten Preußen mit dem jungen Deutschland", wie der kurz zuvor zum Propagandaminister ernannte Joseph Goebbels es formulierte, zu inszenieren. Der **„Tag von Potsdam"** erfüllte in noch stärkerem Maße als das Verbot eigenständiger Aktionen die Aufgabe der Vermittlung eines Sicherheitsgefühls und diente der Strategie, das Vertrauen und die Zustimmung der Konservativen und des Zentrums für den weiteren Umbau des Staates im nationalsozialistischen Sinne zu gewinnen.

Eine wichtige Station auf dem Weg der Machtsicherung und der Abschaffung der parlamentarischen Demokratie in Deutschland war das zwei Tage später am 23. März von den Nationalsozialisten eingebrachte „Gesetz zur Behebung der Not von Volk und Reich", wonach nunmehr die Reichsregierung selbst Gesetze mit verfassungsänderndem Inhalt, soweit davon nicht die Einrichtung des Reichstages und das Amt des Reichspräsidenten betroffen waren, ohne parlamentarische Zustimmung und ohne Gegenzeichnung durch den Reichspräsidenten erlassen konnte. Nach der Annahme dieses **sog. Ermächtigungsgesetzes** waren der Reichstag als Legislative und der Reichspräsident mit seinem Notverordnungsrecht de facto

entmachtet. Die parlamentarische Gesetzgebung wurde praktisch durch den Führerbefehl ersetzt.
Die von Hitler in seiner Rede vom 12. März angekündigte planmäßige und von oben geleitete „Säuberung und Inordnungbringung des Reiches“ (Z. 21 f.) erfolgte in den folgenden Monaten im Zuge der von den Nationalsozialisten selbst sogenannten „**Gleichschaltung**“. Diese beinhaltete administrative Maßnahmen ebenso wie brutalen Straßenterror. Das Ergebnis war eine ideologische und organisatorische Ausrichtung aller politisch-gesellschaftlichen, wirtschaftlichen und kulturellen Organisationen und Institutionen auf die Staatspartei NSDAP.
Das „Gesetz zur Gleichschaltung der Länder“ vom 31. März 1933 führte zum Ende der Selbstständigkeit der Länder, zur Entfernung aller regimekritischen Minister und Landtagsabgeordneten aus ihren Positionen sowie zur Zentralisierung aller staatlichen Machtbefugnisse. Das „**Gesetz zur Wiederherstellung des Berufsbeamtentums**“ vom 7. April 1933 diente dazu, politisch „unzuverlässige Elemente“ sowie, mittels des sog. Arierparagraphen, alle Juden aus dem Beamtenapparat zu entfernen.
Nachdem die SPD am 22. Juni verboten worden war, lösten sich sämtliche Parteien bis Anfang Juli 1933 selbst auf. Damit war die **Errichtung des Einparteienstaates** vollzogen. Anfang Mai 1933 erfolgte die **Zerschlagung der Gewerkschaften** und die Überführung ihres Vermögens und ihrer Organisation in die Deutsche Arbeitsfront, die der NSDAP angeschlossen war.
Entgegen den Zielen und Vorstellungen Hitlers forderte der SA-Chef Ernst Röhm eine „zweite Revolution“ mit einer radikalen sozialen Umgestaltung. In der SA sah Röhm den Kern eines neuen Volksheeres. Damit geriet Röhm in Konkurrenz zur Reichswehr und bildete mit seinen sozialrevolutionären Zielen auch innerparteilich eine Gefahr für Hitler. Am **30. Juni 1934** ließ dieser die gesamte SA-Führung durch SS-Einheiten liquidieren. Der **Mordaktion**, der auch zahlreiche NS-Gegner zum Opfer fielen und die als Niederschlagung eines Putsches („Röhm-Putsch“) verschleiert wurde, wurde durch die Reichsregierung am 2. Juli 1934 per Gesetz nachträglich als „Staatsnotstand“ legitimiert.
Die Konzentration der politischen und militärischen Macht zu einer „**Einheit von Partei und Staat**“ fand nach dem Tod Hindenburgs am 2. August 1934 ihren Höhepunkt durch die **Übernahme des Amtes des Reichspräsidenten** durch Hitler, der sich fortan „Führer und Reichskanzler“ nennen ließ, und die Vereidigung der **Reichswehr** auf die Person Hitlers. Weitere Maßnahmen zur Gleichschaltung, die ihren Ausdruck auch in einer zunehmenden Uniformierung des gesellschaftlichen Lebens fand, folgten in den kommenden Monaten durch die Gleichschaltung von Verbänden und Vereinen.

Abiturprüfung 2010 NRW – Grundkurs Geschichte
Aufgabe 1

A 1: Interpretation sprachlicher oder nichtsprachlicher historischer Quellen mit gegliederter Aufgabenstellung

Aufgabenstellung Punkte

Interpretieren Sie die Quelle, indem Sie

1. sie analysieren, 24
2. sie in ihren historischen Kontext einordnen und die Redestrategie charakterisieren, 28
3. die Einschätzungen des Redners zu Vergangenheit und Zukunft Deutschlands beurteilen. 28

M: Rundfunkansprache des Reichsministers Johann Ludwig Graf Schwerin von Krosigk am 7. Mai 1945 anläßlich der Gesamtkapitulation der deutschen Wehrmacht

Deutsche Männer und Frauen!

Das Oberkommando der Wehrmacht hat heute auf Geheiß des Großadmirals Dönitz die bedingungslose Kapitulation aller Truppen erklärt. Als leitender Minister der Reichsregierung, die der Großadmiral zur Abwicklung der Kriegsaufgaben bestellt hat, wende ich mich in diesem tragischen Augenblick unserer Geschichte an das deutsche Volk.

Nach einem fast sechsjährigen heldenmütigen Kampf von unvergleichlicher Härte ist die Kraft Deutschlands der überwältigenden Macht unserer Gegner erlegen. Die Fortsetzung des Krieges hätte nur sinnloses Blutvergießen und unnütze Zerstörung bedeutet. Eine Regierung, die Verantwortungsgefühl vor der Zukunft unseres Volkes besitzt, mußte aus dem Zusammenbruch aller physischen und materiellen Kräfte die Folgerung ziehen und den Gegner um Einstellung der Feindseligkeiten ersuchen.

Es war das vornehmste Ziel des Großadmirals und der ihn unterstützenden Regierung, nach den furchtbaren Opfern, die der Krieg gefordert hat, in seiner letzten Phase das Leben möglichst vieler deutschen Menschen zu erhalten. Daß der Krieg nicht sofort und nicht gleichzeitig im Westen und Osten beendet wurde, erklärt sich allein aus diesem Ziel. Wir verneigen uns in dieser schwersten Stunde des deutschen Volkes und seines Reiches in Ehrfurcht vor den Toten dieses Krieges, deren Opfer unsere höchste Verpflichtung ist. Unsere Anteilnahme und Sorge gilt vor allem den Versehrten, den Hinterbliebenen und allen, denen dieser Kampf Wunden geschlagen hat. Niemand darf sich über die Schwere der Bedingungen hinwegtäuschen, die unsere Gegner dem deutschen Volk auferlegen werden. Es gilt, ihnen ohne jede Phrase klar und nüchtern entgegenzusehen. Niemand kann im Zweifel darüber sein, daß die kommende Zeit für jeden von uns hart sein und auf allen Lebensgebieten Opfer von uns fordern wird. Wir müssen sie auf uns nehmen und loyal zu den Verpflichtungen stehen, die wir übernommen haben. Wir dürfen aber auch nicht verzweifeln und uns einer stummen Resignation hingeben. Wir müssen uns den Weg durch das Dunkel der Zukunft durch drei Sterne erleuchten und führen lassen, die stets das Unterpfand echten deutschen Wesens waren: Einigkeit und Recht und Freiheit.

Aus dem Zusammenbruch der Vergangenheit wollen wir uns eines bewahren und retten: die Einigkeit, den Gedanken der Volksgemeinschaft, die in den Jahren des Krieges in der Frontkameradschaft draußen, in der gegenseitigen Hilfsbereitschaft in allen Nöten daheim ihren schönsten Ausdruck gefunden hat. Wir werden diese Kameradschaft und Hilfsbereitschaft in den kommenden Nöten des Hungers und der Armut ebenso brauchen wie in den Zeiten der Schlachten und der Bombenangriffe. Nur wenn wir uns diese Einigkeit erhalten und nicht wieder in streitende Klassen und Gruppen auseinanderfallen, können wir die künftige harte Zeit überstehen.

Wir müssen das Recht zur Grundlage unseres Volkslebens machen. In unserem Volk soll Gerechtigkeit das oberste Gesetz und die höchste Richtschnur sein. Wir müssen das Recht als die Grundlage der Beziehungen zwischen den Völkern aus innerer Überzeugung anerkennen und achten. Die Achtung vor geschlossenen Verträgen soll uns ebenso heilig sein wie das Gefühl der Zusammengehörigkeit unseres Volkes zur europäischen Völkerfamilie, als deren Glied wir alle menschlichen, moralischen und materiellen Kräfte aufbieten wollen, um die furchtbaren Wunden zu heilen, die der Krieg geschlagen hat.

Dann können wir hoffen, daß die Atmosphäre des Hasses, die heute Deutschland in der Welt umgibt, einem Geist der Versöhnung in den Völkern weicht, ohne den eine Gesundung der Welt gar nicht möglich ist, und daß uns die Freiheit wieder winkt, ohne die kein Volk ein erträgliches und würdiges Dasein führen kann.

Wir wollen die Zukunft unseres Volkes in der Besinnung auf die innersten und besten Kräfte des deutschen Wesens sehen, die der Welt unvergängliche Werke und Werte gegeben haben. Wir werden mit dem Stolz auf den Heldenkampf unseres Volkes den Willen verbinden, als Glied der christlich-abendländischen Kultur in redlicher Friedensarbeit einen Beitrag zu liefern, der den besten Traditionen unseres Volkes entspricht.

Möge Gott uns im Unglück nicht verlassen und unser schweres Werk segnen!

Rundfunkansprache des Reichsministers Johann Ludwig Graf Schwerin von Krosigk am 7. Mai 1945 anläßlich der Gesamtkapitulation der deutschen Wehrmacht. Nachdruck in: Ursachen und Folgen. Vom deutschen Zusammenbruch 1918 und 1945 bis zur staatlichen Neuordnung Deutschlands in der Gegenwart. Eine Urkunden- und Dokumentensammlung zur Zeitgeschichte, Band 23: Das Dritte Reich. Der militärische Zusammenbruch und das Ende des Dritten Reiches, hrsg. v. Herbert Michaelis und Ernst Schraepler, Berlin o. J., S. 240 f.

Hinweis zum Verfasser:
Johann Ludwig Graf Schwerin von Krosigk (1887–1977), 1932–1945 Finanzminister. Im Auftrag des Großadmirals von Dönitz bildete er nach dem Selbstmord Hitlers am 30. April 1945 eine geschäftsführende Reichsregierung. Bis zu seiner Verhaftung durch die Alliierten am 23. 5. 1945 übernahm er zusätzlich die Leitung des Auswärtigen Amtes. Am 14. April 1949 verurteilte ihn ein amerikanisches Militärgericht als Kriegsverbrecher zu zehn Jahren Gefängnis. Aufgrund einer Amnestie wurde er am 31. Januar 1951 aus der Haft entlassen.

Zugelassene Hilfsmittel: Wörterbuch zur deutschen Rechtschreibung

Lösungsvorschläge

Inhaltliche Schwerpunkte:
Das „lange" 19. Jahrhundert
- *Nationalstaatsgedanke und Nationalismus in Europa*
  – Idee und Problematik des Nationsbegriffs

Das „kurze" 20. Jahrhundert
- *Die nationalsozialistische Diktatur*
  – Zweiter Weltkrieg und Völkermord an den Juden
- *Deutschland und Europa nach dem Zweiten Weltkrieg*
  – Teilung Europas und Deutschlands nach 1945

1. *Im ersten Aufgabenteil, der Analyse der Quelle, soll diese zunächst kriterienorientiert bzw. aspektgeleitet erschlossen werden. Zur Vorstellung der Quelle gehören als Teilschritte die Benennung des Autors und der Adressaten, der Quellengattung, des Erscheinungszeitpunktes sowie des historischen Zusammenhanges. Schließlich sollen Thema und Intention bestimmt werden. In einem letzten, zugleich umfangreicheren Abschnitt dieses ersten Aufgabenteils, soll die Textquelle inhaltlich wiedergegeben werden.*

Bei der zu bearbeitenden Quelle handelt es sich um eine **Rundfunkansprache** des Reichsministers Johann Ludwig Graf Schwerin von Krosigk, die dieser am **7. Mai 1945** anlässlich der Gesamtkapitulation der deutschen Wehrmacht, allerdings noch vor deren Inkrafttreten, gehalten hat. Graf Schwerin von Krosigk (1887–1977) war von 1932 bis 1945 Finanzminister des Deutschen Reiches. Im Auftrag des Großadmirals von Dönitz bildete er nach dem Selbstmord Hitlers am 30. April 1945 eine geschäftsführende Reichsregierung. Bis zu seiner Verhaftung durch die Alliierten am 23. Mai 1945 übernahm er zusätzlich die Leitung des Auswärtigen Amtes. Am 14. April 1949 verurteilte ihn ein amerikanisches Militärgericht als Kriegsverbrecher zu zehn Jahren Gefängnis. Aufgrund einer Amnestie wurde er am 31. Januar 1951 aus der Haft entlassen.

Adressat dieser **politischen Rede**, die aufgrund ihrer Ausstrahlung über den Rundfunk auf eine **große Verbreitung** abzielt, ist in erster Linie die deutsche **Bevölkerung**, darüber hinaus und eher indirekt richtet sich von Krosigk aber auch an die alliierten Regierungen. Themen der Ansprache sind die Mitteilung und Begründung der **Kapitulation Deutschlands** sowie die Formulierung von **Zielen und Perspektiven für die Zukunft**. Dabei geht es dem Redner vor allem darum, den Deutschen gegenüber die bevorstehende Kapitulation zu erklären und sie auf eine zu erwartende harte Zeit nach Kriegsende einzustimmen.

Von Krosigk wendet sich in seiner Eigenschaft als leitender Minister der von Großadmiral von Dönitz berufenen Reichsregierung, wie er betont, „in diesem tragischen Augenblick unserer Geschichte" (Z. 5) und in der – so heißt es an späterer Stelle – „schwersten Stunde des deutschen Volkes und seines Reiches" (Z. 17 f.) an seine Zuhörer, die er eingangs seiner Rede knapp mit „Deutsche Männer und Frauen!" anspricht. Als wichtigste Botschaft gibt von Krosigk die bedingungslose

Kapitulation aller Truppen der deutschen Wehrmacht bekannt. Nach einem „fast sechsjährigen heldenmütigen Kampf von unvergleichlicher Härte“ (Z. 7 f.) sei Deutschland seinen Gegnern erlegen. Als Begründung dafür, den Kampf nicht fortzusetzen, führt der Redner das Ziel der Regierung an, „sinnloses Blutvergießen und unnütze Zerstörung“ (Z. 9) zu vermeiden.
Im weiteren Verlauf bringt von Krosigk seine Ehrerbietung für die Toten des Krieges zum Ausdruck und bekundet gegenüber den Versehrten, den Hinterbliebenen sowie allen, denen der Krieg Wunden geschlagen habe, seine Anteilnahme. Für die Regierung nimmt von Krosigk angesichts der getroffenen Entscheidungen in Anspruch, im Gefühl der Verantwortung „vor der Zukunft unseres Volkes“ (Z. 10) gehandelt zu haben.
In einem nächsten Schritt seiner Ansprache stimmt von Krosigk die Bevölkerung auf die **Schwere der zu erwartenden Bedingungen** ein, die von den Siegern für Deutschland verhängt werden, sowie auf die Härte der kommenden Zeit und die auf allen Lebensgebieten zu erbringenden Opfer. Zugleich formuliert der Redner die Unausweichlichkeit der Situation („müssen sie auf uns nehmen“; Z. 25) und fordert die Deutschen zu einer loyalen Erfüllung ihrer Verpflichtungen auf. Mit Entschiedenheit spricht er sich gegen eine Haltung der Verzweiflung und der Resignation aus.
Als Leitbegriffe und Grundsätze des zukünftigen Handelns stellt von Krosigk die drei Begriffe **Einigkeit und Recht und Freiheit** heraus, die, wie er betont, „stets das Unterpfand echten deutschen Wesens“ (Z. 28 f.) gewesen seien. Auf diese drei Leitbegriffe nimmt von Krosigk in den folgenden Passagen seiner Ansprache explizit Bezug. Als erstes beschwört er die Einigkeit des deutschen Volkes, die es nach dem „Zusammenbruch der Vergangenheit“ (Z. 30) auch in der „künftige[n] harte[n] Zeit“ (Z. 37) zu bewahren und zu retten gelte. Ausdrücklich warnt von Krosigk vor einem neuerlichen Streit der „Klassen und Gruppen“ (Z. 36 f.). Mit Blick auf die zurückliegenden Kriegsjahre sieht von Krosigk das Vorbild für die von ihm geforderte Einigkeit in der „Frontkameradschaft draußen“ (Z. 32) und in der gegenseitigen Hilfsbereitschaft „in allen Nöten daheim“ (Z. 32 f.).
Weiter fordert von Krosigk, Recht und Gerechtigkeit zur Grundlage und höchsten Richtschnur „unseres Volkslebens“ (Z. 38) zu machen und verlangt die Anerkennung und die Achtung von Rechtsnormen im Inneren und nach außen. Hierbei verweist er ausdrücklich auf die Einhaltung geschlossener Verträge, deren Achtung er als ebenso „heilig“ bezeichnet wie die „Zusammengehörigkeit des deutschen Volkes zur europäischen Völkerfamilie“ (Z. 42 f.). Als deren Bestandteil verspricht von Krosigk, alle „menschlichen, moralischen und materiellen Kräfte“ (Z. 43 f.) aufzubieten, um die vom Krieg geschlagenen Wunden zu heilen.
Auf dieser Grundlage sieht von Krosigk die **Hoffnung auf Versöhnung** mit dem Ausland und letztlich auf **Freiheit** für das deutsche Volk.
Die **Zukunftsperspektive** für Deutschland sieht der Redner darin, durch Rückbesinnung auf die „innersten und besten Kräfte des deutschen Wesens“ (Z. 50 f.) und durch deutsche Kulturleistungen als „Glied der christlich-abendländischen Kultur“ (Z. 53) einen Beitrag zur Friedensarbeit zu leisten. Am Ende seiner Rede erbittet von Krosigk Gottes Beistand und Segen für dieses „schwere[ ] Werk“ (Z. 56).

2. *Teilaufgabe 2 besteht aus zwei Lösungsschritten. Dabei soll die zuvor analysierte Quelle zunächst in den historischen Kontext eingeordnet werden. Diese Einordnung kann zeitlich mehr oder weniger weit erfolgen. Im vorliegenden Lösungsbeispiel werden neben der Lage Deutschlands im Frühjahr 1945 auch die Entstehung der „Anti-Hitler-Koalition" während des Krieges, die Bedeutung und Konsequenzen der alliierten Forderung der bedingungslosen Kapitulation sowie die Pläne der Alliierten, wie sie sich auf den Konferenzen von Casablanca, Teheran (beide 1943) und Jalta (Febr. 1945) entwickelt haben, mit einbezogen. Die Qualität der Lösung hängt davon ab, inwieweit historische Kenntnisse nachgewiesen sowie detailliert und ohne sachliche Mängel erläutert werden können.*

Nach dem deutschen **Angriff auf die Sowjetunion** am 22. Juni 1941, dem Überfall Japans auf den amerikanischen Flottenstützpunkt Pearl Harbor am 7. Dezember 1941 und der anschließenden Kriegserklärung Deutschlands und Italiens an die USA weitete sich der bisher auf Europa begrenzte Krieg zu einem **Weltkrieg** aus. Die USA und Großbritannien einerseits und die Sowjetunion andererseits schlossen sich nun zu einer **Anti-Hitler-Koalition** gegen das nationalsozialistische Deutschland zusammen, die auf militärischer Zusammenarbeit und gemeinsamer Kriegsplanung basierte. So erhielt die Sowjetunion auf der Grundlage eines „Leih- und Pachtgesetzes" von den USA Rüstungsmaterial ohne Bezahlung. Die Forderung nach einer **bedingungslosen Kapitulation** (unconditional surrender) der Achsenmächte wurde von den Westalliierten erstmals auf der **Konferenz von Casablanca** zu Beginn des Jahres 1943 erhoben. Dieser Schritt sollte insbesondere Stalin signalisieren, dass die Westalliierten bereit waren, den Krieg gegen Deutschland unter allen Umständen weiter an der Seite der Sowjetunion zu führen. Die Sowjetunion schloss sich dieser Forderung an. Ein Sieg der Alliierten über Deutschland schien am ehesten durch ein Auseinanderbrechen der Anti-Hitler-Koalition zwischen den Westalliierten einerseits und der Sowjetunion andererseits gefährdet.
Eine erste gemeinsame Konferenz zwischen Stalin, Roosevelt und Churchill fand im November/Dezember 1943 in **Teheran** statt, wo neben Fragen der gemeinsamen Kriegsführung auch **Pläne zur Neugestaltung Europas** nach der Niederlage Deutschlands erörtert wurden. Erneut trafen sich die Großen Drei bei ihrer zweiten und entscheidenden Kriegskonferenz vom 4. bis 11. Februar in **Jalta** auf der Krim. Angesichts der Kriegslage, die einen baldigen militärischen Zusammenbruch Deutschlands erwarten ließ, einigten sich die drei führenden Staatsmänner in den Fragen der **Behandlung des besiegten Nachkriegsdeutschlands**. Demnach sollte Deutschland **entwaffnet** und **entmilitarisiert** sowie in Besatzungszonen **aufgeteilt** werden. Auch für Frankreich war eine solche Zone vorgesehen. In **Berlin** sollte ein gemeinsamer Kontrollrat der Vier Mächte über alle „Deutschland als Ganzes betreffenden Angelegenheiten" einstimmig entscheiden. Auf wirtschaftlichem Gebiet wurden **Reparationsforderungen** diskutiert und beschlossen (Demontage von Industrieanlagen, Entnahme von Gütern aus der laufenden Produktion; Nutzung deutscher Arbeitskräfte).

Die Konferenz von Jalta fand statt, als die Alliierten bereits auf allen Kriegsschauplätzen dominierten und die Deutschen an allen Fronten immer weiter zurückweichen mussten. Am 12. Februar 1945 war die **Rote Armee** zu einer militärischen **Offensive** angetreten und hatte in schnellen Vorstößen bereits das oberschlesische Industrierevier und die mittlere Oder erreicht. Im Südosten befand sie sich im Vormarsch auf die Tschechoslowakei, Ungarn und Österreich.
Im **Westen** waren ebenfalls zu Anfang des Jahres 1945 die Streitkräfte der USA, Großbritanniens und Frankreichs in breiter Front gegen das Westufer des **Rheins** vorgerückt. Anfang März wurde Köln eingenommen, Mitte März Koblenz, Ende März/Anfang April 1945 das Ruhrgebiet von den westlichen Alliierten erobert.
Am 25. April kam es zum Zusammentreffen sowjetischer und amerikanischer Truppen bei **Torgau an der Elbe**. Zur gleichen Zeit schloss sich der sowjetische Belagerungsring um **Berlin**. Als der Versuch scheiterte, diesen zu sprengen, beging Hitler am 30. April Selbstmord. In seinem Testament hatte er den Großadmiral Dönitz zu seinem Nachfolger als Staatsoberhaupt bestimmt und die Regierung verpflichtet, den Krieg mit allen Mitteln fortzusetzen. Jedoch konnte die von Dönitz eingesetzte neue geschäftsführende Regierung nur noch die **Liquidation** des militärisch, wirtschaftlich und politisch zusammengebrochenen Reichs durchführen. Angesichts der vollkommen aussichtslosen militärischen Situation für Deutschland beabsichtigte von Dönitz zunächst nur eine Teilkapitulation gegenüber den Westmächten. Zugleich wollte er den Kampf gegen die Rote Armee noch fortsetzen, um möglichst große Teile der Zivilbevölkerung und der deutschen Truppen in die von den Westmächten kontrollierten Gebiete gelangen zu lassen. Darüber hinaus hatte man nach dem **Tod Roosevelts** am 12. April 1945 die Hoffnung noch nicht aufgegeben, die Westmächte würden sich mit Deutschland gegen die Sowjetunion verbünden. **General Eisenhower**, der Oberbefehlshaber der alliierten Truppen in Europa, bestand dagegen auf einer deutschen **Gesamtkapitulation**, die am 7. Mai im westlichen Hauptquartier in Reims und am 8. Mai im sowjetischen Hauptquartier in Berlin-Karlshorst erfolgte. Mit der bedingungslosen Kapitulation war die totale Niederlage des Deutschen Reiches besiegelt. Damit endete zugleich der Zweite Weltkrieg in Europa.

In einem zweiten Lösungsschritt soll im Rahmen der Teilaufgabe 2 die Redestrategie des Redners charakterisiert werden. Nach der Definition des entsprechenden Operators sollen hierbei deren Eigenarten beschrieben und diese dann unter einem bestimmten Gesichtspunkt zusammengefasst werden.

Im Hinblick auf die **Redestrategie** von Krosigks ist festzustellen, dass er weder Hitler noch das Unrechtsregime des Nationalsozialismus namentlich erwähnt. Dagegen heroisiert der Redner den Kampf im Krieg und hält damit in gewisser Weise den **Mythos der deutschen Kriegsstärke** aufrecht. So spricht von Krosigk von dem „heldenmütigen Kampf von ungeheuerlicher Härte“ (Z. 7) und später erneut vom „Heldenkampf unseres Volkes“ (Z. 52 f.). Tendenziell versetzt der Red-

ner Deutschland sogar in eine Opferrolle, etwa wenn er die „Atmosphäre des Hasses“ beklagt, die „heute Deutschland in der Welt umgibt“ (Z. 46 f.).
Bemerkenswert ist ferner, dass von Krosigk mit dem Begriff der „**Volksgemeinschaft**“ einen Ausdruck verwendet, der zum Vokabular des Nationalsozialismus zählt und daher erheblich belastet ist. Gleichzeitig beruft sich der Redner aber auf die **Werte der christlich-abendländischen Kultur**.
Insgesamt handelt es sich, abgesehen von den Passagen mit der ernüchternden Bekanntgabe der Kapitulation Deutschlands, um eine **pathetische Ansprache**.
Appellativen Charakter besitzt die Rede in mehrfacher Hinsicht. So wendet sich der Redner mit einer Reihe von Aufforderungen direkt an das deutsche Volk, die er jedoch allesamt mittels des Personalpronomens „wir“ formuliert. Durch diese den Redner selbst mit einschließende Redeweise erzeugt von Krosigk zusätzlich ein Gefühl der **Zusammengehörigkeit** und **gemeinsamer Verantwortung**. Darüber hinaus appelliert er aber auch an die Alliierten, Recht walten zu lassen, und hofft auf die **Versöhnungsbereitschaft** der Völker.
Der Redner verfolgt durch seine Redestrategie das Ziel, den **nationalen Zusammenhalt** aufrechtzuerhalten oder wiederherzustellen. Er vermeidet, zumindest rhetorisch, einen vollständigen Bruch mit der Vergangenheit und hebt sogar Eigenschaften wie Kameradschaft oder Opferbereitschaft als auch in Zukunft geltende Werte besonders hervor. Mit dem Rückgriff auf die begriffliche Dreiheit Einigkeit, Recht und Freiheit, die die Anfangszeilen der dritten Strophe von Hoffmann von Fallerslebens „Lied der Deutschen“ bilden, versucht der Redner, an eine rechts- und nationalstaatliche Tradition vor 1933 anzuknüpfen. Dieser Versuch der Traditionsvergewisserung geht einher mit der Einleitung einer Neuorientierung durch Re-Integration in die „europäische Völkerfamilie“.

3. *Teilaufgabe 3 zielt auf den dritten Anforderungsbereich ab und verlangt eine Beurteilung in zweierlei Hinsicht. Zum einen sollen die Einschätzungen des Redners hinsichtlich der Vergangenheit, zum anderen hinsichtlich der Zukunft Deutschlands beurteilt werden. Der gewählte Operator verlangt hierbei ein begründetes Sachurteil ohne persönlichen Wertebezug.*

Bei einer Beurteilung der **Einschätzungen**, die der Redner **über die Vergangenheit** Deutschlands abgibt, ist zunächst festzustellen, dass von Krosigk sich an keiner Stelle explizit vom nationalsozialistischen Bild des Krieges distanziert. Er vermeidet Aussagen über eine Kriegsschuld oder begangenes Unrecht seitens des Deutschen Reiches.
An zentraler Stelle seiner Rede stellt von Krosigk Bezüge zu den Begriffen Einigkeit, Recht und Freiheit her, von denen er behauptet, sie seien stets das „Unterpfand echten deutschen Wesens“ gewesen. Dieser Bezug wirkt allerdings nicht nur wegen der Rolle, die der Redner in der Diktatur gespielt hat, kaum überzeugend, sondern auch deswegen, weil diese Werte in den zurückliegenden zwölf Jahren missbraucht und mit Füßen getreten wurden. Auf diese Weise **konstruiert** der Redner eine Tradition, die während der NS-Zeit gar keine Rolle spielte.

Auf der anderen Seite greift von Krosigk mit dem Gedanken der „Volksgemeinschaft" einen zentralen ideologischen Begriff des Nationalsozialismus auf. In diesem Begriff manifestierte sich die nationalsozialistische Vorstellung einer „völkischen", das heißt auf rassischer Definition beruhenden Gesellschaft, in der von vornherein „fremdvölkische" Menschen, aber auch „Asoziale", Behinderte, Homosexuelle, politisch Unerwünschte und andere zu Gegnern der nationalsozialistischen „Weltanschauung" erklärte Personen und Gruppen ausgeschlossen und verfolgt wurden.

Was die **Einschätzungen** des Redners **im Hinblick auf die Zukunft** Deutschlands angeht, ist ihm zunächst ein hohes Maß an **Realismus** zuzubilligen. Die von von Krosigk erwarteten harten Kapitulationsbedingungen seitens der Alliierten entsprechen einer realistischen Sichtweise. In ihrer „Erklärung in Anbetracht der Niederlage Deutschlands" machten die Siegermächte am 5. Juni 1945 öffentlich bekannt, dass die oberste Regierungsgewalt in Deutschland von Vertretern der vier alliierten Mächte übernommen worden sei und von ihnen gemeinsam ausgeübt werde. Diese **Juni-Deklaration** wiederholte die militärischen Kapitulationsbedingungen und verband sie mit einer Ankündigung von Maßnahmen wie der Abrüstung und Entmilitarisierung sowie der Verhaftung der Naziführer und Kriegsverbrecher. Damit hatten die vier Siegermächte die Hoheitsrechte über Deutschland übernommen.

Neben der klaren Voraussicht auf die harten Friedensbedingungen erhofft von Krosigk eine Wiederherstellung von Recht und Gerechtigkeit als Grundlage für das zukünftige Deutschland. Die Umstände und Bedingungen, unter denen diese erfolgen kann, bleiben allerdings offen. Zugleich ist der Redner selbst kaum der geeignete Mann, um diese Perspektive glaubhaft zu vertreten, da von Krosigk jahrelang als Mitglied der Reichsregierung und Finanzminister eher Teil des Regimes und in seine Verbrechen **verstrickt** war.

Von Krosigk spricht von einer Zugehörigkeit der Deutschen zu einer europäischen Völker- und Staatengemeinschaft. Vor dem Hintergrund der Verbrechen, die durch Deutschland und im Namen Deutschlands verübt wurden und die einen **Zivilisationsbruch** nicht gekannten Ausmaßes bedeuteten, muss die Berufung des Redners auf eine Zugehörigkeit Deutschlands zur christlich-abendländischen Kultur als fragwürdig erscheinen. Andererseits formuliert von Krosigk hiermit eine **Zielperspektive** für seine deutschen Zuhörer. Insofern wird von Krosigk in seiner Rundfunkansprache der Aufgabe gerecht, den Deutschen eine **Orientierung** zu vermitteln.

Allerdings dürfte auch dem damaligen Zuhörer klar gewesen sein, dass die seitens des Redners erhofften Entwicklungen, namentlich die Bereitschaft der bisherigen Kriegsgegner zu Versöhnung und die Rückkehr Deutschlands in eine europäische Staatengemeinschaft, nur realisierbar sein würden, wenn bei der deutschen Regierung und dem Volk Einsicht und Verantwortungsbewusstsein erkennbar würden. Dieses hätte sich auch in der Bereitschaft ausdrücken müssen, sich mit der eigenen Schuld auseinanderzusetzen. Hierzu bietet der Redner allerdings kaum einen Ansatzpunkt.

Abiturprüfung 2010 NRW – Grundkurs Geschichte
Aufgabe 2

A 1: Interpretation sprachlicher oder nichtsprachlicher historischer Quellen mit gegliederter Aufgabenstellung

Aufgabenstellung	Punkte
Interpretieren Sie die Quelle, indem Sie	
1. sie analysieren,	26
2. sie in den historischen Kontext einordnen und die Bedeutung der Bildelemente erläutern,	30
3. die Einschätzung des Zeichners überprüfen.	24

M 1: Weihnachtsengel

Rudolf Hermann: Weihnachtsengel 1931, ULK (1931) Nr. 50, Wochenbeilage zum Berliner Tageblatt. Nachdruck in: Haese/Wolfgang U. Schütte: Frau Republik geht pleite. Deutsche Karikaturen der Zwanziger Jahre. Leipzig 1990, S. 29, Nr. 33

Zugelassene Hilfsmittel: Wörterbuch zur deutschen Rechtschreibung

Lösungsvorschläge

Inhaltliche Schwerpunkte:
Das „kurze" 20. Jahrhundert
- *Die nationalsozialistische Diktatur*
  – Politische und ideologische Voraussetzungen des Nationalsozialismus: mittel- und längerfristige politische Ursachen, Krisensituation 1930 –1933, NS-Ideologie
  – Ende des Rechts- und Verfassungsstaates in Deutschland 1933/34

1. *Die Aufgabe ist dem Aufgabentyp A zuzurechnen, wobei es sich im vorliegenden Fall um die Interpretation einer nichtsprachlichen historischen Quelle handelt. Die im ersten Aufgabenteil zu leistenden Arbeitsschritte sind im Wesentlichen mit denen vergleichbar, die bei der Analyse einer sprachlichen Quelle zu erfüllen sind. Konkret bedeutet dies, dass in der Lösung der ersten Teilaufgabe zunächst die Quelle vorgestellt werden soll. Dazu gehören als Teilschritte die Benennung des Zeichners, der Adressaten, des Erscheinungsdatums und -ortes der Bildquelle. Ferner sollen Thema und Intention bestimmt werden. Im letzten Teil dieser ersten Teilaufgabe soll die Bildquelle genau beschrieben werden.*

Bei der zu interpretierenden Quelle handelt es sich um eine **politische Karikatur** des deutschen Karikaturisten Rudolf Herrmann, die im ULK, der Wochenbeilage zum Berliner Tageblatt, in der Ausgabe 50, also am Jahresende 1931, erschienen ist. Als **Adressaten** der Karikatur mit dem Titel „Weihnachtsengel 1931" kommen zunächst die Leser dieser Zeitung infrage, darüber hinaus aber auch die gesamte politisch interessierte deutsche Öffentlichkeit sowie mögliche Leser im Ausland.
Thema der Karikatur ist die Auseinandersetzung mit den brutalen Kampfmethoden der Nationalsozialisten. Zum Zeitpunkt des Erscheinens der Karikatur, also im Dezember des Jahres 1931, rechnet der Zeichner offenbar mit einem weiter zunehmenden **SA-Terror**. Das bevorstehende Weihnachtsfest nimmt er daher zum Anlass, diese Befürchtung in Gestalt einer Karikatur zu thematisieren.
Der Zeichner verfolgt die **Absicht**, den Betrachter vor einem weiteren Machtzuwachs Hitlers zu warnen und ihn zu einer kritischen Sichtweise der Politik Hitlers und der Nationalsozialisten, ihrer Ideologie sowie ihrer Vorgehensweise zu veranlassen.

Die hochformatige Karikatur, in deren oberen rechten Ecke „ULK", der Name der Zeitschrift, zu lesen ist, besteht aus einem **Bildteil** sowie aus einer zweiteiligen **Bildunterschrift** am unteren Bildrand. Hier ist in sehr kleinen Buchstaben auch der Name des Zeichners zu lesen.
Auf dem unteren Teil der Zeichnung, der etwa ein Drittel des Formats füllt, ist ein Teil des **Globus** zu sehen mit den Umrissen des europäischen Kontinents. Fünf Hauptstädte sind durch entsprechende Bauwerke, die an passender Stelle auf dem Globus eingezeichnet sind, markiert: Paris mit dem Eiffel-Turm, London mit der Tower-Bridge, Berlin mit dem Brandenburger Tor, Wien mit dem Stephansdom sowie Rom mit dem Titus-Bogen.

Weit über der Erdkugel und dem europäischen Kontinent schwebt, durch Größe und zentrale Perspektive hervorgehoben, ein **geflügelter Hitler** in der **Uniform der SA**. Diese Sturmabteilung (kurz SA) war die paramilitärische Kampforganisation der NSDAP und fungierte während der Weimarer Republik u. a. als Ordnertruppe bei Veranstaltungen und Kundgebungen der Partei. Zu der SA-Uniform mit Koppel und Schulterriemen trägt Hitler die typischen Schaftstiefel sowie eine Kappe mit Schirm und Lederriemen zur Befestigung unter dem Kinn. Die Proportionen der Gestalt Hitlers, die im Zentrum des Bildes steht, scheinen aufgrund des voluminös aufgeblähten Hinterteils leicht **verzerrt**.
Hitler hält seinen Kopf leicht nach oben geneigt, seine Augen sind geschlossen. Sein **Gesichtsausdruck** wirkt ernst und andächtig. Von der Welt unter ihm scheint er keine Notiz zu nehmen. Hitler weist mit der brennenden Kerze an der SA-Kappe und den Flügeln einerseits **Attribute eines Weihnachtsengels** auf, andererseits ist er im Besitz von **Mord- und Terrorinstrumenten**. So hält er in seiner Rechten einen aus Holz gezimmerten Galgen, an dessen unterem Ende sich ein Hakenkreuz befindet. Aus seiner Linken hat Hitler eben Waffen für den Straßenkampf wie Pistolen, Messer, Schlagstock und Schlagring fallen gelassen, die nun im Begriff sind, auf Deutschland hinabzuregnen.
Die Bildunterschrift nimmt mit der Kennzeichnung „Weihnachtsengel 1931“ und mit den Worten „Ich bring' Euch allen frohe Mär'“, der Anfangszeile eines bekannten **Weihnachtsliedes**, Bezug auf Hitler in Engelsgestalt.

2. *In Teilaufgabe 2, die durch zwei Operatoren bestimmt wird, soll in einem ersten Lösungsschritt die Bildquelle in den historischen Kontext eingeordnet werden.*

Die vorliegende Karikatur thematisiert den **Aufstieg Hitlers** und den zunehmenden **Terror der SA**, der straff organisierten Parteitruppe der NSDAP.
Vor dem Hintergrund der Weltwirtschaftskrise und ihrer Folgen für Deutschland war die NSDAP bei den Reichstagswahlen vom 14. September 1930 hinter der SPD zur zweitstärksten Partei aufgestiegen. Die Zahl ihrer Abgeordneten im Reichstag erhöhte sich sprunghaft von 12 auf 107. Zu dem **Wahlerfolg der NSDAP** hatte beigetragen, dass es dieser mithilfe hemmungsloser Propaganda gelungen war, aus der Unzufriedenheit mit der wirtschaftlichen Notlage Kapital zu schlagen und breite Wählerzustimmung zu erzielen. Hitler schob die Schuld an der Misere vornehmlich auf den Versailler „Schandfrieden“ und auf die „korrupten Politiker des Weimarer Systems“.
Nach dem großen Wahlerfolg der Nationalsozialisten war der parlamentarische Alltag von **inszenierten Tumulten** gekennzeichnet, mit denen die NSDAP-Abgeordneten, teilweise in Zusammenarbeit mit den Kommunisten, die **parlamentarische Arbeit im Reichstag zum Erliegen** bringen und die **Regierungsarbeit stören** wollten.
Außerhalb der gemeinsam verfolgten destruktiven Zielsetzungen bekämpften sich die Kommunisten und Nationalsozialisten allerdings erbittert. Dabei verlagerten sich die **politischen Auseinandersetzungen mehr und mehr auf die Straße**. In

vielen Städten kam es zu regelmäßigen Straßen- und Saalschlachten zwischen den nationalsozialistischen Sturmabteilungen (SA) und den kommunistischen „Rotfrontkämpfern".
Parallel zu den militanten Aktionen seiner Partei konnte Hitler auf der anderen Seite politische Erfolge durch eine **Annäherung an die konservativen und nationalistischen Kreise** erzielen. Am 11. Oktober 1931 schlossen sich die Nationalsozialisten mit den Deutschnationalen unter der Führung **Alfred Hugenbergs**, des Chefs eines mächtigen Wirtschafts- und Presseimperiums, sowie der ihr nahestehende „Stahlhelm", der Bund der ehemaligen Frontsoldaten, und weitere nationalistische Verbände in Bad Harzburg zur „**Harzburger Front**" zusammen, einem Aktionsbündnis mit dem Ziel des Kampfes gegen die Weimarer Republik.
Schon in der **Agitation gegen den Youngplan**, mit dem die deutschen Reparationszahlungen neu geregelt werden sollten, war es 1929 zu einer Kooperation zwischen Hitler und nationalistischen Kreisen gekommen. Die Rechtsparteien, darunter auch die seit dem missglückten **Hitler-Putsch** von 1923 nahezu bedeutungslos gewordene NSDAP, initiierten ein Volksbegehren gegen den Youngplan und für ein „Freiheitsgesetz", durch das die Unterzeichner des Youngplans mit Zuchthausstrafen bedroht werden sollten. Zwar erreichte das Volksbegehren knapp die erforderlichen zehn Prozent der Stimmen, jedoch blieb der anschließend durchgeführte Volksentscheid für die Initiatoren erfolglos. Dennoch war diese Agitation ein wichtiger Schritt für den Aufstieg Hitlers und der NSDAP.
Der **Massenzulauf** zur NSDAP und damit der Erfolg Hitlers steigerten sich aufgrund der sich verschärfenden wirtschaftlichen Krise noch weiter. Hitler versprach, die Deutschen aus dem Elend und der Not herauszuführen und Deutschland wieder zu alter Größe zu verhelfen.
Vor dem Hintergrund der politischen wie der ökonomischen Krise stellte sich Hitler mit seinem schroffen **Antiparlamentarismus** und der pauschalen Schuldzuweisung gegen die als „Weimarer System" diffamierte Republik als letzte Hoffnung im Kampf gegen die Massenarbeitslosigkeit und die allgemeine Notlage dar und präsentierte sich als **Heilsbringer und Erlöser**.

In einem zweiten Lösungsschritt im Rahmen dieser Teilaufgabe soll, ausgehend von der Beschreibung im ersten Lösungsteil, die Bedeutung der Bildelemente erläutert werden.

Die Quellengattung Karikatur wird auch als **gezeichneter Kommentar** bezeichnet. Das Spezifische der Karikatur liegt in ihrer Tendenz zur **Überzeichnung** und in ihrer **entlarvenden Funktion**.
Im vorliegenden Fall sind Hitler, der aufgrund der **Physiognomie** eindeutig identifiziert werden kann, **Attribute** beigefügt, die zueinander in Widerspruch stehen. Der Auftritt Hitlers als Friedensbote und Weihnachtsengel steht in **Kontrast** zu dem Galgen mit einem Hakenkreuz als Fuß und zu den „Geschenken", die Hitler über Deutschland verstreut. Damit erscheint Hitler trotz seines scheinheiligen Auftretens und seiner mit geringem Aufwand hergestellten Verkleidung als Weih-

nachtsengel in Wahrheit als Verkörperung von Terror und Unrecht. Das auf Friedfertigkeit und Harmlosigkeit zielende Erscheinungsbild Hitlers wird als **Lüge und Betrug** entlarvt. Der Galgen in Kombination mit dem Hakenkreuz kennzeichnet den Nationalsozialismus als **gewalttätige und Tod bringende Ideologie**. Wenn Hitler zudem im Titel der Karikatur als „Weihnachtsengel" tituliert wird und ihm im Untertitel der Karikatur gleichzeitig die aus einem bekannten Weihnachtslied stammenden Worte „Ich bring' Euch allen frohe Mär'" in den Mund gelegt werden, steht dies in scharfem Kontrast zum gezeichneten Inhalt des Bildes und **ironisiert** auch auf diese Weise die Friedensrhetorik Hitlers.
Neben der entlarvenden Absicht kommt die **Verhöhnung** hinzu: Der Karikaturist stellt Hitler als lächerliche Gestalt dar. Zu diesem Eindruck tragen besonders die unpassend und lächerlich wirkende Kerze an der SA-Kappe und die Überbetonung der Körperrundungen, die Hitler dicklich erscheinen lässt, bei.
Bedeutsam für das Verständnis der Karikatur ist darüber hinaus, dass die herabregnenden Waffen, die Hitler wie milde Gaben ausschüttet, zwar in erster Linie auf Deutschland zielen, dass der Karikaturist den Blick des Betrachters dabei aber auf eine Karte Europas lenkt. Aus der Sicht des Zeichners ist von Hitlers Politik in Zukunft also möglicherweise nicht nur Deutschland, sondern ganz Europa betroffen. Dies lässt auf die Auffassung des Zeichners schließen, dass über Deutschland hinaus vielleicht sogar ganz **Europa** unter dem Terror, den Hitler und seine Partei verbreiten, wird leiden müssen, wenn Hitler weitere Erfolge erzielen kann.
Insgesamt erweist sich die Karikatur von Rudolf Herrmann als **Kritik** an Hitler und dem Vorgehen der SA. Herrmann weist schon lange vor der Machtübernahme Hitlers und dem Beginn der NS-Diktatur auf den Terror hin, der von Hitler und seiner Partei ausgeht. Zugleich entlarvt er Hitlers **Doppelstrategie**, die von scheinheiligen Versprechungen und gewaltsamem politischen Handeln geprägt ist.

3. *Teilaufgabe 3 fordert eine Überprüfung der von dem Karikaturisten getroffenen Einschätzung und Beurteilung. Mit der Lösung dieser Teilaufgabe wird der Anforderungsbereich III erreicht.*

Bei der Beurteilung der vorliegenden Bildquelle stellt sich die Frage, ob und inwieweit der Zeichner Rudolf Herrmann mit seiner Karikatur nicht nur den bestehenden Zustand angemessen kennzeichnet, sondern darüber hinaus auch eine zutreffende **politische Prognose** getroffen hat. Hierbei besteht für den heutigen Betrachter allerdings die Gefahr, die Ende 1931 getroffene Aussage aus der Kenntnis der späteren Entwicklungen heraus vorschnell als zutreffende Vorhersage einzuordnen. Zu prüfen ist daher, ob der Zeichner zum Zeitpunkt der Entstehung der Karikatur Anhaltspunkte hatte, die eine solche Beurteilung zumindest als möglich erscheinen ließen.
Trotz des relativ **frühen Erscheinungszeitpunkts** ist die prognostische Qualität der Karikatur sehr hoch. Tatsächlich konnte auch der **zeitgenössische Betrachter** bereits einen deutlichen Widerspruch zwischen den Versicherungen Hitlers, die Regierungsgewalt mit legalen Mitteln erreichen zu wollen, einerseits und den

radikalen Grundpositionen des nationalsozialistischen Programms und dem militanten Auftreten der Partei bei Kundgebungen und Aufmärschen andererseits feststellen.
Bei anhaltenden Erfolgen der NSDAP waren weitere Zwangs- und Terrormaßnahmen der Nationalsozialisten nicht nur nicht auszuschließen, sondern geradezu Programm und vorauszusehen. Der Zeichner vertraut offenbar und zu Recht nicht **Hitlers Legalitätseid**, den dieser 1930 vor dem Reichsgericht abgelegt hatte und der in der Tat keinen Verzicht auf eine bewaffnete Erhebung oder eine Abkehr von organisierter Gewaltanwendung bedeutete. Bis 1933 operierten **SA-Trupps**, deren Stärke Anfang 1932 bereits über 200 000 Mann betrug, mit Propagandamärschen, Störaktionen oder der Sprengung der Versammlungen gegnerischer Parteien oder bei Straßenkämpfen. Die SA blieb bis zur Übernahme der Kanzlerschaft durch Hitler ein Instrument der Einschüchterung und Bedrohung des politischen Gegners. Das im April 1932 erlassene, vorübergehende Verbot der SA, durch das die Einschätzung des Karikaturisten im Grunde bestätigt wird, blieb im Ergebnis ohne Einfluss auf ihre Schlagkraft. Nach der „Machtergreifung" 1933 diente die SA als **Terrorinstrument im Gleichschaltungsprozess**.
Herrmanns Einschätzung, die sich in seiner Karikatur „Weihnachtsengel 1931" widerspiegelt, erweist sich also als insgesamt zutreffende Prognose, die den **aggressiven Kern von Hitlers „Weltanschauung" und seiner Politik** herausstellt und damit die **politische Atmosphäre der frühen dreißiger Jahre** in Deutschland zutreffend charakterisiert. Gleichwohl kann man die allein gegen Hitler und die Nationalsozialisten gerichtete Tendenz der Karikatur insofern einer gewissen Kritik unterziehen, als hier die Gefahr für die Republik allein von der politischen Rechten auszugehen scheint.

Abiturprüfung 2010 NRW – Grundkurs Geschichte
Aufgabe 3

B 1: Analyse von Sekundärliteratur und kritische Auseinandersetzung mit ihr mit gegliederter Aufgabenstellung

Aufgabenstellung	Punkte
1. Analysieren Sie den vorliegenden Textauszug.	26
2. Erläutern Sie aus Ihrer Kenntnis der revolutionären Entwicklung 1848/49 die Probleme und Faktoren, die nach Mommsen für das Scheitern der Revolution bedeutsam waren.	28
3. Setzen Sie sich mit Mommsens Urteil über die Revolution und ihre Folgen auseinander.	26

M: Wolfgang Mommsen: Freiheit und Einheit als Ziel der Revolution (Auszüge)

Die Frankfurter Nationalversammlung ist vielfach als ein entschlußschwaches Professorenparlament beschrieben worden, das sich weitgehend in bloßer Rhetorik erschöpft habe. Dies ist gänzlich ungerechtfertigt. Angesichts der Größe der vor ihm stehenden Aufgaben hat die Paulskirche hervorragende Arbeit geleistet. Sie konzentrierte sich zunächst auf die Schaffung einer provisorischen Zentralgewalt und auf die Ausarbeitung eines Grundrechtskatalogs. Gemeinhin wird letzteres als ein nutzloses, rein akademisches Unterfangen angesehen, bei dem die Nationalversammlung wertvolle Zeit verloren habe. Tatsächlich handelte es sich jedoch um eine Art von Grundgesetz, das, über die sogenannten Menschenrechte weit hinausgehend, einen allgemeinen Normenkatalog für die Gestaltung der Verfassungen der deutschen Einzelstaaten enthielt. […]

Die Nationalversammlung stand vor dem nahezu unlösbaren Problem, in welcher Weise man die Deutschen Österreichs in den zu errichtenden deutschen Bundesstaat einbeziehen könne, ohne gleichzeitig die staatliche Existenz Österreichs zu untergraben. Die schließlich gefundene „kleindeutsche" Lösung, welche die Deutschen Österreichs außerhalb des deutschen Nationalstaates beließ, in der Hoffnung, daß sie zu einem späteren Zeitpunkt dann doch noch dazustoßen könnten, war bis zum letzten Augenblick erbittert umkämpft. Friedrich Wilhelm IV. verlieh dem erst nach langen Auseinandersetzungen gefundenen Kompromiß den Todesstoß, indem er die ihm von den Abgeordneten der Frankfurter Nationalversammlung angetragene Kaiserwürde in rüder Form ablehnte.

Jedoch war der Kampf um die Verwirklichung der Reichsverfassung erst in dem Augenblick endgültig verloren, als Österreich und wenig später auch Preußen im Mai 1849 ihre Abgeordneten aus der Nationalversammlung zurückzogen und dem zurückbleibenden Rumpfparlament jegliche politische Legitimation absprachen, weiterhin für die deutsche Nation zu sprechen. […]

Entscheidend für das schließliche Scheitern der Revolution aber waren andere Faktoren. Dazu gehörte fraglos der Umstand, daß die bürgerliche Reformbewegung sich nahezu von Anbeginn in eine liberale und eine radikaldemokratische Richtung spaltete, die von den wiedererstarkenden konservativen Kräften immer wieder gegeneinander ausgespielt werden konnten. Die Liberalen waren von Anfang an darauf ausgerichtet, die „ungewollte Revolution“[1] möglichst bald wieder zu beenden und in rechtlich legitimierte Verhältnisse zu überführen. Daher waren sie allzu sehr geneigt, auf Vereinbarungen mit den bestehenden dynastischen Gewalten zu setzen. […]

Den Ausschlag für das Scheitern der Revolution gab jedoch die Niederlage der nationalen Emanzipationsbewegungen, zunächst in Mailand und in Oberitalien, dann in Prag und Budapest, und zeitgleich in Polen und in Schleswig-Holstein. […]

Was waren, so wird man abschließend fragen müssen, die Folgen des Scheiterns der Revolution von 1848/49? Über Deutschland und Mitteleuropa senkte sich für mehr als ein Jahrzehnt erneut der Vorhang eines obrigkeitlich-bürokratischen Regiments herab, das alle freiheitlichen Bestrebungen einstweilen erstickte oder in den Untergrund verdrängte. Freilich ließ sich das Rad der Geschichte nicht gänzlich wieder zurückdrehen. Die Regierungen bemühten sich zwar nach Kräften, die konstitutionellen Verfassungen, die während der Revolution durchgesetzt worden waren, im konservativen Sinne zu revidieren, aber völlig ließen sich die konstitutionellen Grundsätze nicht mehr beseitigen.

Wichtiger war, daß die Idee einer freiheitlichen Staatsordnung, wie sie in den von der Paulskirche beschlossenen „Grundrechten des deutschen Volkes“ ihren vornehmsten Ausdruck gefunden hatte, aus den Köpfen der Bevölkerung nie wieder ganz verdrängt werden konnte. Obschon die Frankfurter Reichsverfassung niemals in Kraft getreten ist, setzte sie doch in vieler Hinsicht die Maßstäbe für die künftige Verfassungsentwicklung in Deutschland, bis hin zur Entstehung des Grundgesetzes der Bundesrepublik Deutschland im Jahre 1949.

Auch in nationalpolitischer Hinsicht wurde das Verfassungswerk der Nationalversammlung zur Richtschnur für die künftige Entwicklung. Die Gründung des Norddeutschen Bundes und dann des Deutschen Reiches als einen föderativ gegliederten Nationalstaat unter preußischer Führung, die Otto von Bismarck mit großem Gespür für die tieferliegenden politischen Strömungen in der deutschen Staatenwelt verwirklichte, kam einer Umsetzung des „kleindeutschen“ Verfassungsplans der Paulskirche durch eine „Revolution von oben“ gleich, unter Übernahme auch des in Frankfurt als Kompromiß zwischen der gemäßigten Rechten und der radikalen Demokratie beschlossenen allgemeinen, gleichen und direkten Wahlrechts; allerdings erhielt das Verfassungsgebäude des Reiches als solches eine ausgeprägt autoritäre Struktur, zum Schaden einer kontinuierlichen Fortentwicklung der deutschen Politik in den kommenden Jahrzehnten.

Wolfgang Mommsen: Freiheit und Einheit als Ziel der Revolution. In: 1848 – Das erste deutsche Parlament. Eine Sonderbeilage der Frankfurter Rundschau vom 18. Mai 1998, S. 3 f.

Anmerkungen:
1 Hier zitiert Mommsen sich selbst; er hat in einem früheren Abschnitt des Aufsatzes die Revolution von 1848 als „ungewollte Revolution" bezeichnet.

Hinweis zum Text:
Einige offensichtliche Fehler, die im Drucksatz entstanden sind, wurden beseitigt.

Hinweise zum Verfasser:
Wolfgang Mommsen, 1930–2004, bekannter Historiker; er war Professor für Neuere Geschichte an verschiedenen Universitäten und Autor zahlreicher Veröffentlichungen zur Geschichte des 19. und 20. Jahrhunderts.

Zugelassene Hilfsmittel: Wörterbuch zur deutschen Rechtschreibung

---

Lösungsvorschläge

Inhaltliche Schwerpunkte:
Das „lange" 19. Jahrhundert
- *Nationalstaatsgedanke und Nationalismus in Europa*
  – Idee und Problematik des Nationsbegriffs
  – „Einheit und Freiheit" in der deutschen Revolution 1848/49
- *Reichsgründung von oben: Deutschland 1870/71*

Das „kurze" 20. Jahrhundert
- *Der Erste Weltkrieg*
  – Kriegsende und politischer Umbruch in Deutschland
- *Deutschland und Europa nach dem Zweiten Weltkrieg*
  – Das Grundgesetz und die Gründung der Bundesrepublik Deutschland

1. *In Teilaufgabe 1 wird die Analyse der zu bearbeitenden Textvorlage verlangt. Dabei sind wie gewohnt folgende Aspekte zu beachten: Nennung des Autors und der Adressaten des Textes, Kennzeichnung der Textsorte, Erscheinungszeitpunkt und -ort, Anlass seiner Veröffentlichung, Thema, Inhalt und Gedankengang. Soweit für die Bearbeitung sinnvoll, können Informationen, die sich in den Erläuterungen und Fußnoten des zu bearbeitenden Textes finden lassen, in die Ausarbeitung einfließen. Bei der Erarbeitung des Inhalts sollten Sie auf eine angemessene Verwendung von Zitaten und deren Belege durch Zeilenangaben achten.*

   Der zu analysierende Text mit dem Titel „Freiheit und Einheit als Ziel der Revolution" stammt von dem Historiker **Wolfgang Mommsen** (1930–2004) und wurde am 18. Mai 1998 anlässlich des **150. Jahrestages der Revolution** von 1848 in der Sonderbeilage der **„Frankfurter Rundschau"** veröffentlicht.
   Bei dem in Auszügen vorliegenden Text handelt es sich um einen **wissenschaftlichen Essay**, dessen Adressat allerdings vorrangig eine **historisch interessierte Öffentlichkeit** sein dürfte. Dies lässt sich aus dem Erscheinen des Beitrages in einer großen deutschen Tageszeitung erschließen.

Wolfgang Mommsen, der Professuren für Neuere Geschichte an mehreren Lehrstühlen innehatte und sich insbesondere mit Fragen der Geschichte des 19. und 20. Jahrhunderts beschäftigt hat, thematisiert in seinem Artikel die Ursachen des Scheiterns der Revolution von 1848/49, aber auch ihre langfristigen, bis in die Gegenwart reichenden Wirkungen.

Nachdem Mommsen zu Beginn seiner Ausführungen an einen der gängigen Vorwürfe gegen die Frankfurter Nationalversammlung („entschlußschwaches Professorenparlament"; Z. 1 f.) erinnert und diesen als „gänzlich ungerechtfertigt" (Z. 3) zurückgewiesen hat, lobt er stattdessen die angesichts der zu bewältigenden Aufgaben „hervorragende Arbeit" (Z. 4) der Versammlung. Hierbei hebt der Verfasser insbesondere die Schaffung einer **provisorischen Zentralgewalt** sowie die Ausarbeitung eines **Grundrechtskatalogs** hervor. Gerade Letztgenannter wird nach Mommsens Einschätzung zu Unrecht oft als nutzlose Zeitvergeudung angesehen. Dagegen sieht Mommsen selbst diese Arbeit über den Grundrechtskatalog hinaus als richtungweisend für die Gestaltung der Verfassungen der deutschen Einzelstaaten an (Z. 10 f.).

Im folgenden Abschnitt seines Artikels erläutert Mommsen mit der Frage der **Einbeziehung Österreichs** in den zu errichtenden deutschen Nationalstaat ein „nahezu unlösbare[s] Problem" (Z. 12), bei dem sich die Frankfurter Nationalversammlung schließlich für die bis zum letzten Moment umstrittene kleindeutsche Lösung entschied.

Dem preußischen König **Friedrich Wilhelm IV.**, dem von der Nationalversammlung die Kaiserkrone angetragen wurde und der diese „in rüder Form" (Z. 20 f.) zurückgewiesen habe, weist Mommsen, der in diesem Zusammenhang sogar von einem „Todesstoß" (Z. 19) spricht, eine erhebliche Mitschuld am Scheitern des Verfassungswerkes zu. Als noch bedeutsamer dagegen stuft Mommsen die Tatsache ein, dass Österreich und danach auch Preußen ihre Abgeordneten aus der Frankfurter Nationalversammlung zurückzogen und ihr damit die Legitimation als Sprecherin der deutschen Nation entzogen (Z. 22 ff.).

Für das letztendliche Scheitern der Revolution macht Mommsen allerdings in einem weiteren Abschnitt seines Artikels noch andere Faktoren aus. Besonders hebt der Verfasser hierbei die **Spaltung der bürgerlichen Reformbewegung** in eine liberale und eine radikaldemokratische Richtung hervor. Den Liberalen wirft Mommsen vor, sie hätten sich allzu bereitwillig auf „Vereinbarungen mit den bestehenden dynastischen Gewalten" (Z. 34) eingelassen, um die an sich „ungewollte Revolution" (Z. 32) wieder „in rechtlich legitimierte Verhältnisse zu überführen" (Z. 32 f.).

Als weitere Ursache von ausschlaggebender Bedeutung nennt Mommsen schließlich die „**Niederlage der nationalen Emanzipationsbewegungen**" (Z. 35 f.) im europäischen Maßstab und verweist hierbei u. a. auf die Ereignisse in Oberitalien, Prag, Budapest und in Polen.

Nach den Ausführungen zu den Ursachen und Gründen für das Scheitern der Revolution von 1848/49 wendet sich Mommsen nunmehr den **Folgen** dieses Scheiterns zu (Z. 38 ff.). Zwar konstatiert auch Mommsen für Deutschland und Mitteleuropa die **Restauration** eines „obrigkeitlich-bürokratischen Regiments" (Z. 40 f.) in den 1850er-Jahren, in deren Zuge die entstandenen Verfassungen im konservativen Sinne revidiert wurden. Gleichwohl konnte die konstitutionelle Grundidee nicht mehr beseitigt werden.

Außerdem, so urteilt Mommsen, habe die **Paulskirchenverfassung**, auch wenn sie nicht in Kraft getreten ist, in verfassungspolitischer Hinsicht „Maßstäbe für die künftige Verfassungsentwicklung in Deutschland" (Z. 51 f.) gesetzt. Daneben sieht Mommsen auch Auswirkungen in nationalpolitischer Hinsicht und weist darauf hin, dass sowohl der **Norddeutsche Bund** als auch das **Deutsche Reich** von 1871 als föderativ gegliederter **Nationalstaat** unter preußischer Führung in der Nachfolge des Verfassungswerks der Frankfurter Nationalversammlung standen. Schließlich habe die Verfassung des Bismarck-Reiches mit der Einführung des allgemeinen, gleichen und direkten **Wahlrechts** auf Reichsebene eine wichtige Entscheidung der Verfassung von 1849 aufgegriffen und realisiert. Mit deutlicher Kritik charakterisiert Mommsen allerdings die von Bismarck durchgesetzte kleindeutsche Lösung als „**Revolution von oben**" (Z. 60) und attestiert abschließend dem Verfassungsgebäude des Reiches insgesamt eine „ausgeprägt autoritäre Struktur" (Z. 63 f.) zum Schaden für die weitere Entwicklung der deutschen Politik in den folgenden Jahrzehnten.

2. *Für die Lösung der Teilaufgabe 2 ist umfangreiches und detailliertes Kontextwissen erforderlich. Im vorliegenden Fall sollten die Probleme und Faktoren, die Mommsen für das Scheitern der Revolution von 1848/49 anführt, erläutert werden. Da in einer Klausur aus Zeitgründen nicht alle infrage kommenden Aspekte thematisiert werden können, müssen Sie eine Auswahl treffen. Wie in der folgenden Musterlösung gezeigt, sollten hierbei die folgenden Punkte ausgewählt und näher ausgeführt werden:*
   - *das Problem der groß- bzw. kleindeutschen Lösung,*
   - *das Problem des Staatsoberhaupts und die Haltung Friedrich Wilhelms IV.,*
   - *die Spaltung des revolutionären Lagers und ihre Folgen,*
   - *die Niederlage der Nationalbewegungen im europäischen Rahmen.*

Eines der nach Mommsens Einschätzung „nahezu unlösbaren" Probleme (Z. 12) der Frankfurter Nationalversammlung war die Frage, **welche Gebiete** der künftige deutsche Nationalstaat umfassen sollte. Mit dieser Problematik war zugleich die Frage nach der **Zukunft der österreichischen Monarchie** verbunden.

Die **großdeutsche Lösung**, für die im Herbst 1848 zeitweilig die Mehrheit der Frankfurter Nationalversammlung eintrat, sah vor, dass die deutschen und böhmischen Gebiete Österreichs, nicht aber der weitaus größere restliche Teil der Donaumonarchie, einem neuen deutschen Nationalstaat angehören sollten. Diese Lösung hätte allerdings die Einheit und den Fortbestand der österreichischen Monarchie infrage gestellt. Da auch bei dieser großdeutschen Lösung einige nicht deutsche Bevölkerungs- und Landesteile Österreichs mit in das neue Reich einbezogen worden wären, hätte dies zugleich eine Verletzung des Nationalitätsprinzips be-

deutet. Die großdeutsche Lösung hätte zudem den Dualismus und das machtpolitische Konkurrenzverhältnis zwischen Preußen und Österreich auf den neuen Nationalstaat übertragen und diesen erheblich belastet.
Da die österreichische Regierung, die ein Auseinanderreißen des Staates nicht akzeptieren konnte, auf der **Unteilbarkeit der Donaumonarchie** bestand, war die großdeutsche Lösung politisch nicht realisierbar. Als der österreichische Staatskanzler Schwarzenberg Anfang 1849 eine noch weiter reichende Lösung in die Diskussion einbrachte, bei der die ganze Donaumonarchie mit ihrem gesamten Staatsgebiet in das Reich hätte eintreten sollen und die eine unbestreitbare Dominanz Österreichs im neuen Reich bedeutet hätte, schwenkte die Mehrheit der Nationalversammlung auf die sogenannte **kleindeutsche Lösung** um. Deren Anhänger sahen die einzige verbleibende Möglichkeit, einen deutschen Nationalstaat zu schaffen, darin, auf eine Teilnahme Österreichs ganz zu verzichten und einen unter der Führung Preußens stehenden Bundesstaat zu gründen. Dieser sollte in einem lockeren Staatenbund mit der österreichischen Gesamtmonarchie verbunden bleiben.

Einen weiteren wesentlichen Faktor für das Scheitern der Revolution und der Verfassung sieht Mommsen in der Haltung des preußischen Königs **Friedrich Wilhelm IV.** Nachdem sich die Nationalversammlung am 27. März 1849 mit knapper Mehrheit für ein Erbkaisertum entschieden hatte, wählten die Abgeordneten der Versammlung am folgenden Tag mit 290 Stimmen bei 248 Enthaltungen den preußischen König Friedrich Wilhelm IV. zum Kaiser der Deutschen. Als eine Delegation unter der Leitung des Parlamentspräsidenten Eduard Simon in Berlin erschien, um dem preußischen König die Nachricht zu überbringen, lehnte dieser die ihm angetragene Kaiserwürde ab. Friedrich Wilhelm IV. war nur bereit, die Krone aus den Händen der deutschen Fürsten zu akzeptieren, nicht aber aus den Händen der Revolutionäre.
Obwohl der König sich nach der Märzrevolution 1848 zur Errichtung eines deutschen Bundesstaates, zur Einrichtung einer konstitutionellen Monarchie und zur Gewährung von Grundrechten bekannt hatte, lehnte er die Revolution und ihre Forderungen nach Volkssouveränität und Parlamentarismus aus seinem dynastischen Selbst- und Staatsverständnis heraus ab. Sein Entgegenkommen in den Märztagen des Jahres 1848 hatte lediglich taktische Gründe gehabt. Spätestens nach der Niederwerfung der Revolution griff Friedrich Wilhelm IV. wieder auf die **vorrevolutionären Prinzipien** zurück. Mit seiner **Ablehnung der Kaiserkrone** brachte er das gesamte Verfassungswerk der Frankfurter Nationalversammlung zum Scheitern.

Zu den letztlich für das Scheitern der Revolution verantwortlichen Faktoren zählt Mommsen die **Spaltung der bürgerlichen Kräfte** in eine liberale und eine demokratische Richtung sowie eine allzu große Kompromissbereitschaft der bürgerlichen Reformbewegung. Tatsächlich unterschieden sich die politischen Positionen beider Richtungen, die ihrerseits aus weiteren Fraktionen bestanden, erheblich. Die **Liberalen** stellten zwar die meisten Abgeordneten in der Paulskirchenversammlung, zerfielen aber ihrerseits in mehrere Gruppierungen. Die gemäßigten

Liberalen waren zur Mitarbeit in den existierenden staatlichen Strukturen bereit und plädierten für eine durch die Verfassung beschränkte und kontrollierte Monarchie. Der zukünftige Bundesstaat sollte mit einer starken Zentralgewalt ausgestattet werden. Die Volksvertretung, die durch ein an Besitz und Bildung gekoppeltes Wahlrecht zustande kommen sollte, sollte die legislative Funktion übernehmen. Die Bereitschaft, besonders der rechten Liberalen, zum Kompromiss mit den konservativen Kräften wurde durch das Abgrenzungsbedürfnis gegen die radikalen demokratischen Kräfte und die Angst vor sozialen Veränderungen verstärkt. Diese Gruppe der Liberalen trat für Freiheit und Gleichheit vor dem Gesetz ein, lehnte aber gesellschaftspolitische Veränderungen und sozialreformerische Bestrebungen ab.
Die **Konservativen** setzten sich für eine Beibehaltung möglichst vieler Elemente der alten Ordnung ein, wollten beispielsweise die Rechte der monarchisch regierten Einzelstaaten möglichst wenig eingeschränkt sehen und traten für eine Stärkung der föderativen Elemente in einer Verfassung ein.

Auf der linken Seite des politischen Spektrums standen zum einen die **gemäßigten Demokraten**, die mit legalen, parlamentarischen Mitteln die Republik und soziale Reformen anstrebten, und zum anderen die **Radikaldemokraten**. Diese traten für die vorbehaltlose Geltung der Volkssouveränität ein und strebten – ebenso wie die Gemäßigten – die **Republik** als Staatsform an, waren aber bereit, ihre weitgehenden Forderungen auch durch neuerliche revolutionäre Aktionen voranzutreiben.

Bei der von Mommsen als ausschlaggebend für das Scheitern der Revolution gekennzeichneten „Niederlage der nationalen Emanzipationsbewegungen“ in anderen Teilen Europas handelt es sich hauptsächlich um **nationale Bestrebungen in den verschiedenen Landesteilen der österreichischen Monarchie**.
So hatte die revolutionäre Bewegung auch in **Italien** ihren Widerhall gefunden. In Oberitalien war es in Mailand, Brescia, Padua und in Venedig zu Erhebungen italienischer Freiheitskämpfer gegen die österreichische Vorherrschaft gekommen. Jedoch konnte die italienische Einigungsbewegung von österreichischen Truppen zerschlagen, die österreichische Vorherrschaft in Oberitalien im Wesentlichen wiederhergestellt werden. Auch in den nicht von Österreich beherrschten Gebieten Italiens scheiterte die nationale Bewegung während der Revolution von 1848/49.
Nationale Unruhen und Aufstände gab es auch in **Ungarn** und **Böhmen**. Deren Ziel war ebenfalls die nationale Unabhängigkeit von Österreich. Bei der Unterdrückung des Ungarnaufstandes erhielten die österreichischen Truppen Unterstützung durch das Militär des Zaren, der verhindern wollte, dass die Freiheitsbestrebungen der slawischen Völker auf Russland übergriffen. Das deutschsprachige Bürgertum in Österreich, das durch die Freiheitsbewegungen in den verschiedenen Landesteilen den Fortbestand der Donaumonarchie bedroht sah, begrüßte die Siege der kaiserlichen Armeen über die Aufständischen. Diese trugen aber gleichzeitig zum Wiedererstarken der restaurativen Kräfte und damit zur Niederlage der Liberalen in Österreich bei.

3. *Die Teilaufgabe 3 fordert im Sinne des Aufgabentyps B und zur Erreichung des dritten Anforderungsbereichs die Auseinandersetzung mit den Aussagen und Positionen des zuvor analysierten Textes der Sekundärliteratur. Im vorliegenden Fall wird man von Ihnen nicht erwarten, dass Sie in der Lage sind, die Ausführungen eines als Fachmann ausgewiesenen Historikers zu widerlegen oder in zentralen Punkten zu bestreiten. Die geforderte Auseinandersetzung kann, wie im vorliegenden Lösungsbeispiel deutlich werden soll, auch darin bestehen, wesentliche Aussagen des Autors zu bestätigen. Dabei kommt es allerdings darauf an, dass Sie Ihre zustimmende Haltung erläutern und gegebenenfalls die Feststellungen Mommsens durch eigene Erläuterungen zusätzlich stützen. Denkbar sind darüber hinaus auch relativierende Ausführungen, in denen Sie, gestützt auf eigene Argumente, beispielsweise andere Prioritäten setzen.*

Ohne Zweifel sind die von Mommsen genannten Probleme und Ursachen für das Scheitern der Revolution allesamt von Bedeutung. Die Frage der **Gewichtung einzelner Faktoren** allerdings ist auch unter Historikern nicht unumstritten und wird unterschiedlich beantwortet.

Die Bedeutung der Tatsache, dass in verschiedenen Teilen des österreichischen Kaiserreichs nationale Erhebungen niedergeschlagen wurden und scheiterten, wird – anders als von Mommsen – nicht allenthalben als derart bedeutsam angesehen. Wäre etwa die kleindeutsche Lösung vom preußischen König sowie anderen Staaten wie Bayern oder Hannover akzeptiert und mitgetragen worden, hätten die österreichischen Entwicklungen hierauf keinen unmittelbaren Einfluss haben müssen.

Zusätzlich zu den von Mommsen in dem vorliegenden Auszug angesprochenen Problemen sind weitere Aspekte zu nennen, die die Arbeit der Nationalversammlung erschwerten. Untrennbar verknüpft mit der Frage des Gebietsumfangs eines deutschen Nationalstaates, hinter der auch das Problem der zukünftigen Führungsrolle im Deutschen Reich stand, waren die Fragen der **staatlichen Organisation des Reiches**. Hier ging es neben der Entscheidung über eine klein- bzw. großdeutsche Regelung auch um die **Staatsform** sowie um das künftige **Staatsoberhaupt**. Die Mehrheit der Nationalversammlung trat für eine **Monarchie** ein, an deren Spitze ein Kaiser stehen sollte. Gestritten wurde unter den Anhängern der Monarchie aber über die Alternativen zwischen Wahl- und Erbkaisertum. Eine Minderheit der Nationalversammlung befürwortete dagegen die **republikanische Staatsform**. Außerdem standen bei den Verfassungsdebatten die Anhänger einer unitarischen Ordnung, in der die Kompetenzen des Gesamtstaates gestärkt werden sollten, denen einer föderativen Ordnung gegenüber, die etwa über ein Zweikammersystem die Mitwirkungsrechte der Länder unterstreichen wollten.

Zu der **Zersplitterung** der revolutionären Bewegung in Liberale und Demokraten kam also die Spaltung in Großdeutsche und Kleindeutsche, in Monarchisten und Republikaner sowie in Anhänger eines unitarischen und eines föderalen Staatsaufbaus. Diese vielfache **Uneinigkeit** erschwerte ein einheitliches Handeln der Nationalversammlung, verhinderte einen schnellen Sieg der Revolution im Sommer 1848 und ermöglichte ein Erstarken und letztlich den Sieg der **Gegenrevolution**.

Was die Folgen der Revolution von 1848/49 betrifft, so ist Mommsen zuzustimmen, wenn er die **Stärkung des konstitutionellen Gedankens** in Deutschland als langfristig wirksames Ergebnis der Revolution betrachtet. Auch der von dem Autor betonte **Vorbildcharakter der Paulskirchenverfassung** für die weitere deutsche Verfassungsgeschichte ist zu unterstreichen und lässt sich belegen.
So kann Bismarcks Reichseinigung als Umsetzung des kleindeutschen Gedankens verstanden werden, auch wenn sie maßgeblich im Zuge der drei **Einigungskriege** (Deutsch-dänischer Krieg 1864, Deutsch-deutscher Krieg 1866 und Deutsch-französischer Krieg 1870/71) mit militärischen Mitteln erfolgte.
In der **Reichsverfassung von 1871** finden sich Ideen, die bereits in der Verfassung von 1849 verankert waren. So fand das allgemeine, gleiche und geheime Wahlrecht Eingang in die Verfassung des Bismarck-Reiches. Jedoch ist einschränkend festzustellen, dass Bismarck bei der Übernahme von Bestimmungen in die Verfassungen des Norddeutschen Bundes und des Kaiserreichs hauptsächlich aus machtpolitischem Kalkül handelte. Insgesamt wird man die Reichsverfassung von 1871, auf deren ausgeprägt autoritäre Struktur auch Mommsen hinweist, nicht als Erbe der 48er-Revolution ansehen können, da in ihr die von der Revolution angestrebten Freiheiten nur unzureichend verwirklicht wurden.
Tatsächlich konnte auch die Gegenrevolution – wie Mommsen hervorhebt – das „Rad der Geschichte" nicht vollständig zurückdrehen. Die konstitutionelle Regierungsform war – mit Ausnahme von Österreich – in den deutschen Staaten fest verankert. Die **staatsbürgerliche Gleichheit** war auf dem Vormarsch und bestimmte **Freiheitsrechte** waren garantiert, so die Freiheit des religiösen Bekenntnisses oder das Recht auf Auswanderung, die Abschaffung der Zensur oder die Gewerbefreiheit.
Mommsen spricht wie die meisten Historiker von einem Scheitern der Revolution von 1848, relativiert diese Einschätzung aber selbst, indem er gute Gründe für die Annahme geltend macht, dass die Revolution mittel- und langfristig weitreichende Folgen hatte. Tatsächlich ist die Paulskirche der Ort, an dem das erste frei gewählte Parlament der Deutschen zusammentrat. Die Frankfurter Nationalversammlung und das von ihr geschaffene Verfassungswerk verkörpern den **Beginn der deutschen Demokratiegeschichte**. So wurden die von der Frankfurter Nationalversammlung formulierten und in die Verfassung von 1849 aufgenommenen Grundrechte zwar nicht in der Verfassung des Kaiserreichs, wohl aber in der Weimarer Reichsverfassung von 1919 und im Bonner Grundgesetz von 1949 aufgegriffen.

Abiturprüfung 2011 NRW – Grundkurs Geschichte
Aufgabe 1

A 1: Interpretation sprachlicher oder nichtsprachlicher historischer Quellen mit gegliederter Aufgabenstellung

Aufgabenstellung	Punkte
Interpretieren Sie die Quelle, indem Sie	
1. sie analysieren,	28
2. charakterisieren, wie Dunner das Verhalten der Bevölkerung im NS-Staat beurteilt, und, ausgehend vom Text, Bedingungen für politisches Handeln im NS-Staat erläutern. Berücksichtigen Sie dabei auch seine Biographie.	28
3. Dunners Einschätzungen erörtern und aus heutiger Sicht kritisch dazu Stellung nehmen.	24

M 1: Joseph Dunner: Rede vor dem Arbeitsausschuß der Berufsjournalisten Bayerns am 9. September 1945

Heute möchte ich zu Ihnen nicht als Beauftragter der amerikanischen Militärregierung sprechen. Betrachten Sie mich als jemanden, der an die

demokratische Wiedergeburt des deutschen Volkes,

an den Frieden und die Freiheit Europas und der gesamten Welt glaubt, der daran glauben muß, wenn sein Leben Inhalt haben soll.

Ich bin mir dessen bewußt, daß Glaube allein nicht genug ist. Uns, die Freiheit und Frieden für die Menschheit wollen, haben sich Interessen entgegengestellt, die sich als absolut erklärten, die kriegerisch waren und die uns verpflichteten, ebenfalls kriegerisch zu werden. Ich bin nie der Ansicht gewesen, daß alle Deutschen mit jener Horde von Rowdies identisch sind, die 1933 in Deutschland die politische Macht an sich rissen. Ich habe mir zu allen Zeiten die Hoffnung auf ein besseres Deutschland bewahrt [...], das mit den grölenden, verrohten SS.- und SA.-Bataillonen, mit den Mördern von Juden und Polen, von Tschechen, Russen, Franzosen, Norwegern und Holländern nichts gemein haben kann. Aber zwischen den Schuldigen an den Insassen der Konzentrationslager und an den Massenmorden der letzten Jahre und jenen, die als Schergen und Mitschuldige sich den Schändern der Wahrheit und Menschenwürde zur Verfügung gestellt haben, ist oft nur schwer eine klare Scheidung zu treffen.

Mitschuldig sind jene, die, einst die politisch Denkfaulen und Gleichgültigen, den nazistischen Trommlern Gefolgschaft leisteten und glaubten, bei dem Raubzug auf Juden, Pazifisten, Sozialdemokraten und Kommunisten in Deutschland sowie auf die Völker Europas im trüben fischen zu können. Mitschuldig ist die große Masse der

Deutschen, die sich willig der nationalistischen Kulturwidrigkeit, dem Rassendünkel[1], dem Kriegsgeschrei und dem privilegierten Unrecht ergab. Mitschuldig sind jene, die wendig das Hakenkreuz manchmal auf, manchmal unter dem Rockaufschlag trugen und die heute stammeln: „Wir mußten doch der Partei angehören." Während der zwölfjährigen Naziherrschaft hat man nie laut gehört von diesem „Muß". Es war bequem, als Parteigenosse zu leben und mit geschwellter Brust bei Bier und Wein auf den Führer zu trinken. Es war bequem, in der Nähe von Dachau und Oranienburg zu wohnen und bei den Schreien der Gequälten stumm mit den Achseln zu zucken oder feige zu erklären: „Irgend etwas müssen die doch schon verbrochen haben, umsonst sind sie nicht im Konzentrationslager". Die Standhaften, jene, die sich der faschistischen Sturmflut entgegenstemmten, die seelisch und oft auch physisch hungerten, die auf Schritt und Tritt bespitzelt wurden, die, den Gefahren schurkischer[2] Denunziation ausgesetzt, jederzeit um ihr Leben kommen konnten, hätten auch schwach werden und in beklemmender Stunde sagen können: „Ich muß." Einige Deutsche blieben stark, mannhaft und treu. Sie sind für mich das wahre Deutschland. […]

Nicht nur die Alliierten, auch die, welche in Deutschland die Fahne der Freiheit in der Hand hielten, haben gesiegt. Dieser Sieg ist nicht vollkommen. Wohl liegt der deutsche Militarismus am Boden, wohl sind Tausende von Nazibonzen hinter Schloß und Riegel, während andere Tausende von Nazis zum erstenmal pessimistisch in die eigene Zukunft schauen. Die Alliierten haben die Rolle des Geburtshelfers gespielt. Sie haben von außen her mit militärischer Macht den Kaiserschnitt anwenden müssen, da das deutsche Volk nicht aus sich heraus die Kraft gefunden hat, in Freiheit und Frieden sein Reich zu begründen, ein Reich, in dem

alle Macht wirklich vom Volke

ausgeht. Die Republik von Weimar war ein lobenswertes Experiment. Die an diesem Experiment ehrlich bestrebt teilnahmen, verdienen die Hochachtung und den Dank der ganzen zivilisierten Welt. Aber der Versuch mißglückte an seinen Halbheiten. Das Deutsche Volk, mit jahrhundertelanger militaristischer Tradition belastet, war anscheinend nicht reif für den Gedanken der Demokratie. […]

Ein Mephisto[3] hat uns die Macht der Presse demonstriert. Presse kann vergiften. Presse kann Gegensätze stiften, den Unverstand züchten und Feindschaften entfachen. Presse kann aber auch Ausdruck warmer, tiefer Menschlichkeit sein und selbst in ihrer Kritik angemessen, taktvoll zur Wahrheitsliebe, zum Wissen um Höheres und Bleibenderes erziehen. […]

Es liegt bei Ihnen, den Schriftstellern und Journalisten, dafür zu sorgen, daß Rückständigkeit und Aberglaube, Unvernunft und Furcht nicht mehr als Massenartikel in den Salons wie in den Gossen feilgehalten werden, daß der politischen Verwahrlosung ein Ende geboten wird und daß auf deutschem Boden eine Generation entsteht, die ohne kriecherische Unterwürfigkeit, ohne Dünkel auf sogenannte „höhere Bildung" verantwortlich und lebensbejahend ihren Weg geht. […]

Erlauben Sie keinen Reinwaschungsversuch derer, die die

Vergewaltigung friedliebender Nachbarvölker,

die Judenverfolgungen, die Konzentrationslager, die Fälschung und Verleumdung auf ihrem Gewissen haben. Sorgen Sie dafür, daß die Schuldigen ihrer Strafe zugeführt werden, um der Gerechtigkeit willen, um der Unschuldigen willen, um der deutschen Jugend willen, die endlich lernen muß, zwischen Recht und Unrecht zu unterscheiden. Bereiten Sie aber auch den erlösenden Tag vor, an dem die Menschen dieses Landes sich aus den Schutt- und Trümmerhaufen erheben und – den Blick von der Vergangenheit losgelöst – sich vorbehaltslos und gleichberechtigt einreihen in die **eine** Welt.

Joseph Dunner: Rede vor dem Arbeitsausschuß der Berufsjournalisten Bayerns am 9. September 1945, abgedruckt unter der Überschrift „Die Zukunft der deutschen Presse. Richtungweisende Ansprache Dr. Dunners vor Bayerns Journalisten", in: Süddeutsche Zeitung, 1. Jahrgang, Nr. 1, 6. Oktober 1945, S. 2 (Nachdruck: München o. J.). Hervorhebungen im Text folgen dem Abdruck in der Zeitung.

Hinweise zum Verfasser:
Joseph Dunner, geb. am 10. Mai 1908 als Sohn jüdischer Eltern in Fürth, schon vor 1933 engagierter Gegner der Nationalsozialisten, im Frühjahr 1933 in die USA emigriert, 1945 für die Lizenzierung von Zeitungen zuständiger Presseoffizier der US-Besatzungstruppen, später Professor für Politikwissenschaften an der Yeshiva-Universität in New York / USA.

Anmerkungen:
1 Dünkel: Hochmut
2 im Original schlecht lesbar
3 Mephisto: Teufel (gemeint ist der Propagandaminister Joseph Goebbels)

Zugelassene Hilfsmittel: Wörterbuch zur deutschen Rechtschreibung

---

Lösungsvorschläge

Inhaltliche Schwerpunkte:
Das „kurze" 20. Jahrhundert

- *Die nationalsozialistische Diktatur*
  - *Politische und ideologische Voraussetzungen des Nationalsozialismus: mittel- und längerfristige politische Ursachen, Krisensituation 1930–1933, NS-Ideologie*
  - *Ende des Rechts- und Verfassungsstaates in Deutschland 1933/34*
  - *Zweiter Weltkrieg und Völkermord an den europäischen Juden*
- *Deutschland und Europa nach dem Zweiten Weltkrieg*
  - *Teilung Europas und Deutschlands (1945–1955)*
  - *Das Grundgesetz und die Gründung der Bundesrepublik Deutschland*

1. *Nach einer Vorstellung der Quelle mit den üblichen Aspekten Autor, Textsorte, Entstehungszeit, Adressaten, Thema besteht Ihre wesentliche Aufgabe darin, die Hauptaussagen des Textes, z. B. im textdurchschreitenden Verfahren, differenziert wiederzugeben.*

   Bei der vorliegenden Textquelle handelt es sich um einen Auszug aus einer **Rede** des US-amerikanischen Presseoffiziers Joseph Dunner vor dem Arbeitsausschuss der Berufsjournalisten Bayerns am 9. September 1945. Die Rede wurde in der „Süddeutschen Zeitung" vom 6. Oktober 1945 unter der Überschrift „Die Zukunft

der deutschen Presse. Richtungweisende Ansprache Dr. Dunners vor Bayerns Journalisten" abgedruckt.
Joseph Dunner war als in Deutschland geborener Jude 1933 in die USA emigriert und mit den alliierten Truppen nach Deutschland zurückgekommen. Zum Zeitpunkt der Rede war Dunner als Presseoffizier der US-Besatzungstruppen für die Lizenzierung von Zeitungen in der amerikanischen Zone zuständig.
Die direkten **Adressaten** seiner Rede sind die anwesenden Vertreter einer in Deutschland neu aufzubauenden freien Presse. Über die Publikation seiner programmatischen Rede in der ersten Ausgabe der kurz zuvor neu gegründeten „Süddeutschen Zeitung" erreichte Dunner auch eine breitere deutsche Öffentlichkeit.
Im **Herbst 1945**, dem Zeitpunkt der Rede, bemühten sich die Besatzungsmächte bereits um einen Aufbau demokratischer Strukturen, u. a. auch durch die Zulassung von Presseerzeugnissen. **Thema** der Rede ist die Entwicklung von Grundsätzen für den Aufbau einer demokratischen politischen Kultur in Deutschland angesichts der Erfahrungen der NS-Zeit. Dunner richtet mit seiner Rede einen **Appell** an das Verantwortungsbewusstsein der deutschen Journalisten und fordert sie auf, am Aufbau einer demokratischen Kultur und eines Rechtsbewusstseins in Deutschland mitzuarbeiten.
Zu Beginn seiner Ansprache definiert Dunner seine eigene gegenwärtige Rolle: Nicht als Beauftragter der amerikanischen Militärregierung will er von den Anwesenden wahrgenommen werden, sondern als jemand, „der an die demokratische Wiedergeburt des deutschen Volkes" glaube (Z. 2 f.). Dunner bekennt sich dabei zugleich zu den für ihn zentralen Werten **Friede und Freiheit**. In diesem Zusammenhang betont Dunner aber auch, dass es notwendig gewesen sei, gegen ein aggressives und seine Weltanschauung verabsolutierendes nationalsozialistisches Deutschland mit kriegerischen Mitteln vorzugehen.
Im folgenden Abschnitt des Redeauszuges trifft Dunner eine Unterscheidung zwischen den **Schuldigen** an den Konzentrationslagern und den Massenmorden einerseits und den zahlreichen **mitschuldigen „Schergen" des Regimes** andererseits. Dabei räumt Dunner ein, dass diese Unterscheidung nicht immer leicht zu treffen sei (vgl. Z. 14–18). In den wenigen Standhaften, die nach Dunners Einschätzung „stark, mannhaft und treu" (Z. 37) geblieben seien, sieht Dunner die **Repräsentanten des „wahre[n] Deutschland**" (Z. 37 f.).
In einem weiteren Abschnitt seiner Rede befasst sich Dunner nunmehr mit der **Rolle der Alliierten**. Diese hätten zwar zusammen mit denjenigen Deutschen, die „die Fahne der Freiheit in der Hand hielten" (Z. 39 f.), über Militarismus und Nazitum gesiegt, jedoch sei dieser Sieg keineswegs „vollkommen" (Z. 40). Die Alliierten sieht Dunner in der Rolle von Geburtshelfern, die von außen eingreifen mussten, da dem deutschen Volk die Kraft gefehlt habe, selbst „in Freiheit und Frieden sein Reich zu begründen" (Z. 45 f.). Den Grund für das **Scheitern der Weimarer Demokratie**, die er als „lobenswertes Experiment" (Z. 48) bezeichnet, vermutet Dunner in der mangelnden Reife des deutschen Volkes für den Gedanken der Demokratie.
Nachdem Dunner in einem weiteren Abschnitt seiner Rede auf die ambivalente **Macht der Presse** eingegangen ist und dabei in verklausulierter Form auch auf die

Rolle des Reichspropagandaministers Goebbels verwiesen hat (vgl. Z. 53), nimmt er im letzten Teil des vorliegenden Redeauszuges die Anwesenden stellvertretend für die deutschen Schriftsteller und Journalisten in die Verantwortung. An die **neu entstehende Publizistik** in Deutschland richtet er einen mehrfachen Appell und fordert deren Vertreter dazu auf, an der Wiederherstellung von Menschlichkeit und Bildung verantwortungsvoll mitzuwirken. Als Aufgabe der Presse sieht es Dunner u. a. an, dafür zu sorgen, dass die nationalsozialistischen Verbrechen am eigenen Volk wie an den Nachbarvölkern nicht in Vergessenheit geraten und die **Schuldigen ihrer Strafe zugeführt** werden. Schließlich sieht Dunner den Auftrag der Presse aber auch darin, über eine Beschäftigung mit der Vergangenheit und einer Bewältigung der Gegenwartsprobleme hinaus darauf hinzuarbeiten, dass die **Deutschen gleichberechtigte Partner in der Welt** werden.

2. *Im ersten Lösungsschritt soll die Eigenart von Dunners Argumentation charakterisiert werden. Dies schließt ein Eingehen auf die sprachlichen Merkmale des Redeauszuges mit ein.*
In einem zweiten Lösungsteil sollen in dieser Teilaufgabe die Bedingungen für politisches Handeln während des Nationalsozialismus erläutert werden. Die Aufgabenstellung sieht ausdrücklich vor, dass hierbei von der Textvorlage auszugehen ist. Wichtig ist also, dass nicht eine umfassende Darstellung des nationalsozialistischen Herrschaftssystems erwartet wird, sondern eine textbezogene Erläuterung einzelner Aspekte. Zudem sollen Sie die Biographie des Redners in Ihre Überlegungen miteinbeziehen.

Dunner thematisiert in seiner Rede im September 1945, wenige Monate nach Kriegsende, das Verhalten der deutschen Bevölkerung im Nationalsozialismus und bemüht sich hierbei um eine **differenzierte Beurteilung** der Deutschen. Eine kollektive Schuldzuweisung lehnt Dunner ab und unterscheidet zwischen den Tätern, für die er stellvertretend die Parteimitglieder, SA- und SS-Leute nennt und die er in erster Linie für die Konzentrationslager und für die Massenmorde in Deutschland und in den besetzten Gebieten verantwortlich macht, von den vielen „Mitschuldigen" und „Schergen". Mitschuldig ist nach Dunners Ansicht die große Masse der Deutschen, der er Denkfaulheit, Gleichgültigkeit, Bequemlichkeit oder mangelndes Rechtsgefühl und fehlendes Unrechtsbewusstsein angesichts der Verbrechen und des Unrechts während der Nazi-Herrschaft vorwirft. Als Motive, sich dem NS-Regime unterzuordnen, nennt Dunner die Aussicht auf **persönliche Bereicherung**, **Karrierestreben** oder **Rassendünkel**.
Dieser weitaus größten Gruppe der deutschen Bevölkerung stellt Dunner die wenigen „Standhaften" gegenüber, die in ständiger Bedrohung und in Lebensgefahr lebten. Den Begriff „standhaft" wählt Dunner vermutlich mit Bedacht, denn er betont sehr deutlich, was diese Menschen von der Masse der Mitläufer unterscheidet: Sie beugten sich, anders als Letztere, gerade nicht dem tatsächlichen oder vermeintlichen Zwang zur Unterordnung und zum Mitmachen und wider-

standen den Versuchungen eines persönlichen Vorteils oder einer bequemen Lebensführung während der Diktatur.
Auch auf **sprachlicher Ebene** fallen die deutlichen Bewertungen auf, derer sich Dunner bedient. So spricht er mit Blick auf die schuldigen Täter von der „Horde von Rowdies“ (Z. 10), von „grölenden, verrohten SS.- und SA.-Bataillonen“ (Z. 12 f.), von den „Schändern der Wahrheit und Menschenwürde“ (Z. 16 f.) oder allgemein von der „faschistischen Sturmflut“ (Z. 33), während er den „Standhaften“ (Z. 32), die „in Deutschland die Fahne der Freiheit in der Hand hielten“ (Z. 39 f.), die sich dem Regime entgegenstellten und einer Mitwirkung an den Verbrechen widerstanden, Eigenschaften wie Stärke, Mannhaftigkeit und Treue zuschreibt. (vgl. Z. 32–38) Auch auf diese Weise wird somit deutlich, dass der Verfasser mit besonderer Hochachtung und Sympathie von den Oppositionellen und den Verfolgten des nationalsozialistischen Regimes spricht, in denen er die Zukunft Deutschlands sieht.
Die Ausführungen Dunners spiegeln in ihren Bewertungen deutlich die **Situation eines jüdischen Emigranten**, der, wäre er in Deutschland geblieben, sicher selbst zu den Opfern von Terror, Verfolgung oder Vernichtung gezählt hätte. Dunner kennzeichnet die Schuld der Deutschen klar, bemüht sich aber auch um eine differenzierte Beurteilung. Das zeigt, dass sich Dunner immer noch mit dem deutschen Volk identifiziert. Die Mitwirkung an einer Wiedergeburt der Demokratie in Deutschland ist für ihn, wie er selbst betont, ein wesentlicher Lebensinhalt (vgl. Z. 5).
Dass er zu Beginn seine tatsächliche Funktion als Repräsentant der siegreichen Besatzungsmacht in den Hintergrund zu stellen versucht, entspricht vermutlich Dunners tatsächlicher Überzeugung, spricht aber auch für seine überlegte Redestrategie. Die angesprochenen Journalisten, die Dunner für ihre zukünftigen Aufgaben begeistern will, lassen sich sicher umso wirkungsvoller ansprechen, wenn Dunner sie nicht als Befehlsempfänger behandelt.

Dunners Rede enthält an verschiedenen Stellen Hinweise auf die **Bedingungen politischen Handelns im NS-Staat**. Der Nationalsozialismus war seinem Anspruch sowie seiner Herrschaftspraxis nach totalitär und erklärte, wie Dunner es formuliert, seine Interessen „als absolut“ (Z. 7 f.). Das nationalsozialistische Staatsverständnis ließ **keine politische Konkurrenz** zu und **eliminierte jegliche Opposition**.
Der totalitäre Charakter des Nationalsozialismus findet sich schon vor 1933 in der **antiparlamentarischen und antidemokratischen Programmatik**. Nach der Ernennung Hitlers zum Reichskanzler am 30. Januar 1933 erfolgten Schritt für Schritt die **Beseitigung des Rechtsstaates** und die Umwandlung der Weimarer Republik in einen **totalitären Führerstaat**. Der Brand des Reichstages am 28. Februar 1933, den die Nationalsozialisten zum Aufstandsversuch der Kommunisten erklärten, bot den neuen Machthabern die Möglichkeit, durch die auf der Grundlage des Artikels 48 der Weimarer Verfassung erlassene „Verordnung zum Schutz von Volk und Staat“ („**Reichstagsbrandverordnung**“) wichtige **Grundrechte außer Kraft** zu setzen.

Zwar verfehlten die Nationalsozialisten bei den letzten halbwegs freien Reichstagswahlen am 5. März 1933 die angestrebte absolute Mehrheit, dennoch gelang es Hitler noch im selben Monat, sich auf parlamentarischem Wege umfassende Vollmachten übertragen zu lassen. Für das „Gesetz zur Behebung der Not von Volk und Reich" („**Ermächtigungsgesetz**") vom 23. März 1933, das die Reichsregierung in die Lage versetzte, von nun an selbst Gesetze zu beschließen und in Kraft zu setzen, stimmte die für eine Verfassungsänderung erforderliche Zweidrittelmehrheit der Abgeordneten des Reichstages. Nur die Kommunisten, die an der parlamentarischen Abstimmung nicht teilnehmen konnten, weil sie bereits verhaftet worden oder in den Untergrund gegangen waren, sowie die Abgeordneten der SPD unter der Führung von Otto Wels waren gegen dieses Gesetz, mit dem die Gewaltenteilung in Deutschland abgeschafft wurde.

Es folgten in den nächsten Monaten weitere Schritte auf dem Weg zur Errichtung einer Diktatur. Wichtige Stationen sind die **Gleichschaltung der Länder** mit der Auflösung der Landtage und kommunalen Selbstverwaltungsorgane oder das „**Gesetz zur Wiederherstellung des Berufsbeamtentums**", aufgrund dessen politisch missliebige Beamte entlassen werden konnten. Ein sog. „**Arierparagraph**" ermöglichte die Entfernung aller nicht-arischen Bediensteten aus dem Staatsdienst.

Durch das **Verbot** und die **Auflösung sämtlicher Parteien** mit Ausnahme der NSDAP wurde Deutschland zum **Einparteienstaat**. Verbände und Gewerkschaften wurden in **Einheitsorganisationen** überführt. Nahezu alle Lebensbereiche wurden der Gleichschaltung unterworfen.

Schließlich vereinigte Hitler nach dem Tod Hindenburgs 1934 das Amt des Reichspräsidenten mit dem des Reichskanzlers und hatte als „**Führer und Reichskanzler**" nun die alleinige Macht im Staat inne.

Zum Erscheinungsbild der NS-Diktatur gehörten ferner die **Gleichschaltung der Presse** und die Kontrolle von seinerzeit modernen Medien wie Rundfunk und Kino mit den dort angebotenen Filmprogrammen und den Wochenschauen. Über die Reichsschrifttumskammer und andere Kontrollinstanzen war der **Propagandaminister** Goebbels in der Lage, das Meinungsbild der Deutschen im Sinne der nationalsozialistischen Ideologie zu steuern und zu manipulieren.

Die politische Überwachung und **Verfolgung Andersdenkender und Oppositioneller** wurde seit 1933 systematisch ausgebaut. Schon 1933 wurde das erste Konzentrationslager in Dachau errichtet, weitere Lager, in denen die Häftlinge terrorisiert und vielfach ermordet wurden, folgten. Mithilfe der Geheimen Staatspolizei und anderer Polizeieinheiten gelang eine **nahezu lückenlose Überwachung der Bevölkerung**. Die „Schutzstaffel" (SS) und der „Sicherheitsdienst" (SD) – beides ursprünglich Parteiformationen, die eine zum persönlichen Schutz Hitlers, die andere zur Beobachtung und Bekämpfung politischer Gegner und Parteien – wurden 1936 mit der regulären staatlichen Polizei verschmolzen. Die institutionelle Eigenständigkeit der Polizei hörte damit auf. Die Verfolgungsmaßnahmen des Regimes waren jeder rechtsstaatlichen Kontrolle entzogen, auch dies ein Merkmal totalitärer Systeme.

Von Beginn an betrieb das NS-Regime eine **Diskriminierung und Entrechtung der deutschen Juden**. Schon am 1. April 1933 fanden erste öffentliche, koordinierte Boykottaktionen gegen jüdische Geschäfte und Kaufhäuser statt. Die „**Arisierung**", d. h. zwangsweise Enteignung jüdischen Besitzes, kam dem von Dunner erwähnten „Raubzug auf Juden" (Z. 20 f.) gleich. Die nationalsozialistische Rassenideologie (Dunner spricht hier von „Rassendünkel", Z. 23 f.) manifestierte sich insbesondere in den **Nürnberger Gesetzen**, führte zu gesteuerten Gewaltausbrüchen wie denen des 9. November 1938 und mündete schließlich in dem **millionenfachen Mord** an den europäischen Juden und anderen Menschengruppen, die von den Nazis als rassisch minderwertig verfolgt wurden.
Die dem nationalsozialistischen Herrschaftssystem zugrunde liegende **Volksgemeinschafts-Ideologie** basierte auf dem Prinzip von **Integration und Segregation**. Der propagierten Überwindung sozialer Gegensätze und dem verlautbarten Streben nach politischer Einheit und nationalem Aufstieg stand die Ausgrenzung und Entrechtung Andersdenkender und politischer Gegner sowie aufgrund des Rassismus als „minderwertig" empfundener Menschen gegenüber. Durch sozialpolitische Maßnahmen und Einrichtungen wie das „Winterhilfswerk" (WHW) oder die Freizeitorganisation „Kraft durch Freude" (KdF) erzielte das NS-Regime ebenso die Anerkennung vieler Deutscher wie durch tatsächliche oder scheinbare außenpolitische Erfolge.
Nicht zu übersehen ist schließlich die Bereitschaft vieler Deutscher zur Ein- und Unterordnung in bzw. unter das nationalsozialistische Herrschaftssystem. Ein Zeichen für diesen Opportunismus war die **Eintrittswelle** neuer Mitglieder, die die NSDAP nach dem Januar 1933 verzeichnen konnte. Am Ende der NS-Herrschaft waren annähernd 8 Millionen Deutsche Parteimitglieder.

3. *Auch die dritte Teilaufgabe arbeitet mit zwei Operatoren (erörtern und Stellung nehmen) und soll in zwei Teilschritten beantwortet werden. Wichtig ist, dass eine abschließende Bewertung erfolgt.*

Dunner äußert im Verlauf seiner Rede die Auffassung, der militärische Sieg allein reiche nicht, um den Nationalsozialismus wirklich zu beseitigen (vgl. Z. 39–52). Dieser Einsicht trugen auch die Alliierten Rechnung, als sie sich auf der Potsdamer Konferenz im Juli/August 1945 auf Prinzipien einigten, nach denen das besiegte Deutschland behandelt werden sollte. Diese auch als die „Fünf Ds" bezeichneten Grundsätze waren die **Denazifizierung**, **Demokratisierung**, **Dezentralisierung** sowie **Demilitarisierung und Demontage**. Die jeweils damit verbundenen Maßnahmen wurden allerdings in den verschiedenen Besatzungszonen sehr unterschiedlich angewandt.
Eine wichtige Frage schneidet Dunner an, wenn er die Lage Deutschlands im Jahre 1945 mit der nach dem verlorenen Ersten Weltkrieg vergleicht. Mit Recht hebt er hier die Funktion der **alliierten Sieger als „Geburtshelfer"** (Z. 43) des neuen Deutschland hervor. Anders als nach dem Ersten Weltkrieg kamen zumindest die Westzonen in den Genuss eines **wirtschaftlichen Wiederaufbaupro-**

gramms. Die Siegermächte engagierten sich – nicht zuletzt aus eigenem Interesse – in dem von ihnen besetzten Teil Deutschlands. Für die westlichen Besatzungszonen wurde das **westliche Demokratiemodell** prägend, für die sowjetische Zone dagegen das **sozialistische, volksdemokratische Modell**.
Aus der Kritik Dunners an der Weimarer Republik und aus der Annahme des Redners, das deutsche Volk sei seinerzeit noch nicht reif für die Demokratie gewesen (vgl. Z. 50 ff.), ist die implizite Frage abzuleiten, ob aus Dunners Sicht das deutsche Volk nach dem Zweiten Weltkrieg wirklich reifer „für den Gedanken der Demokratie" (vgl. Z. 52) erscheinen konnte als in der Weimarer Republik. Zumindest einen wichtigen Faktor für das Scheitern der ersten deutschen Demokratie nennt Dunner selbst, wenn er auf die sehr lange zurückreichenden **militaristischen Traditionen** des Landes verweist. Dunner hält das gegenwärtige Deutschland nur bedingt reif für eine demokratische Entwicklung. Dem Redner dürfte klar sein, dass der größte Teil der Deutschen, die er für Täter oder zumindest Mitschuldige hält, nicht von einem Moment auf den nächsten seine Grundeinstellungen geändert haben kann. Daher sieht er es auch als notwendig an, dass die Alliierten beim Entstehen eines neuen, demokratischen Deutschland mitwirken (vgl. Z. 43).
Dunner spricht in seiner Rede aus alliierter Sicht von einem Sieg über das nationalsozialistische Deutschland und von einer damit verbundenen **Befreiung**. Diese Sicht wurde mit Sicherheit von all denen geteilt, die unter dem NS-Regime gelitten hatten und der Verfolgung ausgesetzt gewesen waren. Allerdings ist zu bedenken, dass von großen Teilen der deutschen Bevölkerung das **Kriegsende** auch als **Niederlage** wahrgenommen wurde. Diesen Gedanken spricht Dunner nicht mit der notwendigen Klarheit aus.
Mit Blick auf die Gruppe, an die sich Dunner mit seiner Rede als US-amerikanischer Presseoffizier direkt wendet, erinnert er an die Erfahrungen mit der gleichgeschalteten Presse des Dritten Reichs. Goebbels hatte die Zeitungen und andere Medien zu Instrumenten der staatlichen Propaganda gemacht. Tatsächlich ist die **Bedeutung der freien Presse** mit unabhängiger Berichterstattung für die Existenz einer Demokratie unerlässlich: Sie übt eine Kontrollfunktion gegenüber Regierung und Verwaltung, aber auch gegenüber der Macht von Wirtschaftsunternehmen aus. Dunners Appell an die anwesenden Journalisten wird zum Zeitpunkt der Rede in einer Situation formuliert, in der die Alliierten erst gerade damit beginnen, in Deutschland wieder eine freie Presselandschaft entstehen zu lassen Nach und nach wurden von den Besatzungsbehörden Lizenzen für neu oder wieder gegründete Zeitungen erteilt. Erst nach der Gründung der Bundesrepublik, deren Grundgesetz in Artikel 5 die Pressefreiheit garantiert, erteilten die Westalliierten eine Generallizenz und zogen sich damit aus der Kontrolle der Presse zurück.
Aus heutiger Sicht wurde die demokratische Entwicklung zumindest im Westen durch die **Wiederherstellung politischer Institutionen und demokratischer Verfahren** rasch und nachhaltig gefördert. Basis für die stabile demokratische Entwicklung der aus den Westzonen entstandenen Bundesrepublik Deutschland war das **Grundgesetz**, das am 23. Mai 1949 in Kraft trat.
Die Urheber des Grundgesetzes selbst haben in ihren Beratungen im Parlamentarischen Rat eine Reihe von Konsequenzen aus den Erfahrungen der zurückliegen-

den Zeit gezogen. Damit sollte eine nochmalige **Diktatur in Deutschland unmöglich** gemacht werden. So können laut Artikel 79 des Grundgesetzes bestimmte Verfassungsprinzipien wie die **föderale Struktur** der Bundesrepublik, die Mitwirkung der Bundesländer bei der **Gesetzgebung** sowie die in den Artikeln 1 bis 20 verankerten **Grundrechte** nicht mehr geändert oder abgeschafft werden. Insbesondere das Widerstandsrecht erhielt nach den Erfahrungen des Dritten Reichs den Stellenwert eines Grundrechtes.

Dunner spricht in seiner Rede den Journalisten gegenüber davon, dass die Nazi-Verbrecher vor Gericht gestellt und bestraft werden müssten. Wenige Wochen nach Dunners Rede begann vor dem **Internationalen Militärtribunal in Nürnberg** der Prozess gegen die Spitzen des NS-Regimes. Am Ende sprachen die Richter mehrere Todesurteile und hohe Gefängnisstrafen aus. In der Breite wurde die **Entnazifizierung** in den einzelnen Besatzungszonen sehr unterschiedlich durchgeführt. Während sie in der sowjetischen Besatzungszone mit einem wirtschaftlichen und gesellschaftlichen Umbau im sozialistischen Sinne verbunden war, wurde die Entnazifizierung auch in der amerikanischen Zone zunächst sehr streng gehandhabt, aber mit Beginn des Kalten Krieges langsam eingestellt. Der Wiederaufbau von Verwaltung und Wirtschaft hatte unter dem Vorzeichen des **Ost-West-Konfliktes** Vorrang vor der politischen Überprüfung. Die mentale Bereitschaft großer Teile der westdeutschen Bevölkerung zu einer offenen und selbstkritischen **Auseinandersetzung mit dem Nationalsozialismus**, mit eigener Schuld und Verantwortung erfolgte erst mit Verzögerung.

Im Hinblick auf die von Dunner an die deutschen Journalisten und Schriftsteller herangetragenen Forderungen ist rückblickend festzustellen, dass die **Presse** in ihrer Vielfalt die ihr von Dunner zugedachte Rolle überwiegend ausgefüllt hat.

Auch wenn Dunners Wünsche und Erwartungen aus heutiger Sicht stellenweise etwas pathetisch klingen mögen, ist seine Hoffnung, aus Deutschland möge wieder ein **freies und friedliches Land** werden, das einen anerkannten Platz in der Welt innehat, nicht gescheitert.

A 1: Interpretation sprachlicher oder nichtsprachlicher historischer Quellen mit gegliederter Aufgabenstellung

Aufgabenstellung

Aufgabenstellung	Punkte
Interpretieren Sie die Quelle, indem Sie	
1. sie analysieren,	26
2. sie in den historischen Kontext einordnen und die Bedeutung der Bildelemente erklären,	30
3. die Einschätzung des Zeichners aus zeitgenössischer und späterer Sicht beurteilen.	24

M 2: A. Brandt und H. Krüger (Zeichner): Germania

A. Brandt und H. Krüger (Zeichner): Germania. In: Deutsche Reichs-Bremse, Nr. 1 vom 24. 02. 1849, Leipzig, S. 2

Hinweise zum Bild:
Bei den dargestellten schneckenförmigen Würmern handelt es sich um Blutegel, die das Blut der Germania saugen. Die beiden größeren von ihnen tragen die preußische (rechts unten) und österreichische (rechter Bildrand Mitte) Krone.
Der kleine weiße Balken am Hals der Germania ist im Original enthalten. Er ist als Bildelement zu vernachlässigen.

Anmerkung:
Deutsche Reichs-Bremse: Das satirische Blatt „Deutsche Reichs-Bremse“ erschien 1849/50 als Gratisbeilage zur Zeitschrift „Der Leuchtturm“. „Der Leuchtturm – Monatsschrift zur Unterhaltung und Belehrung für das deutsche Volk“, zuerst erschienen 1845 – vertrat publizistisch die politischen Ziele der Einheits- und Freiheitsbewegung.

Zugelassene Hilfsmittel: Wörterbuch zur deutschen Rechtschreibung

Lösungsvorschläge

Inhaltliche Schwerpunkte
Das „lange" 19. Jahrhundert
- *Nationalstaatsgedanke und Nationalismus in Europa*
  – „Einheit und Freiheit" in der deutschen Revolution 1848/49
- *Reichsgründung von oben: Innen- und außenpolitische Grundlagen des Deutschen Kaiserreichs*

1. *Nach einer Vorstellung der Bildquelle (Quellenart, Verfasser/Zeichner, Adressaten, Ort und Zeitpunkt der Veröffentlichung) und nach einer ersten Bestimmung des Themas und der Intention sollen Hauptelemente und Bildaufbau der Karikatur detailliert und zutreffend beschrieben werden.*

Die vorliegende Quelle ist eine **politische Karikatur**. Die Zeichnung mit dem Titel „Germania" stammt von A. Brandt und H. Krüger und wurde am 24. Februar 1849 in dem satirischen Blatt „Deutsche Reichs-Bremse", einer Gratisbeilage zur Zeitschrift „Der Leuchtturm", veröffentlicht. Die **Adressaten** sind die Leser dieser seit 1845 erscheinenden Zeitschrift, die publizistisch die politischen **Ziele der Einheits- und Freiheitsbewegung** vertrat.
Vor dem Hintergrund des **Wiedererstarkens der reaktionären Kräfte** vor allem in Preußen und Österreich setzt sich die Karikatur mit der aktuellen politischen Lage auseinander und thematisiert das mögliche Scheitern der **Revolution von 1848**. Die **Intention** der Karikaturisten ist es, die Leser vor einem Sieg der Gegenrevolution zu warnen und sie zur Wachsamkeit aufzurufen.
Die Karikatur besteht aus einer **Zeichnung** und einer **Bildunterschrift**. Im Zentrum des Bildes liegt – unter einer mächtigen Eiche – eine junge Frau mit leicht aufgerichtetem Oberkörper. Ihr Gesicht ist im Profil dargestellt. Die Frau hat ihre Augen geschlossen und scheint fest zu schlafen. Sie hat einen Eichenkranz im langen Haar und trägt ein schmuckloses Kleid ohne Ärmel.
Zahlreiche **Blutegel**, die allesamt Kronen tragen, kriechen auf die Frau zu bzw. befinden sich bereits auf ihr. In der rechten unteren Bildecke ist ein großer Blutegel mit menschlichem Kopf zu erkennen, der unter der **Krone** noch eine **Pickelhaube** trägt. Außerdem ist er mit Achselstücken einer Uniform ausgestattet. Während er die Frau zu beobachten scheint, hat sich ein weiterer vergleichsweise dicker Blutegel von der Frau abgewandt und bewegt sich offenbar von ihr fort. Die Mimik des davonkriechenden Blutegels vermittelt Verärgerung oder Trauer. Ein weiteres zentrales Bildelement stellt ein **Buch** dar, das die Aufschrift „**Grundrechte**" trägt und unter dem knorrigen Baum am Boden auf einigen Eichenblättern liegt. Es scheint, als sei es der Frau aus der Hand geglitten. Im Bildzentrum hinter der schlafenden Frau hängen am Ast des Baumes ein Schild mit einem schwarzen Adler als **Wappentier** und ein Schwert. Der Himmel im Hintergrund des Bildes verdunkelt sich, nur am Horizont ist noch ein Lichtstreifen erkennbar.

2. *Diese Teilaufgabe bewegt sich in ihrem Anforderungsprofil im Wesentlichen im Anforderungsbereich II des Faches. Zunächst soll die Karikatur in den historischen Kontext eingeordnet werden. In einem weiteren Lösungsschritt verlangt die Aufgabe, die Bildelemente der Karikatur in ihrer Bedeutung zutreffend und differenziert zu erläutern. Dieser Teil sollte mit einer zusammenfassenden Deutung abschließen.*

Seit den Napoleonischen Kriegen hatte sich eine **deutsche Nationalstaatsbewegung** entwickelt, die sich mit **liberalen politischen Forderungen** nach Gewährung von **Grundrechten** und einer **Verfassung** verknüpft hatte. Die nationale und liberaldemokratische Bewegung stand im Gegensatz zu den Interessen der herrschenden Fürsten und wurde von diesen bekämpft und unterdrückt. Ausdruck dieser Politik waren v. a. die von dem österreichischen Staatskanzler **Metternich** initiierten Karlsbader Beschlüsse von 1819. Im Zusammenhang mit den wirtschaftlichen und sozialen Entwicklungen der Zeit führten diese Bedingungen nicht nur in Deutschland zu **revolutionären Zuständen**, die **im Frühjahr 1848** einen Höhepunkt erreichten und die Fürsten zu politischen Zugeständnissen zwangen.
Während seit Mai 1848 **in Frankfurt die Nationalversammlung** über die zukünftige Gestaltung Deutschlands und über eine deutsche Verfassung beriet, gewannen ab dem Herbst 1848 **in Österreich und Preußen** die **gegenrevolutionären Kräfte** bereits wieder die Oberhand.
Als in Österreich durch eine mögliche Abspaltung Ungarns ein **Ende des Vielvölkerstaates** drohte und ein Aufstand radikal-demokratischer Kräfte in **Wien** den österreichischen Kaiser sogar zwang, Wien zeitweilig zu verlassen, organisierte dieser von Olmütz aus den Gegenschlag: Ende Oktober musste sich das aufständische Wien den Truppen des Feldmarschalls Windisch-Graetz ergeben. Es folgten Verhaftungen und Hinrichtungen.
Auch in **Berlin** wurde durch das Eingreifen des Militärs unter General von Wrangel die königliche Herrschaft wieder hergestellt. Die Bürgerwehr wurde entwaffnet, Anfang Dezember löste **König Friedrich Wilhelm IV**. die preußische Nationalversammlung auf und erließ eine Verfassung, die erneut auf dem monarchischen Prinzip basierte. Gleichheit vor dem Gesetz und Pressefreiheit blieben zwar im Prinzip bestehen, aber die Abschaffung fürstlicher Privilegien und das allgemeine gleiche Wahlrecht wurden zurückgenommen. Die vom König **oktroyierte Verfassung** mit einem diskriminierenden Dreiklassenwahlrecht blieb in Preußen bis 1918 in Kraft.

Eine politische Karikatur stellt einen **gezeichneten Kommentar** zu den aktuellen politischen Entwicklungen dar und bedient sich hierbei **symbolischer Elemente**, die geeignet sind, den Sachverhalt anschaulich darzustellen, und die zugleich dem Publikum, an das sich die Karikatur wendet, geläufig und verständlich sind. Zu den Merkmalen einer Karikatur gehört die **Überspitzung der Aussage** etwa durch die Wahl der bildlichen Darstellungsmittel.
Im vorliegenden Fall wählen die Zeichner eine gewisse **Drastik**, die beim Betrachter **Ekel und Abscheu** hervorrufen kann. Wie aus der Bildunterschrift zu entneh-

men ist, stellt die schlafende junge Frau mit dem Kranz aus Eichenlaub **Germania** dar, die als Personifikation eines neu entstehenden deutschen Nationalstaates zu verstehen ist. Das am Boden liegende **Buch** mit der Aufschrift „Grundrechte" ist Germania aus den Händen geglitten. Damit spielt der Zeichner auf die im Dezember 1848 veröffentlichten „Grundrechte des deutschen Volkes" an.
Die Blutegel, die sich der schlafenden Germania nähern und sich ihrer bemächtigen, um ihr Blut zu saugen, symbolisieren mit ihren Kronen die **deutschen Fürsten**. Diese wollen die deutsche Nationalstaatsbewegung schwächen, um die **vorrevolutionären dynastischen Verhältnisse wiederherzustellen**. Die beiden durch die Zeichner besonders hervorgehobenen Blutegel stellen Preußen und Österreich dar. Der Blutegel am unteren rechten Bildrand ist aufgrund der Kombination aus Krone und Pickelhaube als **König von Preußen** identifizierbar. Er scheint sich noch abwartend zu verhalten und beobachtet das Geschehen, während der Blutegel, der sich von Germania wegbewegt, den neuen **österreichischen Kaiser Franz Joseph I.** darstellen soll. Die Donaumonarchie geht nach Unruhen in Ungarn eigene Wege und sieht sich nach der Entscheidung für eine kleindeutsche Lösung aus Deutschland herausgedrängt.
Dass **Germania** ihre **Waffen abgelegt** hat – Wappenschild und Schwert hängen hinter ihr – könnte auf die fehlende Wachsamkeit und die mangelnde Bereitschaft hindeuten, sich kämpferisch für ihre Sache einzusetzen. Das noch junge neue Deutschland scheint schutzlos den Kräften der Reaktion und des Partikularismus ausgesetzt. Germania ist sich **nicht einmal der Gefahren bewusst**, die sich ihr nähern, und hat noch gar nicht realisiert, wie weit ihre Feinde bereits vorangekommen sind.
Der **dunkle Hintergrund** könnte als die **Nacht** gedeutet werden, die auch politisch über Deutschland hereinzubrechen droht, wenn die reaktionären Kräfte wieder die Oberhand gewinnen.
Zusammenfassend lässt sich die im Februar 1849 entstandene Karikatur also so deuten, dass die **noch junge nationale und liberale Bewegung** nach Meinung der Zeichner **erschöpft** ist und derzeit zu kraftvollen Aktionen im Sinne ihrer ursprünglichen Zielsetzungen weder in der Lage noch bereit ist. Der Zeichner weist gleichzeitig auf die Gefährdungen durch die deutschen Fürsten hin, die dabei sind, Germania anscheinend widerstandslos zu überwältigen. Das eigentliche Größen- und Kräfteverhältnis, das es zulassen würde, dass Germania ihre Feinde wie Ungeziefer abschüttelt und vernichtet, wird der Germania nicht bewusst. Die Karikatur stellt die gegenwärtige politische Lage in zugespitzter Form dar und soll den Betrachter vor den Folgen warnen, die ein Wiedererstarken der monarchischen Kräfte haben würde.

3. *In diesem Aufgabenteil, mit dem der Anforderungsbereich III des Faches erreicht wird, soll eine Beurteilung aus zwei Perspektiven erfolgen, zum einen aus zeitgenössischer, zum anderen aus heutiger Sicht. Dies macht eine Trennung der Betrachtungsweisen und einen Perspektivwechsel sinnvoll.*

Aus zeitgenössischer Sicht dürfte die Bildaussage **triftig** erscheinen, da die nationalen und liberalen Ziele der Revolution durch deren Niederschlagung in Wien (Oktober 1848) und durch die Auflösung der preußischen Nationalversammlung (November 1848) einen erheblichen Rückschlag erlitten hatten und in Gefahr waren. Treffend für den zeitgenössischen Betrachter scheint auch der Hinweis auf das **Erstarken der Reaktion** in allen deutschen Partikularstaaten.
Wenn der Zeichner die Fürsten der Einzelstaaten ebenso wie den preußischen Monarchen und den Kaiser von Österreich als Blutegel darstellt, kommt darin eine Bewertung zum Ausdruck, die von Anhängern der nationalen und liberalen Ideen vermutlich geteilt wurde. Anhänger der Monarchie dürften diese Sichtweise dagegen als beleidigend und als Herabwürdigung empfunden haben.
Offenbar geht der Zeichner aufgrund der Größenverhältnisse immer noch von der Möglichkeit aus, dass das junge Deutschland, wenn es sich nur seiner Größe und Machtmittel bewusst wird und politisch wieder erwacht, die Lage zu seinen Gunsten ändern kann. Auch aus zeitgenössischer Sicht ist ein solcher Optimismus allerdings kaum noch vertretbar. Die **revolutionären Kräfte** litten von Beginn an an ihrer **Zersplitterung** und an der teilweise gegensätzlichen Interessenlage. Die Nationalbewegung in der Frankfurter Paulskirche war durch die langwierigen Debatten über die Grundrechte und die staatliche Gestaltung Deutschlands geschwächt, zudem fehlte ihr eine handlungsfähige Exekutive.
Wie erst im Nachhinein zu erkennen ist, haben die Karikaturisten sich in dem Hinweis auf die der Nationalbewegung drohende Gefahr nicht geirrt. Nach dem bereits Anfang 1849 absehbaren **Scheitern der Revolution** hatten die reaktionären Kräfte vollends die Oberhand gewonnen und bestimmten in den folgenden Jahrzehnten das Geschehen.
Im April 1849 lehnte der preußische König Friedrich Wilhelm IV. die Übernahme der deutschen Kaiserkrone, die ihm nach Verabschiedung der Reichsverfassung von den Volksvertretern angetragen wurde, ab. Damit hatte die Revolution eines ihrer Hauptziele, die Schaffung eines deutschen Nationalstaates, verfehlt. 1850 kam es zur **Wiederherstellung des Deutschen Bundes**, der von nun an im Zeichen des **preußisch-österreichischen Dualismus** stehen sollte. Während die reaktionären Kräfte in ganz Deutschland wieder die Oberhand gewannen, zog sich das Bürgertum enttäuscht zurück und beschränkte sich auf seine wirtschaftlichen Interessen.
Die **stagnierende nationalstaatliche Entwicklung** („schlafende Germania") kam erst zu Beginn der 1860er-Jahre durch die Politik Bismarcks im Sinne einer kleindeutschen Lösung wieder in Bewegung und führte 1870/71 zu einer **Reichsgründung „von oben"**. Deutschland blieb auf Jahrzehnte (bis zur Revolution von 1918/19) **ein monarchisch regierter Staat**. Gleichwohl wurden die **Grundrechte** zusammen mit der nie in Kraft getretenen Verfassung von 1849 wegweisend für die spätere verfassungspolitische Entwicklung und – wenn auch mit wechselndem Erfolg – längerfristig zur Grundlage für eine bis in die Gegenwart reichende deutsche Verfassungstradition. Die Umsetzung der Grundrechte gelang erst Jahrzehnte später in der **Weimarer Reichsverfassung** und dann 1949 im **Grundgesetz der Bundesrepublik Deutschland**.

B 1: Analyse von Sekundärliteratur und kritische Auseinandersetzung mit ihr mit gegliederter Aufgabenstellung

Aufgabenstellung

	Punkte
1. Analysieren Sie den vorliegenden Textauszug.	26
2. Erläutern Sie ausgehend vom Text das außenpolitische Handeln Bismarcks bis 1871 sowie die Grundprobleme Bismarck'scher Außenpolitik, die sich aus der Reichsgründung ergaben.	28
3. Nehmen Sie Stellung zu der im Text vorgenommenen Einschätzung der Außenpolitik Bismarcks.	26

M 3: Johannes Willms: Bismarck. Dämon der Deutschen. Anmerkungen zu einer Legende

[Bismarcks] frühere opportunistische Flexibilität wich nach der Reichsgründung einer starr gehandhabten Machtmechanik. Auf außenpolitischem Gebiet ist dieser Wandel noch augenfälliger. Bismarck hatte zuvor für Bündnisse, die sich auf das Bekenntnis hehrer Prinzipien stützten und nicht auf die gemeinsamen Interessen der Bündnispartner, nur Hohn und Spott übrig gehabt. Doch gerade er, der nach dem Fehler mit der Alvensleben-Konvention[1] derartigen Übereinkünften überhaupt abhold war – abgesehen von der auf drei Monate befristeten Militärkonvention mit Italien 1866 –, suchte jetzt sein Heil in einem ganzen System von Allianzen, dessen tragende Pfeiler die beiden konservativen Ostmächte Rußland und Österreich waren. Eine solche Kombination gehörte seit den Kriegen gegen Napoleon I. zum ehernen Traditionsbestand preußischer Außenpolitik. Auf dieser konnte jetzt aber kein Segen mehr ruhen, denn beide Mächte belauerten sich auf dem Balkan, und es war abzusehen, daß ein Konflikt dort das Reich dazu zwänge, die eine gegen die andere Macht zu unterstützen. Bismarck glaubte dennoch keine andere Wahl zu haben, denn seit der Annexion von Elsaß-Lothringen plagte ihn der Alpdruck einer möglichen Koalition zwischen einem rachedurstigen Frankreich und Rußland oder Österreich. Eine solche Konstellation hätte dem Reich im Konfliktfall einen Zweifrontenkrieg beschert, worauf man sich im Generalstab im übrigen bald nach 1871 planerisch einstellte.

Weiterhin engte sich Bismarck seine außenpolitische Bewegungsfreiheit dadurch ein, daß er, abgesehen von zwei halbherzig unternommenen Versuchen, keinerlei Anstrengungen unternahm, England in sein Bündnissystem einzubeziehen. England brauchte immer einen „Festlandsdegen"; außerdem drohte das Reich bis zu Bismarcks Kolonialabenteuer Mitte der achtziger Jahre nirgendwo auf der Welt in einen Interessenskonflikt mit dem Empire zu geraten, aber Bismarck konnte mit dem „perfiden Albion“[2] einfach nichts anfangen.

Entscheidend jedoch blieb die Annexion von Elsaß-Lothringen, sein „Raub Schlesiens“[3], die Bismarck nach 1871 dazu zwang, sich in ein Bündnissystem zu verstricken, das die Sicherheit des Reiches nicht erhöhte, sondern im Gegenteil erheblich minderte. Die mit erstaunlicher Zähigkeit sich haltende Behauptung, daß Bismarck damit nach 1871 zum Garanten des Friedens in Europa avancierte, übersieht völlig, daß für ihn Frieden nur die Fortsetzung der Politik, *seiner Politik*, mit anderen Mitteln war. Bismarck führte innerhalb von sechs Jahren mit drei Mächten drei Kriege, die alle der Erreichung eines Ziels dienten: Preußen aus der Vormundschaft Österreichs in Deutschland und aus derjenigen Frankreichs und Rußlands in Europa zu befreien. Das war ihm gelungen. Bismarck trieb nach 1871 „europäische Friedenspolitik“, weil das Reich mit einem weiteren Krieg nichts gewinnen, sondern nur alles, was mit soviel List und Glück errungen worden war, wieder verlieren konnte. Insofern verhielt sich Bismarck wie ein kluger Spieler, indem er jetzt danach trachtete, den eingeheimsten Gewinn zu sichern. Logischerweise aber mußte er seinen Mitspielern mißtrauen, denn sein Gewinn war deren Verlust. Bismarck ging es nicht um Frieden im Sinne eines zivilisatorischen Guts, um Frieden, der die Gewähr bot, daß alle Partner einander vertrauten, sich miteinander versöhnten und verständigten und in jedem Falle den Kompromiß dem Konflikt vorzogen. Sein Verständnis von Frieden basierte vielmehr auf dem Konzept wechselseitiger Abschreckung und Furcht. Das beweist die Wegnahme von Elsaß-Lothringen, und deshalb vertraute er auf ein immer komplizierteres Bündnissystem, das ihm die Möglichkeiten gab, zwischen den Partnern jederzeit Mißtrauen und Zwietracht zu säen, sie gegeneinander aufzuhetzen und dennoch die Fäden in der Hand zu behalten. […]

Wäre Bismarck wirklich der große Staatsmann gewesen, für den ihn manche bis heute halten, dann hätte er andere Wege und Mittel finden können, die Situation, die er mit dem Deutschen Reich in Europa geschaffen hatte, zu meistern.

Johannes Willms: Bismarck. Dämon der Deutschen. Anmerkungen zu einer Legende, München: Kindler 1999, S. 262–264 (Erstausgabe 1997)

Hinweise zum Verfasser:
Johannes Willms (geb. 1948), Journalist und Historiker, Tätigkeit unter anderem für das ZDF, als Feuilletonchef für die Süddeutsche Zeitung und als Auslandskorrespondent in Paris.

Anmerkungen:
1 Preußisch-russische Militärkonvention zur Niederschlagung des polnischen Aufstands von 1863, die auf massiven Druck vor allem Englands bald wieder aufgegeben werden musste.
2 Stehender Ausdruck für die angebliche Hinterhältigkeit der englischen Außenpolitik.
3 Anspielung auf die durch Friedrich II. unprovoziert vorgenommene Annexion Schlesiens, die zwar zu einem Gebietsgewinn Preußens führte, dieses aber in eine lange Reihe verlustreicher Auseinandersetzungen verstrickte.

Zugelassene Hilfsmittel: Wörterbuch zur deutschen Rechtschreibung

Lösungsvorschläge

Inhaltliche Schwerpunkte:
Das „lange“ 19. Jahrhundert

- *Reichsgründung von oben: Innen- und außenpolitische Grundlagen des Deutschen Kaiserreichs*
- *Zweite Industrielle Revolution (technischer Fortschritt und sozioökonomische Veränderungen) und imperialistische Expansion (Deutschland, Großbritannien, USA) 1880–1914.*

1. *Nach einer Vorstellung des Materials sollen Inhalt und gedankliche Struktur des Textes z. B. im textdurchschreitenden Verfahren herausgearbeitet werden. Die Ergebnisse sollten an geeigneter Stelle durch Textbezüge deutlich gemacht, die Positionen des Autors sollten durch entsprechende Formulierungen erkennbar werden.*

Bei dem vorliegenden Material handelt es sich um einen Auszug aus einem Buch des deutschen **Journalisten und Historikers** Johannes Willms (geb. 1948) mit dem Titel „Bismarck. Dämon der Deutschen. Anmerkungen zu einer Legende“. Die 1997 erschienene Veröffentlichung gehört zur Gattung der **Sekundärliteratur** und wendet sich an ein **historisch interessiertes Publikum**.
Willms thematisiert in dem zu bearbeitenden Auszug die **Außenpolitik Bismarcks** vor und nach der Reichsgründung von 1871. Dabei verfolgt der Autor die **Absicht**, Bismarcks außenpolitische Leistungen als „Legende“ und den Reichskanzler selbst, wie es bereits in dem oben zitierten Titel des Buches formuliert wird, als „Dämon der Deutschen“ zu entlarven.
Bereits in den ersten Sätzen des Textauszuges formuliert Willms seine **Ausgangsthese**, wonach Bismarcks Politik einen Wandel von „opportunistische[r] Flexibilität“ (Z. 1) vor der Reichsgründung von 1871 zu einer „starr gehandhabten Machtmechanik“ danach erfahren habe (Z. 2), ein Wandel, der vor allem auf außenpolitischem Gebiet festzustellen gewesen sei.
Bismarck habe nun, anders als zuvor, „sein Heil in einem ganzen **System von Allianzen**“ (Z. 8) gesucht, dessen „tragende Pfeiler die […] konservativen Ostmächte“ (Z. 8 f.) **Russland** und **Österreich** gewesen seien. Den Grund dafür, dass Bismarck trotz des offenkundigen Interessengegensatzes beider Mächte auf dem Balkan an seiner außenpolitischen Orientierung an Österreich-Ungarn und Russland festhielt, sieht Willms in Bismarcks „Alpdruck einer möglichen Koalition“ (Z. 15) zwischen dem „rachedurstigen **Frankreich**“ (Z. 16) einerseits und Österreich oder Russland andererseits, einer Koalition, die für Deutschland die Gefahr eines Zweifrontenkrieges in sich barg.
Eine weitere selbst auferlegte Einengung der außenpolitischen Bewegungsfreiheit Bismarcks sieht Willms darin, dass der Reichskanzler es versäumt habe, „**England** in sein Bündnissystem einzubeziehen“ (Z. 21). Dass es hierzu nicht gekommen ist, obwohl England auf dem Kontinent stets nach einem Bündnispartner gesucht („Festlandsdegen“) und es zwischen Deutschland und England bis in die 1880er-

Jahre keinen weltpolitischen Interessenkonflikt gegeben habe, führt Willms schlicht darauf zurück, dass Bismarck mit dem „perfiden Albion" (Z. 24 f.), wie England oft abschätzig genannt wurde, nichts habe anfangen können (vgl. Z. 19–25).

Als entscheidend für das außenpolitische Agieren Bismarcks sieht Willms die **Annexion von Elsaß-Lothringen** nach dem Deutsch-Französischen Krieg von 1870/71 an. Dieses an den „Raub Schlesiens" (Z. 26 f.) durch Friedrich II. erinnernde Vorgehen habe Bismarck dazu gezwungen, „sich in ein Bündnissystem zu verstricken" (Z. 27 f.), das nicht zu einer Erhöhung, sondern zu einer Verminderung der Sicherheit des Reiches geführt habe. Denjenigen, die in Bismarck aufgrund seines Bündnissystems einen Garanten des Friedens in Europa sehen, hält Willms entgegen, dass für Bismarck „Frieden nur die Fortsetzung […] seiner Politik […] mit anderen Mitteln" gewesen sei (vgl. Z. 31). Willms erinnert zum Beleg an die drei Kriege, die Bismarck zwischen 1864 und 1870/71 zum Zweck der machtpolitischen Stärkung Preußens geführt habe (vgl. Z. 32 ff.). Das Motiv Bismarcks, nach 1871 „**europäische Friedenspolitik**" zu betreiben (Z. 35), bestand Willms zufolge darin, dass Bismarck durch weitere Kriege nichts mehr habe gewinnen, aber alles Erreichte habe verlieren können. Nach Willms' Einschätzung ging es Bismarck, den er mit einem „kluge[n] Spieler" (Z. 38) vergleicht, nicht um „Frieden im Sinne eines zivilisatorischen Guts" (Z. 40 f.), beruhend auf Prinzipien wie gegenseitigem Vertrauen, Aussöhnung, Verständigung und Kompromissbereitschaft. Vielmehr wirft der Autor Bismarck vor, sein Friedenskonzept habe auf dem **Grundsatz wechselseitiger Abschreckung und Furcht** basiert. Vor dem Hintergrund dieser Argumentation bekräftigt Johannes Willms abschließend seinen Zweifel daran, dass Bismarck tatsächlich ein „große[r] Staatsmann" gewesen sei. (vgl. Z. 49)

2. *Teilaufgabe 2 soll in zwei Lösungsschritten bearbeitet werden. Dabei soll zunächst das außenpolitische Handeln Bismarcks bis 1871, in einem zweiten Lösungsschritt sollen die außenpolitischen Grundprobleme seit 1871 differenziert und umfassend erläutert werden.*

Nach seiner Berufung zum preußischen Ministerpräsidenten durch den seit 1861 regierenden König Wilhelm I. im September 1862 strebte Bismarck eine **Lösung der deutschen Frage**, die er im Kontext der europäischen Machtverhältnisse sah, durch Erlangung einer **preußischen Vormachtstellung** an. Die Konkurrenz zweier Großmächte in Deutschland (**Dualismus**) beurteilte Bismarck als entscheidendes Hindernis für die Errichtung eines Nationalstaates. Vor diesem Hintergrund betrieb er eine mehr oder weniger offene **anti-österreichische Politik**. Als im Herbst 1863 Dänemark entgegen gültigen Verträgen eine Einverleibung Schleswigs betrieb, das zusammen mit Holstein zum Deutschen Bund gehörte, aber mit Dänemark durch eine Personalunion verbunden war, löste dies in Deutschland eine seit 1848 nicht mehr gekannte **nationale Bewegung** aus. Die Mittelstaaten forderten einen **Krieg des Deutschen Bundes gegen Dänemark** zur Durchsetzung

des **nationalen Prinzips**. 1864 marschierten preußische und österreichische Truppen gemeinsam in Schleswig ein. Nach dem raschen Sieg über Dänemark kam es in der Folgezeit allerdings zwischen den beiden rivalisierenden deutschen Mächten zum Streit über die Verwaltung von Schleswig und Holstein.
Als preußische Truppen 1866 das von Österreich verwaltete **Holstein** besetzten, wurde von den Staaten des Deutschen Bundes eine gemeinsame militärische Strafaktion („**Bundesexekution**") gegen Preußen beschlossen. Preußen konnte jedoch nach der siegreichen **Schlacht von Königgrätz** den Krieg mit Österreich und seinen Verbündeten rasch beenden. In dem anschließenden **Frieden von Prag** schonte Bismarck das unterlegene **Österreich** und verlangte von diesem keine Gebietsabtretungen, setzte aber dessen Ausschluss aus Deutschland und die Auflösung des Deutschen Bundes durch. Die mit Österreich 1866 verbündeten Staaten Hannover, Kurhessen, Frankfurt und Nassau wurden allerdings von Preußen annektiert. An die Stelle des Deutschen Bundes trat **1867 der Norddeutsche Bund**, der die Klein- und Mittelstaaten nördlich der Main-Linie unter preußischer Führung zusammenschloss. Mit den süddeutschen Staaten Bayern, Württemberg und Baden schloss Bismarck geheime Militärabkommen.
Nach dem Deutsch-Deutschen Krieg war **Frankreich** über den **Aufstieg Preußens zur deutschen Vormacht** beunruhigt und nicht bereit, einen weiteren Machtzuwachs hinzunehmen. Als einem Prinzen aus dem Hause Hohenzollern eine Kandidatur für den vakanten spanischen Thron angetragen wurde und dieser daraufhin zustimmte, löste dies in Frankreich massive Proteste aus. Frankreich forderte die Zurücknahme der Zusage, da es eine machtpolitische Umklammerung fürchtete. Obwohl der preußische König als der Chef des Hauses Hohenzollern zur Zurücknahme der Thronkandidatur des Prinzen bereit und der Konflikt mit Frankreich damit eigentlich beigelegt war, verlangte Frankreich vom preußischen König nun einen für alle Zukunft geltenden Verzicht auf die spanische Krone. Bismarck nutzte eine geschickt formulierte Pressemitteilung, die sogenannte **Emser Depesche**, um die überzogene französische Forderung zurückzuweisen. Dieser Schritt wurde von französischer Seite als eine öffentliche Demütigung empfunden und veranlasste Frankreich zur Kriegserklärung an Preußen. Da Frankreich nun als der Angreifer dastand, traten die mit den süddeutschen Staaten geschlossenen Defensivbündnisse in Kraft. Die französischen Truppen erlitten schon kurz nach Kriegsbeginn am 1. September 1870 bei **Sedan** eine entscheidende Niederlage. Kaiser Napoleon III. wurde gefangen genommen, in Paris wurde die Republik ausgerufen. Noch während die französische Hauptstadt von den deutschen Truppen belagert wurde, erfolgte am 18. Januar 1871 im Spiegelsaal des Schlosses von Versailles die **Proklamierung des preußischen Königs Wilhelm zum deutschen Kaiser**. Schon zuvor war es Bismarck gelungen, die süddeutschen Staaten zu einem Beitritt zum Norddeutschen Bund zu bewegen, der im Dezember 1870 in „Deutsches Reich" umbenannt wurde. Frankreich musste im **Frieden von Frankfurt** zugunsten des Deutschen Reichs auf Elsass-Lothringen verzichten und eine Kriegsentschädigung in Höhe von 5 Milliarden Francs entrichten.

Mit der **Reichsgründung** waren einerseits die Hoffnungen der deutschen Nationalbewegung erfüllt worden, die neue, von Preußen dominierte Macht im Zentrum Europas wurde allerdings von den europäischen Staaten nicht ohne Misstrauen betrachtet. Von nun an verfolgte Bismarck eine „europäische Friedenspolitik" (Z. 35), um das Erreichte zu sichern. Um die **Ängste der anderen europäischen Großmächte vor einem übermächtigen Deutschen Reich** zu zerstreuen, betonte Bismarck wiederholt, dass das Deutsche Reich **saturiert** sei und keine weitere Machtausdehnung anstrebe. Zentrales Ziel war die **außenpolitische Isolierung Frankreichs**, das nach einer Rückgewinnung von Elsass-Lothringen strebte. Aus diesem Grund schloss Bismarck 1873 mit Österreich und Russland das **Dreikaiserabkommen**, das bei einer Störung des europäischen Friedens gegenseitige Konsultationen vorsah. Die dauerhafte Grundlage für Bismarcks Außenpolitik bildete allerdings der 1879 geschlossene **Zweibund**, in dem sich Deutschland und Österreich-Ungarn zu einem wechselseitigen Beistand im Falle eines russischen Angriffs auf einen Vertragspartner verpflichteten. Sollte ein Vertragspartner von einer anderen Macht angegriffen werden, war der Bündnispartner zur **Neutralität** verpflichtet. Die Logik dieses Bündnisses bestand aus Sicht Bismarcks darin, dass Deutschland im Falle eines Angriffs vonseiten Frankreichs zwar keine militärische Unterstützung Österreichs erwarten konnte, aber bei einem gleichzeitigen Angriff durch Russland, dem von Bismarck gefürchteten Zweifrontenkrieg also, die Unterstützung des Bündnispartners aber erhalten sollte. Dieses Zweierbündnis wurde 1882 durch einen **Dreibund** zwischen Deutschland, Österreich-Ungarn und Italien ergänzt.
Trotz seiner Bündnispolitik mit Österreich-Ungarn versuchte Bismarck, Russland an das Deutsche Reich zu binden. Um die Gefahr einer möglichen französisch-russischen Annäherung, die Deutschland in die Gefahr eines Zweifrontenkrieges bringen konnte, abzulehnen, schloss Bismarck 1887 mit Russland, das mit Österreich-Ungarn auf dem Balkan in gefährlicher machtpolitischer Konkurrenz stand, den **geheimen Rückversicherungsvertrag**. Dieser verpflichtete Russland im Falle eines französischen Angriffs auf Deutschland zur Neutralität. Umgekehrt sollte Deutschland im Falle eines Angriffs Österreich-Ungarns auf Russland neutral bleiben. In einem **„ganz geheimen" Zusatzprotokoll** gestand Deutschland Russland Bulgarien und das Schwarze Meer als Einflusssphäre zu.
Das Bemühen Bismarcks um ein Defensivbündnis mit England scheiterte letztlich, da England seine freie Mittlerstellung in Europa für eigene Ziele ausnutzen wollte. Auch um Konflikte mit England zu vermeiden, betrieb Bismarck mit Ausnahme einer kurzen Phase in den 1880er-Jahren **keine aktive Kolonialpolitik**. Außer einer Errichtung von deutschen Schutzgebieten vermied Bismarck eine imperialistische Außenpolitik im Stil anderer europäischer Mächte, da die zu erwartenden destabilisierenden Folgen Bismarck als zu riskant erschienen.

3. *Dieser Lösungsschritt verlangt eine Auseinandersetzung mit den Ausführungen des Verfassers Johannes Willms. Ihre eigene Stellungnahme kann dabei, wie im vorliegenden Lösungsvorschlag, teils zustimmend, teils aber auch differenzierend oder ablehnend-kritisch ausfallen.*

Johannes Willms bietet eine Analyse der Außenpolitik, die **in der Beschreibung zahlreicher Sachverhalte durchaus zutreffend** ist. So ist es nicht nur richtig, dass Bismarck die **Reichseinheit** zwischen 1864 und 1870/71 **mithilfe dreier Kriege** zustande brachte; richtig ist auch, dass Bismarck nach 1871 ein **System von Bündnissen** aufbaute mit dem Ziel, das besiegte und auf die Wiedergewinnung von Elsass-Lothringen zielende **Frankreich zu isolieren** und einen in Zukunft drohenden **Zweifrontenkrieg** zu **verhindern**. Die **Unversöhnlichkeit Frankreichs**, die auf den Gebietsverlusten durch den Deutsch-Französischen Krieg basierte, stellte tatsächlich ein Grundproblem für Bismarcks Bündnispolitik dar. Unbestreitbar richtig ist schließlich Willms' Hinweis auf die **Anfälligkeit des von Bismarck entwickelten Bündnissystems**, in dem es immer schwieriger wurde, die **Interessengegensätze** zwischen Österreich-Ungarn und Russland zu überbrücken.

In der Bewertung einzelner Sachverhalte wie im Gesamturteil über Bismarcks Außenpolitik bedürfen Willms' Ausführungen allerdings der **Ergänzung oder Korrektur**.

Tatsächlich bestanden zwischen dem deutsch-österreichischen Zweibund und dem Rückversicherungsvertrag mit seinem geheimen Zusatzprotokoll **innere Widersprüche**, die im konkreten Bündnisfall hätten zutage treten müssen. Der Rückversicherungsvertrag diente aber gerade der Verhinderung eines europäischen Krieges und war für den Kriegsfall wertlos. Dass Bismarck an einem **machtpolitischen Gleichgewicht** interessiert war, zeigt auch seine Mittelmeerpolitik, bei der er im Zusammenspiel mit England darum bemüht war, den russischen Einfluss auf die Meerengen zu verhindern.

Willms kritisiert u. a. die Motive der Bismarck'schen Friedenspolitik (vgl. Z. 37–48). Tatsächlich war Bismarcks Politik nicht aus idealistischen Gründen (im Sinne der von Willms eingeforderten „zivilisatorischen" Motive), sondern aus wohlverstandenen eigenen **Machtinteressen** auf eine Wahrung des Friedens in Europa angelegt. Ein neuerlicher Krieg hätte den Bestand des kurz zuvor gegründeten Deutschen Reiches gefährden und das neu entstandene **Gleichgewicht zwischen den Großmächten in Europa** zerstören können. Daher war Bismarck bemüht, aufkommende Konflikte in Europa zu entschärfen oder auf die Peripherie abzulenken. Ein Beispiel hierfür ist der **Berliner Kongress** von 1878, bei dem es Bismarck als selbst ernanntem „ehrlichen Makler" gelang, eine sich auf dem Balkan anbahnende kriegerische Auseinandersetzung zwischen den Großmächten durch geeignete Vermittlungsvorschläge abzuwenden.

Auch Willms' Vorwurf, Bismarck habe es versäumt, ein **Bündnis mit England** zustande zu bringen, greift nur bedingt. Ein zeitweilig angestrebtes deutsch-englisches Defensivbündnis kam wegen der Ablehnung Englands nicht zustande, da England an einer balance of power interessiert war, die möglicherweise durch ein deutsch-englisches Bündnis eher gestört denn gefördert worden wäre. Wenn Willms von der englischen Politik des Festlandsdegens spricht (vgl. Z. 22), deutet dies zudem auf ein weiteren Problem hin: Aus Bismarcks Sicht sollte nämlich vermieden werden, dass das Deutsche Reich für britische Interessen instrumentalisiert werden würde.

Nicht zu leugnen ist schließlich, dass aus Bismarcks Politik nach der Reichsgründung auf dem europäischen Kontinent **ein Jahrzehnt andauernde Friedenszeit** resultierte. Die vom Autor der Bismarck'schen Politik gegenübergestellte **Ausgleichs- und Verständigungspolitik** muss wegen der tatsächlich existierenden Interessengegensätze als unrealistisch erscheinen. Bismarck angesichts seiner flexiblen Außenpolitik eine „starr gehandhabte[ ] Machtmechanik" (Z. 2) vorzuwerfen, wirkt nicht stimmig.

Insgesamt scheint Willms' Kritik überzogen und polemisch, sein Vorhaben, Bismarck wegen seiner verfehlten Außenpolitik als „Dämon der Deutschen" zu entlarven, ist wenig überzeugend.

Abiturprüfung 2012 NRW – Grundkurs Geschichte
Aufgabe 1

A 1: Interpretation sprachlicher oder nichtsprachlicher historischer Quellen mit gegliederter Aufgabenstellung

Aufgabenstellung | Punkte

Interpretieren Sie die Quelle, indem Sie

1. sie analysieren, — 28
2. sie in den zeitgeschichtlichen Kontext der Jahre 1870/71 einordnen und den politischen Standort Friedrich Wilhelms gegenüber Bismarcks Politik bis 1870/71 erläutern, — 28
3. sich mit den Positionen Friedrich Wilhelms vor dem Hintergrund der außenpolitischen Entwicklung nach der Reichsgründung auseinandersetzen. — 24

M 1: Hauptquartier Versailles, den 31. Dezember [1870]

Es ist für uns heute geradezu unmöglich, auf den Besitz von Elsaß und Lothringen zu verzichten, selbst wenn wir uns sagen müssen, daß der Gewinn ein prekärer und schwerlich die Ströme Blutes wert ist, die seinetwegen geflossen sind. Selbst Bismarck, dessen Genie[1] hauptsächlich darin besteht, Auswege aus unbequemen Verpflichtungen zu finden, würde in die größte Verlegenheit geraten, wenn er nach Vorwänden für das Aufgeben der beiden Provinzen suchen müßte. Jedermann in Deutschland verlangt, gleichviel ob mit Recht oder Unrecht, ihren Besitz, und auch vom militärischen Standpunkte aus wird derselbe als eine Notwendigkeit betrachtet. Wenn wir auf den Beginn des Krieges zurückblicken, so war offenbar Deutschland der beleidigte und angegriffene Teil. Ganz Europa war über die Art, wie wir überfallen und aus friedlicher Ruhe aufgeschreckt wurden, empört und entrüstet. Die Welt sympathisierte mit dem edlen Aufschwung, der die Deutschen durchdrang und zu rascher Einigung führte. [...] Wohl waren wir darauf gefaßt, anfangs Nachteile zu erleiden. Um desto mehr erfüllten unsere wunderbaren Erfolge uns und alle Welt mit atemlosem Staunen und niemals haben Siege großartiger und mächtiger gewirkt als die von Weißenburg, Wörth und Sedan[2]. Das Zusammenbrechen des napoleonischen Kaisertums mit seiner Armee, seinem Beamtentum, seinem ganzen auf Lug und Trug, Frivolität und Korruption begründeten Organismus erfreute die denkende Menschheit, welche lange genug unter dem verderblichen Eindrucke dieses Blendwerks gelitten hatte. Man schien zu der Annahme berechtigt, daß Frankreich nach der Schlacht von Sedan völlig überwunden, daß die Nation moralisch gebrochen und jedes Widerstandes unfähig sei, daß selbst Paris, die Hauptstadt des Genusses, sofort kapitulieren werde, „wenn es nur einen Tag ohne Erdbeeren wäre“. Aber von alledem zeigte sich gerade das Gegenteil[3]. […] Je länger dieser Kampf dauert, desto besser für die Franzosen und desto schlimmer für uns. Die öffentliche Meinung Europas ist von diesem Schauspiel nicht unberührt geblieben. Man erblickt in uns nicht mehr die unschuldig Bedrohten, sondern vielmehr die übermütigen Sieger, die sich an der Bezwingung des Gegners nicht mehr genügen lassen, sondern sein gänzliches Verderben herbeiführen wollen. Die Franzosen erscheinen den Neutralen nicht mehr als eine lügenhafte, verächtliche Nation, sondern als das heldenmütige Volk, das unter dem Druck eines überlegenen Gegners seine teuersten Güter in ehrenvollem Kampfe verteidigt. Ja man geht in seiner Teilnahme für Frankreich bis zum Hasse gegen Deutschland. Man will in der Nation von Denkern und Philosophen, von Dichtern und Künstlern, von Idealisten und Schwärmern nichts weiter erkennen als ein Volk von Eroberern und Zerstörern, dem kein gegebenes Wort und kein geschlossener Vertrag heilig, das roh und beleidigend von anderen spricht, die ihm kein Leid getan, und mit Hohn selbst der Gaben spottet, die ihm als Zeichen der Teilnahme und des Wohlwollens dargebracht worden sind.

So grundfalsch diese Anschauungen auch sind, man kann ihr Vorhandensein leider nicht leugnen und muß zugestehen, daß sie ganz geeignet sind, den Glanz des guten Namens zu trüben, dessen wir bisher genossen. Wohl sind wir unbestritten das erste Kulturvolk der Welt, aber zur Stunde will es scheinen, als seien wir weder geliebt noch geachtet, sondern lediglich gefürchtet. Man hält uns für jeder Schlechtigkeit fähig, und das Mißtrauen gegen uns steigert sich mehr und mehr. Das ist nicht die Folge dieses Krieges allein – so weit hat uns die von Bismarck erfundene und seit Jahren in Szene gesetzte Theorie von Blut und Eisen[4] gebracht! Was nützt uns alle Macht, aller kriegerischer Ruhm und Glanz, wenn Haß und Mißtrauen uns überall begegnen, wenn man jeden Schritt uns argwöhnisch mißgönnt, den wir in unserer Entwicklung vorwärts tun? Bismarck hat uns groß und mächtig gemacht, aber er raubte uns unsere Freunde, die Sympathien der Welt und – unser gutes Gewissen. Ich beharre noch heute fest bei der Ansicht, dass Deutschland ohne Blut und Eisen, allein mit seinem guten Rechte „moralische Eroberungen“ machen und einig, frei und mächtig werden konnte. Dann erlangte es ein ganz anderes Übergewicht als lediglich durch die Gewalt der Waffen, weil deutsche Kultur, deutsche Wissenschaft und deutsches Gemüt uns Achtung, Liebe und – Ehre gewinnen mußten. Der kühne, gewalttätige Junker[5] hat es anders gewollt. […]

Kaiser Friedrich III., Das Kriegstagebuch von 1870/71 (Rechtschreibung und Zeichensetzung entsprechen der Vorlage.)

Hinweise zum Verfasser:
Der Autor des Textes war bis 1888 preußischer Kronprinz mit dem Namen Friedrich Wilhelm und wurde 1888 deutscher Kaiser und preußischer König mit dem Namen Friedrich III. Er starb im selben Jahr. Während des Krieges entstanden eigenhändige Aufzeichnungen, die später vom Autor mehrfach erweitert und redigiert wurden. Er verfügte, dass das Tagebuch bis zum Ablauf des Jahres 1922 nur von seiner Frau und seinen „mündig gewordenen Kindern“ eingesehen, dann aber veröffentlicht werden durfte.

Anmerkungen:
1 Hier: Begabung
2 Orte, bei denen im Deutsch-Französischen Krieg bedeutende Schlachten stattfanden.

3 Der französische Kaiser Napoleon III. geriet bereits im September 1870 nach der Niederlage der Franzosen bei Sedan in deutsche Kriegsgefangenschaft. Mit der Ausrufung der Republik am 4. September bildete sich eine provisorische Regierung, die den Krieg gegen die deutschen Truppen weiterführte.

4 Bismarck sprach am 30. 09. 1862 in einer Rede vor dem preußischen Abgeordnetenhaus von „Eisen und Blut".

5 Angehöriger des (grundbesitzenden) Adels östlich der Elbe

Zugelassene Hilfsmittel: Wörterbuch zur deutschen Rechtschreibung

---

Lösungsvorschläge

Inhaltliche Schwerpunkte:

Das „lange" 19. Jahrhundert

- *Nationalstaatsgedanke und Nationalismus in Europa*
  - *„Einheit und Freiheit" in der deutschen Revolution 1848/49*
- *Reichsgründung von oben: Innen- und außenpolitische Grundlagen des Deutschen Kaiserreichs*

Das „kurze" 20. Jahrhundert

- *Der Erste Weltkrieg*
  - *Kriegsursachen und Kriegsausbruch*

1. *Bei der Bearbeitung der Quelle sollen im ersten Lösungsschritt Autor, Adressaten und Entstehungszeitpunkt genannt, die Quellengattung und, wie im vorliegenden Fall, ihre Besonderheit erläutert sowie Thema und Intention herausgestellt werden. Anschließend werden die Hauptaussagen des Textes, wie im folgenden Lösungsvorschlag gezeigt, im textdurchschreitenden Verfahren wiedergegeben.*

   Bei der vorliegenden Quelle handelt es sich um einen **Tagebucheintrag** des preußischen Kronprinzen **Friedrich Wilhelm** vom 31. Dezember 1870. Verfasst wurde der Eintrag im deutschen Hauptquartier in Versailles bei Paris **während des Deutsch-Französischen Krieges**. Der Autor des Textes, Kronprinz Friedrich Wilhelm, war der älteste Sohn des preußischen Königs Wilhelm I. und wurde 1888 für nur 99 Tage deutscher Kaiser und preußischer König mit dem Namen Friedrich III. Er starb im selben Jahr.

   Obwohl die Quellengattung zunächst nahelegt, dass es sich bei dem Tagebucheintrag um persönliche Aufzeichnungen des Kronprinzen handelt, denen ein hohes Maß an Offenheit zuzuschreiben ist, besitzt die Quelle in diesem Fall einen ganz besonderen Charakter. Denn die Tagebuchaufzeichnungen des Kronprinzen wurden später vom Autor mehrfach erweitert und redigiert und waren **letztlich für die Veröffentlichung bestimmt**. Die Adressaten der Tagebuchaufzeichnungen des Kronprinzen waren dementsprechend zwar **zunächst seine Frau und seine Kinder**, im Weiteren aber die **politische Öffentlichkeit** in Deutschland. Der Kronprinz verfügte, dass das Tagebuch bis zum Ablauf des Jahres 1922 nur von seiner Frau und seinen mündig gewordenen Kindern eingesehen, dann aber veröffentlicht werden durfte. Die vorliegende Quelle wurde kurz vor Ende des Deutsch-Französischen Krieges am Jahresende 1870 verfasst. Anlass der Tagebuchnotiz ist die unmittelbar bevorstehende **Gründung des Deutschen Reiches**. In dem vorliegenden Eintrag befasst sich der Kronprinz mit Bismarcks „Blut und Eisen“-Politik und mit der Frage des Ansehens Deutschlands in der Welt. Der Verfasser übt in inoffizieller Form **Kritik an der Bismarck'schen Politik** im Zusammenhang mit der Reichsgründung.

Zu Beginn des Textauszuges stellt der Autor fest, dass ein Verzicht Deutschlands auf das durch den Krieg gegen Frankreich eroberte **Elsass-Lothringen** gegenwärtig „geradezu unmöglich“ (Z. 1) sei, obwohl sich der Gewinn dieser Territorien regelrecht als „prekär“ entpuppen würde (vgl. Z. 2). Denn zum einen ständen die große Zahl der deutschen Kriegsopfer in keinem Verhältnis zu diesem Gewinn („Ströme Blutes“; Z. 3), zum anderen glaubt Friedrich Wilhelm gegenüber der Zeit vor dem Deutsch-Französischen Krieg nun eine fatale **Wende im öffentlichen Bild** Deutschlands zu erkennen. War, so der Kronprinz, die öffentliche Meinung in Europa vor Ausbruch des Krieges und bei dessen Beginn noch von der Sympathie für Deutschland als dem „offenbar […] beleidigte[n] und angegriffene[n] Teil“ (Z. 10) geprägt, so erkennt der Autor nunmehr **anstelle dieser Haltung gegenüber Deutschland dessen Ablehnung durch die europäische Öffentlichkeit** (vgl. Z. 25 ff.) Hatte man in Europa die schnellen deutschen Siege bei Sedan und an anderer Stelle und den dadurch verursachten **Zusammenbruch des napoleonischen Kaisertums zunächst mit Freude und Genugtuung betrachtet** (vgl. Z. 16 ff.), vermutet der Autor nun, dass Deutschland mit zunehmender Dauer des Krieges als „übermütige[r] Sieger“ (Z. 27) angesehen werde, der das „gänzliche[ ] Verderben“ des Gegners herbeiführen wolle (Z. 28 f.). Umgekehrt sieht der Autor einen **Wandel in der Öffentlichkeit gegenüber Frankreich aufseiten der neutralen Länder** dahingehend, dass die Franzosen nicht mehr als „lügenhafte, verächtliche Nation“ erschienen, sondern als „das heldenmütige Volk, das unter dem Druck eines überlegenen Gegners seine teuersten Güter in ehrenvollem Kampfe verteidigt“ (Z. 29–32). Die Deutschen dagegen stünden, statt wie bisher als „Nation von Denkern und Philosophen, von Dichtern und Künstlern, von Idealisten und Schwärmern“ (Z. 33 f.) zu gelten, nur mehr als „Volk von Eroberern und Zerstörern“ (Z. 34 f.) da.

Zwar hält der Kronprinz den in der öffentlichen Meinung Europas eingetretenen **Stimmungsumschwung** in der Sache für „grundfalsch“ (Z. 39), räumt aber ein, dass das mittlerweile entstandene Deutschlandbild geeignet sei, „den Glanz des guten Namens zu trüben“ (Z. 40 f.). Für Deutschland reklamiert der Kronprinz dabei eine Ausnahmestellung als das „erste Kulturvolk der Welt“ (Z. 42). In diesem letzten Teil des vorliegenden Tagebucheintrags (Z. 39–56) macht der Verfasser sodann deutlich, wem er die **Verantwortung** für die zuvor beschriebene Entwicklung zuschreibt. Friedrich Wilhelm macht nicht den Krieg an sich dafür verantwortlich, sondern dahin habe **„die von Bismarck erfundene und seit Jahren in Szene gesetzte Theorie von Blut und Eisen“** (Z. 45 f.) geführt. Der errungenen Macht, dem kriegerischen Ruhm und Glanz, stellt der Kronprinz den Hass, das Misstrauen und die Missgunst (vgl. Z. 47 f.) gegenüber, die Deutschland nach seiner Einschätzung nun überall begegneten. Für die Leistungen Bismarcks, den er schließlich als „kühne[n], gewalttätige[n] Junker“ (Z. 55 f.) bezeichnet, zieht der Kronprinz eine Bilanz mit den Worten: „Bismarck hat uns groß und mächtig gemacht, aber er raubte uns unsere Freunde, die Sympathien der Welt und – unser gutes Gewissen.“ (Z. 49 f.) Abschließend macht der Kronprinz seine **eigene politische Alternative** deutlich. Demnach hätten die Einigkeit, Freiheit und Macht Deutschlands „allein mit seinem guten Rechte“ (Z. 51 f.) und nicht mit Waffengewalt (vgl. Z. 53 f.) errungen werden können, womit das Ansehen Deutschlands gewahrt geblieben wäre.

2. *Die zweite Teilaufgabe soll in zwei Lösungsschritten bearbeitet werden. Zunächst soll eine Einordnung der Quelle in den historischen Kontext erfolgen. Dabei steht das Jahr 1870/71 im Vordergrund. Dennoch sollten Sie einige Hinweise zu den Hintergründen des Deutsch-Französischen Krieges geben. In einem zweiten Lösungsschritt soll der politische Standort Friedrich Wilhelms gegenüber Bismarcks Politik erläutert werden. Dies kann durch Hinweis auf Übereinstimmungen und Unterschiede zwischen beiden erfolgen. Hierbei sollte erneut mit Belegen aus der Quelle gearbeitet werden.*

Die Bildung eines **Nationalstaates**, wie sie 1871 erfolgte, fand in Deutschland im Vergleich zu anderen Nationen **erst relativ spät** statt. Nach dem gescheiterten Versuch einer Nationalstaatsgründung im Zuge der deutschen Revolution von 1848/49 dauerte es bis in die 1860er-Jahre, bis **unter Führung Bismarcks** ein neuer Versuch unternommen wurde. Als programmatisch kann dabei eine Rede Bismarcks gelten, die dieser am 30. September 1862 als preußischer Ministerpräsident vor der Budgetkommission des preußischen Abgeordnetenhauses hielt und in der er ausführte, dass die großen Fragen der Zeit nicht durch Majoritätsbeschlüsse entschieden würden, sondern durch „Eisen und Blut“. In seiner Rede trat Bismarck zugleich für einen preußisch dominierten kleindeutschen Nationalstaat ein und verwarf Forderungen nach liberalen Reformen. Dieser deutsche Nationalstaat wurde schließlich nach dem Krieg gegen Frankreich mit der **Proklamierung des preußischen Königs zum Deutschen Kaiser am 18. Januar 1871** erreicht. Vorausgegangen waren der **Deutsch-Dänische Krieg von 1864** sowie der **Deutsche Krieg von 1866**, mit dem der innerdeutsche Dualismus zwischen Preußen und Österreich beendet und zugunsten Preußens entschieden worden war. In dessen Folge schlossen sich die norddeutschen Staaten 1867 unter Führung Preußens zum **Norddeutschen Bund** zusammen. Die damit errungene **Vormachtstellung Preußens** in Deutschland führte zu einem **angespannten Verhältnis zwischen Frankreich und Preußen**. Frankreich hatte sich im Deutschen Krieg neutral verhalten und zugleich Kompensationen für den Fall eines preußischen Sieges und des damit verbundenen Gebietszuwachses erhofft. Bismarck vereitelte nach dem preußischen Sieg über Österreich allerdings die französischen Kompensationserwartungen.

Den äußeren Anlass für den Deutsch-Französischen Krieg bildete die Kandidatur eines Hohenzollern für den spanischen Thron, die ihm von der spanischen Regierung angetragen worden war. Gegen dieses Vorhaben protestierte die französische Regierung und erklärte, die Thronbesteigung eines Hohenzollern in Spanien werde das Gleichgewicht der Mächte in Europa zerstören sowie die Interessen und die Ehre Frankreichs gefährden. Daraufhin verzichtete der Hohenzollernprinz auf Anraten des preußischen Königs, des Chefs des Hauses Hohenzollern, auf eine Kandidatur. Obwohl der Konflikt auf diese Weise beinahe zugunsten Frankreichs beigelegt gewesen wäre, forderte die französische Regierung allerdings noch auf diplomatischen Wegen vom preußischen König die Zusage ein, für alle Zukunft auf eine spanische Thronkandidatur durch ein Mitglied seines Fürstenhauses zu verzichten. Wilhelm I. wies diese Forderung diplomatisch-höflich zurück und informierte Bismarck hierüber in seiner „**Emser Depesche**". Dieser veröffentlichte die Mitteilung in gekürzter und verschärfter Form und löste damit den Deutsch-Französischen Krieg aus. Die französische Seite sah Bismarcks Schritt als einen diplomatischen Affront an und erklärte Preußen am 19. Juli 1870 den Krieg. Daraufhin trat das Defensivbündnis Preußens mit den süddeutschen Staaten in Kraft. Die deutschen Heere konnten schnell nach Frankreich vordringen. Nach Erfolgen bei Weißenburg und Wörth und weiteren gewonnenen Schlachten konnten die deutschen Heere in der Schlacht bei Sedan am 2. September 1870 die Franzosen entscheidend schlagen. Napoleon III. musste mit einem Großteil seiner Truppen kapitulieren und geriet selbst in Gefangenschaft. In der Folge wurde in Paris die Republik ausgerufen. Die neue französische Regierung zeigte sich zunächst zu einem Friedensschluss bereit. Als aber von deutscher Seite die Forderung nach der Abtretung der überwiegend deutschsprachigen Provinzen Elsass und Lothringen verkündet wurde, forderte die republikanische Regierung die Franzosen auf, den Kampf im Sinne der nationalen Verteidigung fortzusetzen. Während noch die Hauptstadt Paris belagert wurde, wurden von Preußen und den verbündeten süddeutschen Statten die Vorbereitungen für die „Reichsgründung von oben" vorangetrieben.
Schon seit September 1870 hatte Bismarck Verhandlungen mit den **süddeutschen Staaten über einen Beitritt zum Norddeutschen Bund** geführt. Eine neue **Reichsverfassung**, die am 1. Januar 1871 in Kraft trat, wurde vom Bundesrat und vom Reichstag des Norddeutschen Bundes verabschiedet. Am 18. Januar 1871 erfolgte als eigentlicher **Gründungsakt des Reiches die Proklamierung Wilhelms zum deutschen Kaiser im Spiegelsaal von Versailles**. Dort befand sich auch das deutsche Hauptquartier, wo Kronprinz Friedrich Wilhelm die vorliegende Tagebuchaufzeichnung vornahm.

Kronprinz **Friedrich Wilhelm** formuliert seinen eigenen Standpunkt im vorliegenden Tagebuchauszug z. T. in **Übereinstimmung, mehrheitlich jedoch in Abgrenzung zu Person und Politik Bismarcks**. Übereinstimmung besteht zwischen dem Kronprinzen und Bismarck, der zum Zeitpunkt der Entstehung der vorliegenden Quelle das Amt des preußischen Ministerpräsidenten bekleidet, in der Einschätzung, dass Deutschland einen **Anspruch auf Elsass-Lothringen** habe und gegen Frankreich einen **gerechtfertigten und erfolgreichen Krieg** führe. Wie wohl auch Bismarck hat Friedrich Wilhelm **für das Kaisertum Napoleons III. nur Verachtung** übrig. Dies äußert sich beispielsweise in Formulierungen wie der vom „Blendwerk[ ]" (Z. 19), das das napoleonische Kaisertum entfaltet habe, oder in der Aussage, dieses habe bis zu seinem Zusammenbruch einen „auf Lug und Trug, Frivolität und Korruption begründeten Organismus" (Z. 17 f.) dargestellt. Wie Bismarck vertritt der Kronprinz als Autor der vorliegenden Quelle auch den Standpunkt, dass Deutschland unter der Führung Preußens einen Anspruch auf **Einigkeit, Macht und Größe** habe.

Dagegen grenzt sich der Kronprinz, wie in seinen Aufzeichnungen deutlich wird, von Bismarck durch die **Sorge** darüber ab, dass die Fortführung des Krieges Deutschlands Ruf beschädigen und dadurch der militärische Sieg in eine **moralische Niederlage** verwandelt werden könnte. Friedrich Wilhelm macht Bismarck für das Eindringen unheilvoller Motive in die Politik und die Kriegsführung verantwortlich. Darüber hinaus macht er Bismarck den Vorwurf, Deutschland, das er als „das erste Kulturvolk der Welt" (Z. 41 f.) bezeichnet und das nach seiner Auffassung eine überlegene kulturelle Tradition verkörpere, zum Opfer der Skrupellosigkeit des „kühne[n], gewalttätige[n] Junker[s]" (Z. 55 f.) zu machen. Der Kronprinz betrachtet Deutschland dagegen als eine Nation, die eigentlich „die Sympathien der Welt" (Z. 50) verdiene.

Friedrich Wilhelm vertritt insgesamt zwar ebenso wie Bismarck einen **nationalen Standpunkt**, unterscheidet sich aber von dessen Politik zum einen in der **Wahl der Mittel**, zum anderen dadurch, dass er die Stellung und das Ansehen Deutschlands lieber durch die Achtung seitens der übrigen Staaten anstatt durch seine überlegene militärische Macht begründet sehen will.

3. *Dieser Aufgabenteil fordert eine Auseinandersetzung mit den Positionen Friedrich Wilhelms vor dem Hintergrund der außenpolitischen Entwicklung nach der Reichsgründung. Für eine sehr gute Leistung sollten dabei insgesamt fünf Aspekte in die Diskussion einbezogen und erörtert werden. Die Gedankenführung kann dabei sowohl auf eine Zustimmung gegenüber dem Autor der Quelle hinauslaufen, indem die Argumentation des Autors anerkannt wird; andererseits kann aber auch eine Relativierung der Position des Autors erfolgen.*

Kronprinz Friedrich Wilhelm bezeichnet in der vorliegenden Quelle die bevorstehende Annexion von Elsass und Teilen Lothringens als „prekär[ ]" (Z. 2) und beklagt im Weiteren den Ansehensverlust Deutschlands in Europa. Durch die deutsche Reichsgründung von 1871 und die im Krieg gegen Frankreich erkennbar werdende **militärische Dominanz** des neuen Staates war eine deutliche **Veränderung des Mächtegleichgewichts in Europa** eingetreten. Aufgrund der Niederlage Frankreichs, mehr noch aber aufgrund der vom Sieger durchgesetzten Gebietsabtretungen und der Reparationen in Höhe von 5 Milliarden Francs, die im Frieden von Frankfurt 1871 vereinbart wurden, war das **deutsch-französische Verhältnis** nach der Reichsgründung **dauerhaft belastet**. Daher war es Bismarcks außenpo-

litisches Ziel, Frankreich in Zukunft zu isolieren und daran zu hindern, einen starken Bündnispartner zu gewinnen, um in einer entsprechenden Bündniskonstellation eine Revision des Friedensvertrages zu erreichen. Dieser Grundsatz einer **außenpolitischen Isolierung Frankreichs** wurde von Bismarck im **Kissinger Diktat** 1877 fixiert. Das **Deutsche Reich** war mit seinem Erscheinen auf der internationalen politischen Bühne **das neue, von den europäischen Nachbarn mit Misstrauen beobachtete Machtzentrum** in der Mitte Europas. Der **Furcht** der Nachbarn des Reiches und der europäischen Großmächte **vor weiterer Expansion des Reiches** trat Bismarck als deutscher Reichskanzler dadurch entgegen, dass er **Deutschland für saturiert erklärte**.
Die Ausführungen des **Kronprinzen** beruhen über weite Strecken auf einer **politisch-moralischen Argumentation**. Demgegenüber vertrat **Bismarck**, wie oben ausgeführt, den Standpunkt der **Realpolitik**. Auf dieser Grundlage konnte der angestrebte deutsche Nationalstaat, wenn auch durch das Mittel des Krieges, realisiert werden. Nach dem Erreichen dieses Ziels 1871 erwirkte der von Friedrich Wilhelm kritisierte Bismarck allerdings ein hohes Maß an **machtpolitischer Selbstbeschränkung** des Reiches. Das von Bismarck entwickelte und am Ende seiner Kanzlerschaft komplexe **Bündnissystem** diente dem Zweck, **den 1871 erreichten Status quo in Europa zu sichern und zu erhalten**. Kern dieses Bündnissystems war zunächst der 1879 mit dem Vielvölkerstaat Österreich-Ungarn geschlossene **Zweibund**, der bald darauf durch den Bündnispartner Italien zum **Dreibund** erweitert wurde. Einen weiteren wesentlichen Pfeiler des Bismarck'schen Bündnissystems bildete der 1887 zwischen Deutschland und Russland abgeschlossene **Rückversicherungsvertrag**, der das Deutsche Reich vor einem französischen Angriff schützen sollte. Obwohl das Bündnissystem durch den auf dem Balkan schwelenden Konflikt zwischen Österreich-Ungarn und Russland, den beiden Hauptverbündeten Deutschlands, von Anfang an schwer belastet wurde, erwies sich das System als wichtige Voraussetzung für ein **europäisches Gleichgewicht**. Über das Ende der Kanzlerschaft Bismarcks hinaus erlebte Europa in seiner neuen machtpolitischen Balance eine **mehr als vier Jahrzehnte andauernde Friedenszeit**, in der das Deutsche Reich, zunächst unter der Führung Bismarcks, dann auch unter seinen Nachfolgern durch die **Industrialisierung** und die **Wirtschaftsentwicklung** ein hohes Maß an **Stabilität** erreichte.

Abiturprüfung 2012 NRW – Grundkurs Geschichte
Aufgabe 2

A 1: Interpretation sprachlicher oder nichtsprachlicher historischer Quellen mit gegliederter Aufgabenstellung

Aufgabenstellung	Punkte
Interpretieren Sie die Quelle, indem Sie	
1. sie analysieren,	26
2. sie in den historischen Kontext einordnen und die Bedeutung der Bildelemente erläutern,	30
3. die Einschätzung des Zeichners aus zeitgenössischer und heutiger Sicht beurteilen.	24

M 2: Herblock: „Who's the Odd-Looking Guy …"
In: International Herald Tribune, 27. 03. 1949

Übersetzungshilfe:
- „Who's the Odd-Looking Guy Carrying The Bunner? " Übersetzung: „Wer ist der seltsam ausschauende Typ, der das Spruchband trägt? "
- „ A strong Germany is a great bulwark against Communism". Übersetzung: „Ein starkes Deutschland ist ein bedeutendes Bollwerk gegen den Kommunismus".

Hinweise zum Bild:
Herblock: eigentlicher Name Herbert Lawrence Block (1909 – 2001); bekannter, mehrfach ausgezeichneter amerikanischer Karikaturist. **International Herald Tribune:** bis 1992 gemeinsam von der New York Times und der Washington Post herausgegebene, international erscheinende, englischsprachige Tageszeitung. "

Zugelassene Hilfsmittel: Wörterbuch zur deutschen Rechtschreibung

Lösungsvorschläge

Inhaltliche Schwerpunkte:
Das „kurze" 20. Jahrhundert

- *Die nationalsozialistische Diktatur*
  - *Politische und ideologische Voraussetzungen des Nationalsozialismus: mittel- und längerfristige politische Ursachen, Krisensituation 1930–1933, NS-Ideologie*
  - *Ende des Rechts- und Verfassungsstaates in Deutschland 1933/34*
  - *Zweiter Weltkrieg und Völkermord an den europäischen Juden*
- *Deutschland und Europa nach dem Zweiten Weltkrieg*
  - *Teilung Europas und Deutschlands (1945–1955)*

1. *Bei der Bearbeitung der ersten Teilaufgabe, bei der es lediglich um eine detaillierte Beschreibung der Karikatur geht, sollte zunächst die zu behandelnde Bildquelle vorgestellt werden. Im vorliegenden Fall sind Angaben zur Quellengattung, zum Zeichner und zu den Adressaten sowie zu Zeit und Ort ihres Erscheinens zu machen. Ferner sollen Thema und Aussage der Quelle bestimmt werden.*

Bei dem zu bearbeitenden Material handelt es sich um eine historische Bildquelle, genauer: um eine **Karikatur** des Karikaturisten **Herblock**. Das Pseudonym steht für Herbert Lawrence Block (1909–2001), einen bekannten und mehrfach ausgezeichneten amerikanischen Karikaturisten. Die vorliegende Karikatur mit dem Titel „Who's the Odd Looking Guy …" ist am 27. 3. 1949 zuerst in der International Herald Tribune erschienen, einer bis 1992 gemeinsam von der New York Times und der Washington Post herausgegebenen, internationalen, englischsprachigen **Tageszeitung**. Daher richtet sich der Karikaturist auch an eine **politisch interessierte Leserschaft** innerhalb wie außerhalb der USA.
Die Karikatur thematisiert gewissermaßen als gezeichneter Kommentar die **amerikanische Deutschlandpolitik** und die **Rolle Westdeutschlands im beginnenden Kalten Krieg** aus der Perspektive Herblocks Anfang 1949. Der Karikaturist warnt vor einem **Wiedererstarken des Nationalsozialismus** in einem von den Westalliierten mitbegründeten, wirtschaftlich florierenden Westdeutschland.
Die Karikatur besteht aus einer **Schwarz-Weiß-Zeichnung** mit einem Titel in Form eines Zitats. Dieses lautet im Original: „Who's the Odd Looking Guy Carrying The Bunner?" Übersetzt bedeutet das etwa: „Wer ist der seltsam ausschauende Typ, der das Spruchband trägt? ". Als weiteres Textelement findet sich eine Aufschrift auf einem **Spruchband** innerhalb der Karikatur. Im Zentrum der Karikatur steht eine Gruppe von insgesamt fünf Personen, wobei vier davon einem an der Spitze gehenden **Anführer** folgen. Bei diesem handelt es sich um eine männliche Person, die einen Militärmantel, eine militärische Kopfbedeckung und Stiefel trägt sowie in strammer Haltung und im Stechschritt vor der Gruppe her marschiert. Das Gesicht des Mannes ist nach vorn gerichtet und für den Betrachter nur im Profil zu sehen. Seine Arme sind ausgestreckt, mit beiden Händen hält er einen Stab, an den eine Art Fahne geknotet ist. Auf dieser nach hinten über die Köpfe

der übrigen Personen wehenden Fahne steht in Großbuchstaben der englische Satz „A strong Germany is a great bulwark against Communism." (zu Deutsch: „Ein starkes Deutschland ist ein bedeutendes Bollwerk gegen den Kommunismus".) Im Brust- und Kopfbereich ist durch die Figur des Mannes hindurch der Hintergrund des Bildes weitergezeichnet.
Hinter dem Anführer ist eine **Gruppe von vier Männern** zu erkennen, die diesem im Gleichschritt und in zwei Zweierreihen folgen. Die Männer tragen Anzüge und unterschiedliche Kopfbedeckungen. Die vorderen beiden Männer scheinen besonders beleibt, zeigen ein Grinsen im Gesicht und sind nach vorne zum Bannerträger hin gewandt. Die Gesichter der beiden Personen in der zweiten Reihe sind einander zugewandt. Beide scheinen ebenfalls wohlgenährt. Der Mann im Vordergrund trägt als Kopfbedeckung eine Schirmmütze, während der andere mit seiner Rechten eine kleine **US-Flagge** hält. Er flüstert der Person mit der Schirmmütze hinter vorgehaltener Hand die Frage zu, die als Titel über der Zeichnung zu lesen ist. Die Personen auf dem Bild gehen über eine breite Straße. Im Hintergrund ist eine **Industrieszenerie** zu erkennen. Aus den Fabrikschloten steigen dicke Rauchwolken auf, die der Personengruppe entgegenwehen.

2. *Der zweite Aufgabenteil umfasst zwei Teiloperationen. Zunächst soll der historische Kontext der Karikatur erläutert werden. Bei einer sehr guten Lösung müssen dafür fünf Aspekte auf der Grundlage breiter historischer Kenntnisse detailliert ausgeführt werden. Thematisieren Sie in Ihren Erläuterungen solche Punkte, die auch tatsächlich mit Aussage und Gehalt der Karikatur zu tun haben. In einem zweiten Lösungsschritt sollen Sie die zentralen Elemente der Karikatur im Zusammenhang erläutern. Am Ende sollte eine Zusammenfassung der Ergebnisse in Form einer Deutung erfolgen.*

Zur Einordnung und zum Verständnis der vorliegenden Karikatur ist zunächst der historische Kontext zu umreißen. Dabei steht die Entwicklung der amerikanischen Außenpolitik hin zum Antikommunismus in der zweiten Hälfte der 1940er-Jahre im Mittelpunkt.
Die noch auf der **Potsdamer Konferenz** im Juli/August 1945 vorhandene gemeinsame Absicht der Siegermächte, allen voran der USA und der Sowjetunion, Deutschland politisch und wirtschaftlich weiterhin als **Einheit** zu behandeln, hatte aufgrund des wachsenden Misstrauens der Alliierten untereinander keinen Bestand und scheiterte schließlich an dem sich verstärkenden **Gegensatz zwischen den USA und der UdSSR**.
Einen Umschwung in der bisherigen Außenpolitik und eine Revision des Verhältnisses der westlichen Führungsmacht USA gegenüber der Sowjetunion stellte die Rede des amerikanischen Präsidenten Truman vom 12. März 1947 vor dem amerikanischen Kongress dar. Auslöser war die sich zuspitzende Situation in **Griechenland und der Türkei**, wo nach amerikanischer Auffassung von Moskau aus gesteuerte Untergrundbewegungen operierten, die einen **kommunistischen Umsturz** planten. In seiner Rede verkündete Truman den Grundsatz, dass jede Nation

in Zukunft die Wahl zwischen westlicher Demokratie und Kommunismus haben müsse, und kündigte an, dass allen „freien Völkern“, die sich dem westlichen Demokratiemodell anschließen wollten und vom Kommunismus bedroht seien, amerikanische Unterstützung zukommen werde. In der Folge der Truman-Doktrin änderte sich auch die amerikanische Europa-Politik. Die USA wollten angesichts der wirtschaftlichen Probleme der europäischen Länder einschließlich Deutschlands mit direkten Hilfen die **Lebensfähigkeit Europas sichern** und zugleich die **finanziellen Lasten der Besatzungspolitik senken**. Daher verkündete der amerikanische Außenminister George Marshall am 5. Juni 1947 den nach ihm benannten **Marshall-Plan**. Als Voraussetzung für das geplante **Europäische Wiederaufbauprogramm** (ERP: European Recovery Program) sollten sich die europäischen Länder auf einen gemeinsamen Wirtschaftsplan einigen. An der Marshall-Plan-Konferenz im Juli 1947 in Paris nahmen 16 europäische Staaten teil, die sich dafür zur Organisation für wirtschaftliche Zusammenarbeit in Europa (**OECD**) zusammenschlossen und in der Folgezeit Sachlieferungen und Kredite in Anspruch nahmen. Die osteuropäischen Länder sowie die Sowjetische Besatzungszone durften auf Druck der UdSSR allerdings nicht am Marshall-Plan teilnehmen. Besonders effektiv waren die Hilfen aus dem Marshall-Plan für die Westzonen bzw. die spätere Bundesrepublik Deutschland, in die von den zwischen 1948 und 1952 von den USA bereitgestellten rund 12,4 Milliarden Dollar allein rund 1,5 Milliarden Dollar flossen. Dadurch erhielten besonders der Kohlebergbau und die Energiewirtschaft wichtige Wachstumsimpulse. Der Marshall-Plan von 1947 bildete auch für die **Westintegration** der späteren Bundesrepublik eine wichtige Voraussetzung. Schon am 1. Juli 1947 hatten die USA und Großbritannien beschlossen, ihre Besatzungszonen zum 1. Januar 1947 zur **Bizone** zusammenzulegen. Frankreich zögerte zunächst, mit seinem Beitritt 1948 wurde das Wirtschaftsgebiet zur **Trizone** erweitert. Die UdSSR protestierte gegen die Errichtung der Bizone.

Einen wichtigen Schritt hin zu einem Weststaat bildete die **Sechs-Mächte-Konferenz**, die vom 23. Februar bis 2. Juni 1948 in London unter Beteiligung der USA, Großbritanniens, Frankreichs sowie der drei Benelux-Staaten, jedoch ohne die Sowjetunion stattfand. Ihr zentrales Thema war die Erörterung des Deutschlandproblems. Durch ihr Ergebnis, die sogenannten **Londoner Empfehlungen**, wurden die Ministerpräsidenten der elf westdeutschen Länder zur Einberufung einer „**Verfassungsgebenden Versammlung**“ ermächtigt. Diese sollte eine Verfassung ausarbeiten und die Gründung eines föderalen westdeutschen Staates vorbereiten. Eine Einschränkung bestand allerdings darin, dass die **Alliierten** sich eine internationale Kontrolle der Ruhrindustrie vorbehielten und die Errichtung einer **Sicherheitsbehörde** vorsahen, um militärisch eingreifen zu können, falls sich die Lage in Deutschland erneut zuspitzen sollte. Eine weitere wichtige Voraussetzung für die Wirksamkeit der Marshall-Plan-Hilfen stellte die Neugestaltung der Währungsverhältnisse in Deutschland dar. Am 20. Juni 1948 trat in den drei Westzonen und in West-Berlin eine **Währungsreform** in Kraft, durch die die westlichen Zonen zu einem einheitlichen Wirtschaftsgebiet wurden. Die Sowjetunion beantwortete den westlichen Schritt einer Währungsreform noch im Juni 1948 mit einer

Blockade West-Berlins. Diese bis in den Mai 1949 andauernde Maßnahme blieb allerdings wegen der von den Westalliierten errichteten **Luftbrücke** zur Versorgung West-Berlins erfolglos.
Vor diesem historischen Hintergrund gewinnen die zentralen Bildelemente der vorliegenden Karikatur ihre spezifische Bedeutung. Der die Vierergruppe anführende Mann stellt offenbar **Adolf Hitler** dar. Die vier hinter ihm marschierenden Männer sind – mit Ausnahme des Mannes mit der kleinen US-Flagge – bezüglich ihrer Nationalität zwar nicht eindeutig zuzuordnen, stellen aber wohl **Wirtschaftsvertreter** oder **Politiker** westlicher Staaten, insbesondere aus den USA dar. Die Aufschrift auf der Fahne des voran schreitenden Hitler verkündet, mit welchem Mittel dem Kommunismus begegnet werden könne, nämlich mithilfe eines starken Deutschlands. Das Motto „A strong Germany is a great bulwark against Communism." verweist demnach auf die Politik des **Antikommunismus**, die für die amerikanische Außenpolitik unter Truman zum bestimmenden Faktor geworden ist. Die im Hintergrund gezeichnete Industrielandschaft steht für das **Erstarken der deutschen Wirtschaft**, die durch die Marshall-Plan-Hilfe wieder in Gang gekommen war. Die **Stimmung** der Beteiligten ist offenkundig sehr **gut**. Dies zeigt das Grinsen der Personen in der vorderen Reihe. Kritische Stimmen sind die Ausnahme. Der teilweise durchsichtig gezeichnete Hitler erscheint allein durch diese Bildgestaltung als ein **Gespenst** und steht für die Gefahr, auf die der Karikaturist hinweisen will: Er warnt davor, dass der besiegte Nationalsozialismus unter dem Banner des Antikommunismus wieder die Führung in Deutschland übernehmen könnte. Die ihm folgenden Personen scheinen die geisterhafte Gestalt Hitlers allerdings nicht als Gefahr wahrzunehmen oder wahrnehmen zu wollen. Die einzige Person aus der dem Führer folgenden Vierergruppe, die in der Situation spricht, weist mit der Hand auf Hitler, erkennt ihn aber offenbar nicht, sondern hält ihn nur für eine **merkwürdige, seltsam aussehende Gestalt** (vgl. Titel). Seine Frage nach diesem Anführer stellt er hinter vorgehaltener Hand, ohne den Gleichschritt der Gruppe zu stören.
Der Karikaturist Herblock kritisiert die amerikanische Außenpolitik, die zu Beginn des Kalten Krieges so auf den neuen Gegner Sowjetunion fixiert sei, dass sie die Gefahren eines **Wiedererstarkens des Nationalsozialismus** unter dem Deckmantel eines antikommunistischen Deutschlands gegenüber blind geworden ist. Um den Kommunismus einzudämmen, das zeigt der Karikaturist in seiner Zeichnung, wird Deutschland wirtschaftlich wieder aufgebaut, was von entsprechenden Kreisen in den USA bzw. Deutschland mit größter Zufriedenheit aufgenommen werde. Nach Herblocks Auffassung unterschätzt man in den USA und den westlichen Demokratien bereits wenige Jahre nach dem Krieg die **Gefahren, die von einem wieder erstarkten Deutschland ausgehen könnten**, nämlich eine mögliche Wiederbelebung des gerade erst besiegten Nationalsozialismus.

3. *In diesem Aufgabenteil geht es darum, zu einem kritisch abwägenden eigenen Urteil zu gelangen, das die beiden in der Aufgabenstellung vorgegebenen Perspektiven berücksichtigt und sachlich begründet wird.*

Versucht man die Aussage des Karikaturisten **aus zeitgenössischer Sicht** zu **beurteilen**, muss man sich der Tatsache bewusst sein, dass dem damaligen Betrachter die folgenden Ereignisse und Entwicklungen, die unsere heutige Sicht prägen, noch nicht bekannt waren.
Der Karikaturist **Herblock warnt mit seiner Karikatur vor einem Wiederaufkeimen des Nationalsozialismus unter dem Vorzeichen des US-amerikanischen Antikommunismus**. Den Zeichner könnte in dieser Sichtweise die Tatsache bestärkt haben, dass die **Entnazifizierung**, die eine Säuberung des öffentlichen Lebens von aktiven Nationalsozialisten und von den Anhängern des Nationalsozialismus bewirken sollte, zwar ein gemeinsames Ziel der Alliierten nach Kriegsende darstellte, dass diese aber in den einzelnen Zonen sehr **unterschiedlich gehandhabt** wurde. Wohl am strengsten wurde die Entnazifizierung zunächst in der amerikanischen Besatzungszone durch die von den US-Behörden eingerichteten **Spruchkammern** durchgeführt. Mit Beginn des **Kalten Krieges** ließ das amerikanische Interesse an den politischen Säuberungsmaßnahmen allerdings nach und am 31. März 1948 wurde die Entnazifizierung förmlich abgeschlossen, sodass die Verfahren gegen zahlreiche schwer belastete Personen nicht mehr zu Ende geführt wurden.
Aus der Perspektive der amerikanischen Außenpolitik kann der Karikatur und der in ihr getroffenen Aussage entgegengehalten werden, dass durch das Vordringen des Kommunismus in Osteuropa eine neue Gefahr entstanden war und dass **Westdeutschland einschließlich West-Berlins** im Ost-West-Konflikt nun eine **wichtige Rolle** spielte, wie sich bereits während der Berlin-Blockade zeigte.
Folgte man der Warnung des Karikaturisten vor einem Wiedererstarken des Nationalsozialismus, hätte dies für die amerikanische Außen- und Deutschlandpolitik zur Folge gehabt, dass man die wirtschaftliche Unterstützung und Wiederaufbauhilfen hätte zurücknehmen oder drosseln müssen. Die wirtschaftliche Erholung Deutschlands und die Westintegration eines zu gründenden Weststaats wären nur bedingt, eventuell gar nicht möglich gewesen.

Betrachtet man die Karikatur nun **aus der heutigen Perspektive** und im Abstand von mehr als sechzig Jahren, so muss festgestellt werden, dass die **Befürchtungen des Karikaturisten nicht eingetreten** sind. Die in den Westen integrierte, wirtschaftlich wieder erstarkte Bundesrepublik ist bis heute nicht als Hort einer neuen nationalsozialistischen Ideologie oder als Aggressor in Erscheinung getreten.
Auch später war ein Aufleben eines neuen deutschen Faschismus in größerem Umfang nicht zu verzeichnen. Vielmehr war gerade der durch die Marshall-Plan-Hilfen maßgeblich geförderte wirtschaftliche Erfolg der Bundesrepublik eine wesentliche Voraussetzung für ihre **politische Stabilität**. Erst in Zeiten wirtschaftlicher Rezession, wie sie erstmals in den 1960er-Jahren in der Bundesrepublik zu verzeichnen war, konnte die 1963 gegründete rechtsstehende Nationaldemokratische Partei Deutschlands (NPD) mit nationalistischen und revanchistischen Forderungen in einigen Länderparlamenten vorübergehende Erfolge verzeichnen.

B 1: Analyse von Sekundärliteratur und kritische Auseinandersetzung mit ihr mit gegliederter Aufgabenstellung

Aufgabenstellung	Punkte
1. Analysieren Sie den vorliegenden Textauszug.	26
2. Geben Sie drei Sichtweisen auf die Revolution wieder, die im Text deutlich werden, und erläutern Sie deren Grundlagen.	26
3. Diskutieren Sie die in Z. 66 ff. formulierte Schlussfolgerung des Autors.	28

M 3: Die halbe Revolution

„Die größte aller Revolutionen hat wie ein plötzlich losbrechender Sturmwind das kaiserliche Regime mit allem, was oben und unten dazu gehörte, gestürzt. Man kann sie die größte aller Revolutionen nennen, weil niemals eine so fest gebaute, mit soliden Mauern umgebene Bastille so in einem Anlauf genommen wurde.“ Mit diesen Worten feierte Theodor Wolff, der Chefredakteur des liberalen *Berliner Tageblatts,* in einem Leitartikel vom 10. November 1918 das Ende des Kaiserreichs. Doch so plötzlich, wie der prominente Journalist meinte, war die Revolution keineswegs ausgebrochen, und es hatte auch mehr als eines Anlaufs bedurft, um die scheinbar so festgefügten Mauern der Hohenzollernmonarchie zum Einsturz zu bringen.

Unter der Hülle des „Burgfriedens“, der im August 1914 proklamiert worden war, hatten sich die gesellschaftlichen Spannungen im Laufe des Krieges außerordentlich verschärft. Nicht nur für Arbeiter, sondern auch für Angestellte und Beamte verschlechterte sich die materielle Situation drastisch. Besonders die völlig unzureichende Versorgung mit Lebensmitteln schürte Unzufriedenheit. [...]

Mehr noch als der Mangel selbst wirkte die ungerechte Verteilung provozierend und verbitternd. In zahllosen Hungerunruhen und Streiks machte sich der angestaute Unmut seit 1916 Luft. Ende Januar 1918 traten in Berlin und anderen Städten die Rüstungsarbeiter in den Ausstand, um für „Frieden, Freiheit und Brot“ zu demonstrieren. Zwar gelang es Zivil- und Militärbehörden noch einmal, die Bewegung niederzuschlagen, doch war deutlich geworden, wie brüchig die Grundlagen des wilhelminischen Herrschaftssystems inzwischen waren.

Auch an der Front sammelte sich viel sozialer Zündstoff an. [...] Nach dem Scheitern der letzten deutschen Großoffensive im Westen im März 1918 häuften sich die Meldungen über Disziplinverstöße und Befehlsverweigerungen. Immer mehr Soldaten versuchten, sich dem Kriegsdienst zu entziehen, sei es, dass sie Krankheiten vortäuschten, in der Etappe untertauchten oder zum Gegner überliefen.

Ende September 1918 musste die Oberste Heeresleitung unter Paul von Hindenburg und Erich Ludendorff die militärische Niederlage eingestehen. Sie drängte auf sofortigen Abschluss eines Waffenstillstands und, damit verbunden, auf „Parlamentarisierung" der Reichsverfassung. Die wilhelminischen Führungsschichten waren jetzt also bereit, zuzugestehen, was sie bislang strikt verweigert hatten: die Bildung einer vom Vertrauen der Reichstagsmehrheit abhängigen Regierung. Die Reform „von oben" sollte der Revolution „von unten" zuvorkommen – das war der Grundgedanke der im Oktober eingeleiteten Wende.

Doch diese Wende kam zu spät: In geradezu dramatischem Tempo beschleunigte sich der Autoritätsverfall der Regierenden. Der Wunsch, den sinnlos gewordenen Krieg unter allen Umständen so rasch wie möglich zu beenden, erfasste über die Arbeiterschaft hinaus weite Bevölkerungskreise. Allerdings ließen die Antworten des amerikanischen Präsidenten Thomas Woodrow Wilson auf das Waffenstillstandsgesuch der neuen, parlamentarischen Regierung unter Prinz Max von Baden rasch erkennen, dass ohne eine Abdankung Wilhelms II. der Friede nicht zu haben war. Da der Kaiser aber gar nicht daran dachte zurückzutreten, richtete sich die Massenbewegung nun gegen den Träger der Krone selbst. [...]

Wilhelm Dittmann[1], einer der drei USPD-Volksbeauftragten, hat aus der Rückschau des Exils den November 1918 als einen „unerhört günstigen geschichtlichen Augenblick" bezeichnet, „mit einem Ruck die politische und wirtschaftliche Entwicklung vorwärtszustoßen". Die Sozialisierung des Bergbaus, eine durchgreifende Agrarreform in Ostelbien, die Entlassung von kaiserlichen Spitzenbeamten und eine Demokratisierung der Verwaltung, der Aufbau einer republiktreuen Truppe – all das war im Winter 1918/19 nicht nur möglich, sondern auch notwendig, um den alten Eliten aus Großindustrie, Großlandwirtschaft, Bürokratie und Militär wenigstens einen Teil ihrer angestammten Machtbasis zu nehmen. Doch die Führer der Mehrheitssozialdemokratie verstanden sich eher als Konkursverwalter des Kaiserreichs denn als entschlossene Neuerer. Ihre erste Sorge galt der demokratischen Legitimierung der neuen Verhältnisse, das heißt der Einberufung einer Nationalversammlung und der Verabschiedung einer Verfassung. Dabei verkannten sie, dass die erstrebte parlamentarische Demokratie auch gesellschaftlicher Veränderungen bedurfte, um lebensfähig zu sein.

Die Folgen dieses Versäumnisses zeigten sich in der Dauerschwäche der demokratischen Institutionen von Weimar. Gewiss – die harten Bedingungen des Friedensvertrags von Versailles bedeuteten eine große Belastung für die junge Republik. Doch noch schwerer wog, dass die überkommenen gesellschaftlichen Machtstrukturen im Wesentlichen unangetastet geblieben waren. [...]

Die konservativen Führungsschichten des Kaiserreichs erfreuten sich weiterhin privilegierter Positionen. Dennoch verharrten sie in Fundamentalopposition gegen das verhasste „System von Weimar". Im Prozess der Auflösung der Republik 1930 bis 1933 sollten gerade sie eine höchst aktive Rolle spielen. Insofern scheint der Schluss berechtigt, dass die halbe Revolution von 1918 das Scheitern der ersten deutschen Demokratie bereits in sich barg.

Volker Ullrich: Die halbe Revolution. Warum der demokratische Aufbruch von 1918 sein Scheitern bereits in sich trug. In: DIE ZEIT Geschichte Nr. 3/2008, S. 16–30 (Auszug: S. 18 und S. 30)

Hinweise zum Verfasser:
Volker Ullrich, geb. 1943, ist Historiker. Er leitete viele Jahre bei der Wochenzeitung DIE ZEIT das Ressort „Politisches Buch" (Rezensionen von Büchern historischen und politischen Inhalts) und ist Herausgeber der Reihe „ZEIT Geschichte", einer Zeitschrift, die viermal im Jahr zu einem historischen Schwerpunktthema erscheint. 2008/09 erschienen unter der Überschrift „Deutsche Schicksalsjahre von 1918 bis 1989" vier Hefte zu „Schlüsselereignissen des 20. Jahrhunderts" (1918, 1938, 1949, 1989).

Anmerkungen:
1 Wilhelm Dittmann, 1874–1954, im Februar 1933 vor den Nationalsozialisten in die Schweiz geflüchtet, von dort 1951 in die Bundesrepublik zurückgekehrt.

Zugelassene Hilfsmittel: Wörterbuch zur deutschen Rechtschreibung

---

Lösungsvorschläge

Inhaltliche Schwerpunkte:
Das „kurze" 20. Jahrhundert

- *Der Erste Weltkrieg*
  - *Kriegsursachen und Kriegsausbruch*
  - *Kriegsende und politischer Umbruch in Deutschland*
  - *Friedensverträge*
- *Die nationalsozialistische Diktatur*
  - *Politische und ideologische Voraussetzungen des Nationalsozialismus: mittel- und längerfristige politische Ursachen, Krisensituation 1930–1933, NS-Ideologie*

1. *In der ersten Teilaufgabe soll auch bei diesem Aufgabentyp (B) zunächst das zu bearbeitende Material vorgestellt werden. Dabei sind neben der Textsorte die Aspekte Autor, Adressat, Zeitpunkt und Anlass der Veröffentlichung sowie das Thema zu berücksichtigen. Des Weiteren sollen in diesem Lösungsteil Inhalt und gedankliche Struktur der Textvorlage wiedergegeben werden.*

   Der vorliegende Text, bei dem es sich um einen **Auszug aus einem Artikel für das Magazin** „ZEIT Geschichte" aus dem Jahre 2008 handelt, stammt von dem **Historiker und Publizisten** Volker Ullrich und trägt die Überschrift „Die halbe Revolution. Warum der demokratische Aufbruch von 1918 sein Scheitern bereits in sich trug". Der Autor Volker Ullrich leitete viele Jahre das Ressort „Politisches Buch" bei der Wochenzeitung „Die Zeit", in dem Rezensionen von Büchern historischen und politischen Inhalts veröffentlicht werden, und ist Herausgeber der Reihe „ZEIT Geschichte", einer Zeitschrift, die viermal im Jahr zu einem historischen Schwerpunktthema erscheint. 2008/09 erschienen unter der Überschrift „Deutsche Schicksalsjahre von 1918 bis 1989" vier Hefte zu „Schlüsselereignissen des 20. Jahrhunderts", darunter auch die Publikation zur Revolution 1918. Anlass des Heftes und auch des vorliegenden Beitrages war das **Gedenkjahr** für die Revolution von 1918.

Mit seinem Beitrag wendet sich Volker Ullrich an eine **historisch-politisch interessierte Leserschaft**, darunter z. B. auch an Studenten und Schüler. Dabei verfolgt der Autor offensichtlich **keinen streng wissenschaftlichen Anspruch**, sondern informiert in zugespitzter Form über wichtige Ereignisse der jüngeren deutschen Geschichte, ohne dabei seine eigene Position zu unterschlagen. Das Thema des zu bearbeitenden Textes ist eine **Beurteilung des revolutionären Umbruchs von 1918**. Bereits im Titel wird dabei die Position des Verfassers erkennbar.
Der Textauszug setzt mit einem längeren Zitat (Z. 1–4) des Chefredakteurs des liberalen Berliner Tageblatts, Theodor Wolff, ein, in dem dieser bereits am 10. November 1918 über die Revolution urteilt. Wolff bezeichnet sie als „plötzlich losbrechende[n] Sturmwind" (Z. 1) und feiert sie als „größte aller Revolutionen" (Z. 3). Volker Ullrich widerspricht diesem zeitgenössischen Urteil (Z. 6–9). Seiner Ansicht nach erfolgte die Revolution weder plötzlich noch bedurfte es nur eines einzigen Anlaufs, um die Hohenzollernmonarchie zu stürzen. So konstatiert Ullrich trotz des Angebotes eines „Burgfriedens" durch den Kaiser vom August 1914 im Kriegsverlauf ein **Anwachsen der gesellschaftlichen Spannungen** und eine **Verschlechterung der materiellen Situation** quer durch alle Bevölkerungsschichten (vgl. Z. 10–14). Für bedeutender als den herrschenden Mangel an Gütern hält Ullrich allerdings die fehlende Verteilungsgerechtigkeit (vgl. Z. 15 f.). Als Indiz hierfür führt er die zahlreichen **Hungerunruhen und Streiks seit 1916** an (vgl. Z. 16 ff.).
Ullrich stellt darüber hinaus einen seit der gescheiterten Märzoffensive 1918 um sich greifenden **Autoritätsverlust der Monarchie** auch an der Front fest, als Beleg nennt er die zahlreichen **Disziplinverstöße und Befehlsverweigerungen** (vgl. Z. 24 ff.). Erst als die militärische Niederlage im September 1918 auch von der Obersten Heeresleitung eingeräumt worden war und diese auf den sofortigen Abschluss eines Waffenstillstandes drängte, sei die politische Führung zu ernsthaften Zugeständnissen bereit gewesen, so der Autor. Die **politischen Reformen**, die die lange verweigerte **Parlamentarisierung** des politischen Systems bedeuteten, sieht Ullrich dabei lediglich als den Versuch an, der „Revolution ‚von unten'" durch eine „**Reform ‚von oben'**" zuvorzukommen (Z. 32 ff.). Angesichts des sich beschleunigenden Autoritätsverfalls der Regierenden kam nach Ullrichs Auffassung die im Oktober eingeleitete Wende allerdings „zu spät" (Z. 35). Eine Abdankung des Kaisers war seiner Einschätzung nach v. a. vor dem Hintergrund der Haltung des amerikanischen Präsidenten Woodrow Wilson nicht mehr zu vermeiden (vgl. Z. 40 f.).
Im weiteren Verlauf seines Artikels (ab Z. 44) zitiert Ullrich als zweiten Gewährsmann für die Bedeutung der Revolution **Wilhelm Dittmann**, einen der drei Volksbeauftragten der USPD, der mit Blick auf die Revolution vom November 1918 von einem „unerhört günstigen geschichtlichen Augenblick" (Z. 45 f.) gesprochen hatte. Ullrich selbst fügt dem Zitat eine Reihe von Maßnahmen hinzu, die nach seiner Ansicht unabdingbar gewesen wären, um die „alten Eliten aus Großindustrie, Großlandwirtschaft, Bürokratie und Militär" (Z. 50 f.) wenigstens teilweise zu entmachten.

Den Führern der **Mehrheitssozialdemokraten** wirft Ullrich in diesem Zusammenhang vor, sie hätten sich eher als „Konkursverwalter des Kaiserreichs denn als entschlossene Neuerer" (Z. 53 f.) verstanden. Ullrich hält ihnen vor, sie hätten es **versäumt**, die erstrebte parlamentarische Demokratie durch die Einführung notwendiger gesellschaftlicher Veränderungen überhaupt „lebensfähig" (Z. 57) zu machen (vgl. Z. 56 ff.).
Die Folgen dieses „Versäumnisses" sieht Ullrich in der „**Dauerschwäche der demokratischen Institutionen von Weimar**" (Z. 58 f.). Das Beibehalten der überkommenen gesellschaftlichen Machtstrukturen macht Ullrich dafür verantwortlich, dass die **konservativen Führungsschichten** des Kaiserreichs in ihren privilegierten Positionen verblieben, eine **Fundamentalopposition** gegen die Republik einnahmen und diese besonders in der Endphase der Weimarer Republik in verhängnisvoller Weise entfalteten.

2. *Die zweite Teilaufgabe verlangt, dass die drei in der Textvorlage erkennbaren Beurteilungen der Revolution wiedergegeben und in ihren Grundlagen erläutert werden. Dabei handelt es sich um die Positionen des Journalisten Wolff, des USPD-Politikers Dittmann sowie die des Autors selbst.*

In dem vorliegenden Textauszug werden **drei unterschiedliche Sichtweisen** auf die Revolution von 1918/19 vermittelt. Zunächst zitiert der Autor **Theodor Wolff**, den Chefredakteur einer großen Berliner Tageszeitung, der bereits einen Tag nach der Ausrufung der Republik mit Blick auf die Geschehnisse in einem Leitartikel von der „größte[n] aller Revolutionen" (vgl. Z. 1–4) gesprochen hatte. Der liberale Journalist ist **Zeitzeuge und zugleich Kommentator** der Geschehnisse und formuliert unter dem Eindruck der vermeintlich **plötzlich stattfindenden politischen Veränderungen**, die tags zuvor den Wechsel der Regierungs- und Staatsform in Deutschland mit sich gebracht hatten, sein **euphorisch klingendes Urteil**. Für Wolff scheint eine liberale Ordnung im Sinne der **Einführung einer parlamentarischen Demokratie** unter den gegebenen Umständen offenbar **aussichtsreich und möglich** zu sein. Er verfügt allerdings nur über einen sehr **begrenzten Kenntnisstand** auf der Grundlage der damals aktuellen Situation. Dabei verkennt er, ebenso wie weite Teile der Öffentlichkeit auch, den bereits länger andauernden maroden Zustand der Hohenzollern-Monarchie. Auch fehlt Wolff zum Zeitpunkt der zitierten Aussage natürlich das Wissen um den weiteren Verlauf der Ereignisse, z. B. über das Eingeständnis der für die meisten Zeitgenossen überraschenden militärischen Niederlage und den Abschluss des Waffenstillstandsabkommens am 11. November oder die Auseinandersetzung der folgenden Wochen über das zu installierende politische System.
Die zweite von Volker Ullrich in seinem Artikel angesprochene Position stammt von **Wilhelm Dittmann**, einem der drei Vertreter der Unabhängigen Sozialdemokratischen Partei Deutschlands (USPD) im Rat der Volksbeauftragten. Dittmann schreibt **aus der Rückschau des Schweizer Exils**, in das er 1933 vor den Nationalsozialisten geflüchtet war und aus dem er erst 1954 in die Bundesrepublik zu-

rückkehrte. Er war ebenso wie Wolff unmittelbarer **Zeitzeuge** der Geschehnisse in den Jahren 1918/19, war zugleich aber auch selbst **politischer Akteur** während der Revolution. Dittmann spricht von einem „unerhört günstigen geschichtlichen Augenblick", der es erlaubt hätte, „mit einem Ruck die politische und wirtschaftliche Entwicklung vorwärtszustoßen" (Z. 45 ff.). Er hegte damals offenbar weitreichende **Hoffnungen auf einen grundlegenden gesellschaftlichen Wandel** in Deutschland, den er zum damaligen Zeitpunkt für möglich hielt. Gemessen daran müssen die Ereignisse der Revolution von seinem Standpunkt aus einen für ihn **enttäuschenden Verlauf** genommen haben. Entsprechend seiner politischen Position dürfte hierzu insbesondere der Abschluss des **Ebert-Groener-Paktes** gehört haben. Nicht vereinbar mit den politischen Zielen Dittmanns war im weiteren Verlauf auch das Vorgehen gegen die aufständischen Matrosen in Berlin im Dezember 1918, das zu einem **Austritt der USPD-Vertreter aus dem Rat der Volksbeauftragten** geführt hat. Das **Scheitern der Weimarer Republik**, das Dittmann in das Exil getrieben hat, erscheint als Bestätigung des Urteils, dass die Revolution nicht konsequent genug durchgeführt worden sei. Allerdings wird von Dittmann das Dilemma der revolutionären Übergangsregierung, einen Krieg beenden und die Versorgung der Bevölkerung sicherstellen zu müssen und damit auf die Kooperation vor allem der Wirtschaft angewiesen zu sein, nicht berücksichtigt.

Die **dritte Position**, die in dem vorliegenden Textauszug zu finden ist, wird vom **Autor selbst** vertreten, der die Ereignisse von 1918/19 lediglich als „halbe Revolution" ansieht (Z. 67). Ullrich, der diese Sichtweise bereits in der Überschrift seines Artikels zum Ausdruck bringt, schreibt im Gegensatz zu Wolff und Dittmann seinen Beitrag im Abstand von neunzig Jahren und beurteilt somit eine historische Situation **aus einem großen zeitlichen Abstand**. Anders als die beiden Zeitzeugen verfügt er über **umfassende Kenntnisse sowohl der Ursachen wie auch des weiteren Verlaufs und der Ergebnisse der Revolution**. Ullrich beurteilt diese kritisch und ist damit näher an der Position Dittmanns als an der Wolffs. Für den Autor wären für den fraglichen Zeitraum, also den Winter 1918/19, Schritte wie die Sozialisierung des Bergbaus, eine durchgreifende Agrarreform in Ostelbien, die Entlassung von kaiserlichen Spitzenbeamten, eine Demokratisierung der Verwaltung sowie der Aufbau einer republikanischen Truppe (vgl. Z. 47 ff.) nötig gewesen, um der jungen Republik ein dauerhaftes Überleben zu ermöglichen. Seine Charakterisierung der Vertreter der **MSPD**, denen er **entscheidende Versäumnisse** anlastet, fällt dementsprechend negativ aus. Zwar verkennt Ullrich nicht die anderen **Belastungen der Weimarer Republik** wie etwa die Bedingungen des Versailler Vertrages, aber er sieht in den **politischen Versäumnissen** den Grund für die „Dauerschwäche der demokratischen Institutionen von Weimar" (Z. 58 f.).

3. *Teilaufgabe 3 enthält den klar umrissenen Auftrag, sich mit der vom Autor am Ende seiner Ausführungen getroffenen Schlussfolgerung auseinanderzusetzen. Entsprechend der Definition des Operators „diskutieren" wird erwartet, dass Sie zu der These Volker Ullrichs eine Argumentation entwickeln, die zu einer begründeten Bewertung führt, die zustimmend, aber auch relativierend ausfallen kann.*

Volker Ullrich kommt am Ende des Textauszuges zu folgender Einschätzung: „Insofern scheint der Schluss berechtigt, dass die halbe Revolution von 1918 das Scheitern der ersten deutschen Demokratie bereits in sich barg" (Z. 66 ff.). Geht man, wie Ullrich, von einer nur **halbherzig durchgeführten Revolution** aus, lassen sich **einerseits** eine Reihe von **Versäumnissen** anführen. Die mächtigen alten Eliten aus Militär, Verwaltung und Justiz betrieben eine andauernde „**Fundamentalopposition**" (Z. 64). Eine solche Argumentation kann sich zudem auf die Tatsache stützen, dass mit der **Wahl Hindenburgs zum Reichspräsidenten im Jahr 1925** durch das Volk ein Mann zum obersten Repräsentanten des jungen demokratischen Staates gewählt wurde, der aus seiner monarchistischen Gesinnung nie ein Hehl gemacht hatte und der von vielen Deutschen als ein „**Ersatzkaiser**" angesehen wurde. Eine weitere Folge der von Ullrich so eingeschätzten unvollendeten Revolution war eine **dauerhafte Polarisierung der Gesellschaft**. Eine Verschärfung dieses Problems zeigte sich im Gefolge der Weltwirtschaftskrise, als die **Arbeitslosenzahl** in Deutschland auf über 5 Millionen anstieg. Die Große Koalition, die letzte während der Weimarer Republik aus demokratischen Wahlen hervorgegangene und von einer Reichstagsmehrheit getragene Regierung, zerbrach im März 1930 an einer Detailfrage im Zusammenhang mit der Arbeitslosenversicherung. Nach dem Scheitern der Großen Koalition begann die **Phase der Präsidialkabinette**, in der zwischen 1930 und 1933 der Bestand der Regierungen allein vom Vertrauen des Reichspräsidenten Hindenburg abhing. Die Präsidialkabinette unter Brüning, von Papen und von Schleicher regierten ohne eigene Mehrheit im Parlament mit **Notverordnungen nach Artikel 48** der Weimarer Reichsverfassung. Schließlich muss die **Rolle konservativer Kreise** um den Reichspräsidenten Hindenburg, der sogenannten „**Kamarilla**", **bei der Machtübergabe an Hitler** angesprochen werden. Dieser enge Beraterkreis um Hindenburg, dem u. a. der Staatssekretär Meissner, Hindenburgs Sohn Oskar und General von Schleicher angehörten, bestand im Wesentlichen aus Vertretern der alten preußischen Führungsschicht. Er **förderte Hitlers Machtübernahme**, als er sich im Januar 1933 in dem Glauben, nur so könnten die Nationalsozialisten von den Konservativen „gezähmt" werden, für eine Kanzlerschaft Hitlers einsetzte.

Die von Ullrich getroffene Aussage, dass „die halbe Revolution von 1918 das Scheitern der ersten deutschen Demokratie bereits in sich barg", muss **andererseits** aber **relativiert** werden.

So ist die Frage zu stellen, ob und wenn ja welche **alternativen Handlungsoptionen** für die neue Reichsregierung 1918/19 bestanden haben, insbesondere angesichts der bei Kriegsende bestehenden **wirtschaftlichen Probleme**, aber auch in Anbetracht der zu treffenden **politischen Grundentscheidungen**. Im **Rat der Volksbeauftragten**, der aus jeweils drei Vertretern von MSPD und USPD gebil-

det wurde und die Übergangsregierung stellte, gab es **erhebliche Differenzen über den einzuschlagenden politischen Weg**. Um einen geordneten Übergang zu neuen Verhältnissen zu gewährleisten, ging die MSPD ein Bündnis mit der Obersten Heeresleitung ein und setzte mithilfe des sogenannten Ebert-Groener-Paktes vom 10. November 1918 das Militär zur Wiederherstellung von Ruhe und Ordnung ein. Während die MSPD für die Wahl einer Nationalversammlung eintrat, die über die **künftige Staatsform** entscheiden sollte, befürwortete die USPD die Einführung der Rätedemokratie nach sowjetischem Vorbild, bei dem alle Macht im Staat auf die Arbeiter- und Soldatenräte übergehen und ein Zentralrat die oberste Gewalt ausüben sollte. Nach dem Einsatz des Militärs gegen aufständische Matrosen in Berlin zu Weihnachten 1918 traten die USPD-Mitglieder aus dem Rat der Volksbeauftragten aus. Wenige Wochen später ließ der Volksbeauftragte Noske von der MSPD den **Spartakusaufstand** durch Freikorps blutig niederschlagen. Neben der **Gefahr für die parlamentarische Demokratie**, die **von einer linksradikalen Revolution** ausging, drohte gleichzeitig von der anderen Seite des politischen Spektrums eine **konservativ-bürgerliche Gegenrevolution**. Wenn Ullrich annimmt, dass die Institutionen der Weimarer Republik unter einer „Dauerschwäche" litten (Z. 58), ist andererseits zu bedenken, dass die **Weimarer Verfassung** die Grundlage der **ersten parlamentarischen Demokratie in Deutschland bildete**. So enthielt sie erstmals in Deutschland das gleiche, geheime, direkte und allgemeine **Wahlrecht** für Männer und Frauen. Zentrales Organ war der Verfassung zufolge der vom Volk gewählte **Reichstag**. Auch die **Direktwahl des Reichspräsidenten** stärkte im Grunde das Prinzip der Volksbeteiligung am politischen Willensbildungsprozess.
Darüber hinaus ist zu fragen, ob der Untergang der Weimarer Republik, wie Ullrich zu behaupten scheint, tatsächlich als schicksalhaft vorgezeichnet betrachtet werden kann. Vielmehr war für das Ende der ersten deutschen Demokratie eine **Reihe von Ursachen** verantwortlich, in denen ein Scheitern aber keineswegs unverrückbar angelegt war. Neben den **Bestimmungen des Versailler Vertrages**, der zwar harte Bedingungen vorsah, insgesamt aber den Bestand des Reiches nicht infrage stellte, sind es Faktoren wie der Einsatz des **Artikels 48** der Reichsverfassung durch den Reichspräsidenten Hindenburg sowie ferner die **ökonomische Krise** infolge der Weltwirtschaftskrise oder die **Spaltung der Arbeiterbewegung**, deren Folgen in ihrer Schärfe auch hätten verhindert werden können. Schließlich führte der **Aufstieg der NSDAP und Hitlers** zwar zum Ende der Republik, dieser war aber ebenfalls nicht unabwendbar vorbestimmt, wie beispielsweise die Rückschläge der NSDAP bei den Reichstagswahlen vom November 1932 zeigen.

Ihre Meinung ist uns wichtig!

Ihre Anregungen sind uns immer willkommen. Bitte informieren Sie uns mit diesem Schein über Ihre Verbesserungsvorschläge!

Titel-Nr.	Seite	Vorschlag

Bitte hier abtrennen

Lernen • Wissen • Zukunft
STARK

Bitte hier abtrennen

Zutreffendes bitte ankreuzen!

Die Absenderin/der Absender ist:

- ☐ Lehrer/in in den Klassenstufen: ____
- ☐ Fachbetreuer/in Fächer: ____
- ☐ Seminarlehrer/in Fächer: ____
- ☐ Regierungsfachberater/in Fächer: ____
- ☐ Oberstufenbetreuer/in
- ☐ Schulleiter/in
- ☐ Referendar/in, Termin 2. Staatsexamen: ____
- ☐ Leiter/in Lehrerbibliothek
- ☐ Leiter/in Schülerbibliothek
- ☐ Sekretariat
- ☐ Eltern
- ☐ Schüler/in, Klasse: ____
- ☐ Sonstiges: ____

Unterrichtsfächer: (Bei Lehrkräften!)

____

STARK Verlag
Postfach 1852
85318 Freising

22_VM5

Bitte ausfüllen und im frankierten Umschlag an uns einsenden. Für Fensterkuverts geeignet.

Kennen Sie Ihre Kundennummer?
Bitte hier eintragen.

Absender (Bitte in Druckbuchstaben!)

Name/Vorname

Straße/Nr.

PLZ/Ort/Ortsteil

Telefon privat

Geburtsjahr

E-Mail

Schule/Schulstempel (Bitte immer angeben!)

Sicher durch das Abitur!

Klare Fakten, systematische Methoden, prägnante Beispiele sowie Übungsaufgaben mit schülergerechten, kommentierten Lösungen zur Selbstkontrolle.

Mathematik

Analytische Geometrie –
Mit Hinweisen zur GTR-/CAS-Nutzung ... Best.-Nr. 540038
Analysis – Mit Hinweisen zur CAS-Nutzung ... Best.-Nr. 540021
Analytische Geometrie und lineare Algebra ... Best.-Nr. 54008
Stochastik ... Best.-Nr. 94009
Klausuren Mathematik Oberstufe ... Best.-Nr. 900461
Kompakt-Wissen Abitur Analysis ... Best.-Nr. 900151
Kompakt-Wissen Abitur Analytische Geometrie Best.-Nr. 900251
Kompakt-Wissen Abitur
Wahrscheinlichkeitsrechnung und Statistik ... Best.-Nr. 900351

Physik

Physik 1 – Elektromagnetisches Feld
und Relativitätstheorie ... Best.-Nr. 943028
Mechanik ... Best.-Nr. 94307
Abitur-Wissen Elektrodynamik ... Best.-Nr. 94331
Kompakt-Wissen Abitur Physik 1
Mechanik, Wärmelehre, Relativitätstheorie ... Best.-Nr. 943012
Kompakt-Wissen Abitur Physik 2
Elektrizität, Magnetismus und Wellenoptik ... Best.-Nr. 943013
Kompakt-Wissen Abitur Physik 3
Quanten, Kerne und Atome ... Best.-Nr. 943011

Biologie

Biologie 1 – Zellbiologie, Genetik,
Informationsverarbeitung, Ökologie ... Best.-Nr. 54701
Biologie 2 – Angewandte Genetik · Evolution .. Best.-Nr. 54702
Grundlagen, Arbeitstechniken und
Methoden – Biologie ... Best.-Nr. 94710
Chemie für den LK Biologie ... Best.-Nr. 54705
Abitur-Wissen Genetik ... Best.-Nr. 94703
Abitur-Wissen Neurobiologie ... Best.-Nr. 94705
Abitur-Wissen Verhaltensbiologie ... Best.-Nr. 94706
Abitur-Wissen Evolution ... Best.-Nr. 94707
Abitur-Wissen Ökologie ... Best.-Nr. 94708
Abitur-Wissen Zell- und Entwicklungsbiologie ... Best.-Nr. 94709
Klausuren Biologie Oberstufe ... Best.-Nr. 907011
Kompakt-Wissen Abitur Biologie – Zellen und Stoffwechsel
Nerven · Sinne und Hormone · Ökologie ... Best.-Nr. 94712
Kompakt-Wissen Abitur Biologie – Genetik und Entwicklung
Immunbiologie · Evolution · Verhalten ... Best.-Nr. 94713
Kompakt-Wissen Abitur Biologie
Fachbegriffe der Biologie ... Best.-Nr. 94714

Erdkunde

Geographie – Grundkurs · Leistungskurs ... Best.-Nr. 54902
Abitur-Wissen GUS-Staaten/Russland ... Best.-Nr. 94908
Abitur-Wissen Entwicklungsländer ... Best.-Nr. 94902
Abitur-Wissen Europa ... Best.-Nr. 94905
Abitur-Wissen Der asiatisch-pazifische Raum ... Best.-Nr. 94906
Kompakt-Wissen Abitur Erdkunde ... Best.-Nr. 949010
Lexikon Erdkunde ... Best.-Nr. 94904

Chemie

Chemie 1 – Gleichgewichte · Energetik
Säuren und Basen · Elektrochemie ... Best.-Nr. 84731
Chemie 2 – Naturstoffe · Aromatische
Verbindungen · Kunststoffe ... Best.-Nr. 84732
Rechnen in der Chemie ... Best.-Nr. 84735
Methodentraining Chemie ... Best.-Nr. 947308
Abitur-Wissen Protonen und Elektronen ... Best.-Nr. 947301
Abitur-Wissen
Struktur der Materie und Kernchemie ... Best.-Nr. 947303
Abitur-Wissen
Stoffklassen organischer Verbindungen ... Best.-Nr. 947304
Abitur-Wissen Biomoleküle ... Best.-Nr. 947305
Abitur-Wissen Biokatalyse u. Stoffwechselwege Best.-Nr. 947306
Abitur-Wissen
Chemie am Menschen – Chemie im Menschen .. Best.-Nr. 947307
Kompakt-Wissen Abitur Chemie Organische Stoffklassen ·
Natur-, Kunst- und Farbstoffe ... Best.-Nr. 947309
Kompakt-Wissen Abitur Chemie Anorganische Chemie ·
Energetik · Kinetik · Kernchemie ... Best.-Nr. 947310

Geschichte

Geschichte 1 NRW – Vom 19. Jahrhundert bis
zum Ende des Nationalsozialismus ... Best.-Nr. 54761
Geschichte 2 NRW – Deutschland und Europa
nach dem Zweiten Weltkrieg ... Best.-Nr. 54762
Grundlagen, Arbeitstechniken und
Methoden – Geschichte ... Best.-Nr. 94789
Abitur-Wissen Die Antike ... Best.-Nr. 94783
Abitur-Wissen Das Mittelalter ... Best.-Nr. 94788
Abitur-Wissen Französische Revolution ... Best.-Nr. 947812
Abitur-Wissen Die Ära Bismarck: Entstehung und
Entwicklung des deutschen Nationalstaats ... Best.-Nr. 94784
Abitur-Wissen
Imperialismus und Erster Weltkrieg ... Best.-Nr. 94785
Abitur-Wissen Die Weimarer Republik ... Best.-Nr. 47815
Abitur-Wissen
Nationalsozialismus und Zweiter Weltkrieg ... Best.-Nr. 94786
Abitur Wissen
Deutschland von 1945 bis zur Gegenwart ... Best.-Nr. 947811
Abitur Wissen USA ... Best.-Nr. 947813
Abitur Wissen Naher Osten ... Best.-Nr. 947814
Klausuren Geschichte Oberstufe ... Best.-Nr. 107611
Kompakt-Wissen Abitur Geschichte Oberstufe .. Best.-Nr. 947601

(Bitte blättern Sie um)